옮긴이 **대성(大晟)**

『라마나 마하르쉬와의 대담』 등 라마나 마하르쉬 관련 시리즈와 『아이 앰 댓』 등 니사르가닷따 마하라지의 책들을 다수 번역했고, 허운 화상의 『참선요지』와 『방편개시』, 감산 대사의 『감산자전』을 우리말로 옮겼다. 최근에는 『마음의 노래』, 『대의단의 타파, 무방법의 방법』, 『선의 지혜』 등 성엄선사의 '성엄선서' 시리즈를 번역하고 있다.

월인천강 1

눈 속의 발자국 : 성엄선사 자전(自傳)

초판 발행 2011년 5월 12일

지은이 | 성엄선사(聖嚴禪師)
옮긴이 | 대성(大晟)
펴낸이 | 이효정
펴낸곳 | 도서출판 탐구사

등록 | 2007년 5월 25일 제208-90-12722호
주소 | 121-854 서울 마포구 신수동 93-114(4층)
전화 | 02-702-3557 FAX | 02-702-3558
e-mail | tamgusa@korea.com

값 15,000원
※ 잘못된 책은 바꾸어 드립니다.

ISBN 978-89-89942-28-3 04220
     978-89-89942-27-6(세트)

월인천강 1

눈 속의 발자국

성엄선사 자전(自傳)

성엄선사(聖嚴禪師) 지음 | 대성(大晟) 옮김

탐구사

Footprints in the Snow
The Autobiography of a Chinese Buddhist Monk

By Chan Master Sheng Yen

Published by Doubleday, an imprint of The Doubleday Publishing Group,
a division of Random House, Inc., New York, USA

Copyright ⓒ 2008 Chan Master Sheng Yen
Korean translation copyright ⓒ 2011 Tamgusa Publishing

All rights reserved including the right of reproduction
in whole or in part in any form.
This Korean edition is published by agreement with Gail Ross Literary Agency,
LLC. through Shinwon Agency, Co.

이 책의 한국어판 저작권은 신원에이전시를 통한 더블데이 출판사와의 계약으로
도서출판 탐구사에 있습니다. 저작권법에 의해 보호되는 저작물이므로,
책 내용의 전부나 일부를 무단 전재하거나 복사하는 것은 허용되지 않습니다.

ⓒ法鼓山文教基金會(版權所有)

차 례

머리말 • 9
 1. 풀로 엮은 신발 • 15
 2. 학교를 다니다 • 22
 3. 낭산狼山 • 35
 4. 상하이로 가다 • 58
 5. 망자들을 위한 의식 • 71
 6. 정안사 불학원 시절 • 82
 7. 군인들 틈에서 • 93
 8. 마음을 내려놓다 • 109
 9. 마침내 자유로워지다 • 122
10. 단련을 받다 • 129
11. 산중 폐관 • 155
12. 외로운 비판자 • 174
13. 일본에서 공부하다 • 183
14. 서양으로 진출하다 • 191
15. 고생을 하다 • 198
16. 유랑 • 211
17. 최초의 불단佛壇 • 223
18. 상강도량象岡道場 • 241
19. 법고산法鼓山 • 251
20. 한 바퀴 돌아오다 • 257
편집자의 말 • 267
옮긴이의 말 • 269

평생 걱정할 일 뭐 있으랴,
이 세상 인연 따라 보내면 될 것을.
세월은 흘러가는 강물과 같고,
시간은 돌에서 번쩍이는 불과 같네.

　　　　　　平生何所憂, 此世隨緣過. 日月如逝川, 光陰石中火.

　　　　　　　　　　　　　　　　　　　　― 한산대사寒山大師

삼계는 편안하지 않으니, 마치 불타는 집과 같다.

　　　　　三界無安, 猶如火宅.

　　　　　　　　　　　　　　　　― 『법화경』, '비유품譬喻品'

머리말

나는 평범한 중국의 불교 승려이다. 열네 살(13세)에 출가하여 지금 일흔 일곱이다. 나의 일생은 중국 근대사의 한 축소판 같은데, 이 역사에 대해서는 서양 독자들도 잘 알고 있으리라고 보지만 그래도 생소한 점이 있을 수 있다.

이 책 이전에도 나의 전기로 세 권이 있다. 두 권은 내가 쓴 자서전이고 한 권은 다른 사람이 쓴 것이다. 나는 서른 살 무렵에 자서전인 『귀정歸程』을 써서 내가 성장하던 1930년대부터 1950년대까지의 혼란스럽던 중국사회를 기술하였다. 1993년에는 또 다른 각도에서 이번 생의 역정을 기술하여 『성엄법사 학사역정聖嚴法師學思歷程』이라는 책을 냈다. 이 두 책의 주된 독자들은 중국인들이었고, 중국인 사회에서 중요한 책으로 받아들여졌다. 특히 『성엄법사 학사역정』은 지금까지 23만 부가 팔려 스테디셀러의 하나가 되었다. 2000년에는 대만의 여류작가 시숙청(스슈칭)施叔靑 씨가 나를 위해 『고목개화古木開花―성엄법사전聖嚴法師傳』이라는 전기를 한 권 썼는데, 독자들의 반응도 좋다.

지금 이 영문판 전기 『눈 속의 발자국』은 내 평생의 네 번째 전기이다. 10년 전 미키 데선드 씨는 내가 주지를 하던 뉴욕 동초선사東初禪寺에서 나와 함께 선을 공부했는데, 선 수행 과정에서 느낀 바가 많았고 나의 생애에 대해서도 무척 흥미로워했다. 그래서 나를 인터뷰하겠다고 적극 나섰다. 1996년 가을부터 시작하여 그는 도합 10번쯤 나를 인터뷰했고, 그때마다 녹음기로 녹음했다. 그 후 그의 직장이 미국 동부(뉴욕)에서 서부로 옮겨가면서 우리의 작업도 중단되었다. 그리하여 이 책을 위한 후속 인터뷰는 잠정 보류되었다.

2005년이 되어, 출판계에서 일하던 케니스 와프너 씨가 내 인터뷰 녹음 내용을 듣고 나서 매우 관심을 가졌다. 그는 출판계획서를 작성하여 더블데이 출판사에 보내 이 책을 내자고 제안했고, 출판사도 적극적으로 호응했다.

이제 출판을 앞두고 있으므로 나는 이 책이 간행될 수 있도록 인연을 지어준 모든 벗들과, 인터뷰 과정에서 나를 위해 통역을 해 주고, 초고가 완성된 뒤에는 나와 편집자 사이의 다리 역할을 하면서 세부적인 대목들을 살펴본 뒤 한 번 그리고 또 한 번 인터뷰를 하여 확인한 이세연(리스쥐앤)李世娟 여사女士에게 감사드리고 싶다. 그는 모 대학의 교수로 내 제자이기도 한데, 늘 내가 주재하는 선 수행 활동을 위해 영어 통역을 맡아 주었다.

이 책과 앞서 나온 세 권의 책은 어디가 같고 다른가? 내가 겪어 온 인생 과정을 기술하는 부분은 변할 수 없는 사실에 관한 것이므로 비슷한 내용일 수밖에 없다. 그러나 인터뷰한 사람들 자신이 직접 보고

들은 것과 나 개인의 생애에 대한 관심에 기초하여 질문한 관점과 생각에는 먼저 책들과 다른 점들이 있다. 그 밖에, 인터뷰한 사람들이 던진 질문 내용에도 독자들이 관심을 가질 수 있는 부분들이 어느 정도 반영되었다.

이 책에 나오는 내용은 인터뷰한 사람들이 나에 대해 가장 관심을 가진 부분들—즉, 내가 한 평생 경험한 특수한 삶의 여정이다. 예를 들어 내가 많은 재난과 어려움을 겪던 가난한 아이였고, 어려서 전란과 배고픔 때문에 출가한 것, 10년 동안 군인이었고, 서른 살에 다시 출가한 것, 내 스승님이 나에게 베푸신 엄격한 훈련, 산중에서의 6년 폐관, 그리고 내가 초등학교 학력으로 일본에 유학하여 석·박사학위를 취득하고 그 뒤에 내가 미국으로 건너온 것 등이다. 이런 모든 과정에 대해 인터뷰 진행자가 호기심을 가지고 하나하나 자세히 묻고 또 캐물어 내 답변이 더 상세해졌다. 그렇지 않았다면 나 개인적으로는 이런 것이 모두 지나간 사소한 일들이어서 사실 다시 이야기할 것도 없었다.

이 책의 특색이라면, 살아온 모습의 측면에서 내 삶의 역정과 내가 품고 있던 삶의 태도를 보여주는 것이라고 말할 수 있다. 바꾸어 말해서, 20세기와 21세기에 걸쳐 살아 온 중국 승려로서 내가 겪은 곤경과 경험한 기쁨, 그리고 일개 동양 승려가 서양 사회에 어떻게 적응해 갔는가 하는 과정을 보여준다. 특히 한 가지 언급하고 싶은 것은, 몇 가지 경험들은 인터뷰한 사람이 한 번 한 번 보충 인터뷰를 거치면서 만족할 만큼 되고서야 원고로 정리되었다는 것이다. 여기에 대해 나는 감사하고 또한 감탄한다.

그러나 인터뷰한 두 분 모두 서양인이어서 내가 불법 전파와 불교 수행에 힘쓴 부분에 대해서는 쓴 것이 적은 듯하다. 그리고 내가 종교적 스승 혹은 선사로서 최근 20년 가까이 동서양 사회에 미친 영향, 세계 평화를 위해 노력한 부분도 별로 이야기되지 않았다. 또한 내가 대만과 미국에서 창설한 '법고산' 선 수행과 교학 체계, 그리고 교육, 문화, 공익, 어려운 이들 돕기와 불교 신행 등 각종 활동을 전개한 일도, 편집자가 나를 찾아와 인터뷰할 때 그런 쪽은 별로 묻지 않았으므로 옆으로 밀려났다.

마지막으로, 이 책을 출판해 준 더블데이 출판사에 감사드리며 모든 독자 분들께도 축복을 드린다.*

2006년 12월 14일
뉴욕 상강도량象岡道場 선 센터에서
성엄聖嚴

---

* 이 서문은 성엄 스님이 원래 썼던 서문으로, 영문판 원서에는 없고 중문판인 『雪中足跡』(三采文化, 2009)에 실려 있다. 우리는 法鼓山文敎基金會의 허락을 얻어 여기에 번역 수록한다. 영문판에서는 이것이 대폭 단축되어 책 말미에 맺음말로 실려 있으나, 한국어판에서는 이 맺음말을 생략했다.

눈 속의 발자국

일러두기

1. 고유명사 표기에 있어서 인명, 산명, 사찰명과 일부 지명은 우리 한자음으로 표기하는 것을 원칙으로 했고, 나머지 지명들은 중국음으로 표기했다.
2. 이 책의 모든 각주는 역주이다.

1 풀로 엮은 신발

나는 말띠 해인 1930년 음력 섣달 초나흘에 태어났다.* 6남매 중의 막내였다. 어머니는 나를 낳았을 때 마흔 둘이셨고 아버지는 마흔 하나셨다. 어머니 말씀으로는 내가 몹시 야윈 아이여서 고양이새끼보다 조금 큰 정도였다고 한다. 많은 사람들은 내가 쥐처럼 오종종하게 생겼다고 생각했다. 그래서 부모님은 나에게 늘 건강하라는 뜻으로 보강(바오캉)保康이라는 이름을 지어주셨다.

내가 태어난 곳은 샤오냥小娘 항港에서 가까운 곳으로, 장강長江(양쯔강)이 동중국해로 흘러드는 곳의 바로 서쪽이었다. 그곳에 대한 기억은 전혀 없다. 왜냐하면 내가 출생한 지 몇 달 지나지 않아 홍수가 모든 것을 쓸어가 버렸기 때문이다. 우리 집뿐만 아니라 논까지 모두 쓸어갔다. 우리가 소유했던 모든 것은 강 한복판으로 사라지고 말았다.

홍수가 난 뒤 우리 가족은 난퉁南通 근처의 친척집에 잠시 더부살

---

* 양력으로는 1931년 1월 22일이다. 그러나 띠 나이를 중시하는 중국 관습의 영향으로 아직까지 스님의 공식 출생연도는 음력을 따른 1930년으로 되어 있다.

이하다가 상류 쪽으로 더 올라가 바다에서 150킬로미터쯤 되는 곳으로 이사했다. 이곳은 난퉁 항과 강 건너로 마주보는 창인샤常陰沙라는 현에 속했다. 우리는 7묘畝(1,400여 평)의 빌린 농지에 아버지가 지은 방 세 개짜리 초가집에서 살았다.

여름날은 무더웠고, 밤이면 강에서 불어오는 시원한 바람이 얼기설기 엮은 갈대벽 사이로 스며들었다. 눈 오는 겨울에는 벽 사이의 틈에 진흙을 발라 추위를 막았다. 돈이 있을 때는 기름을 사서 작은 석등잔에 채웠다. 등잔의 심지는 헌 천 조각으로 만든 것이었다. 어머니와 누나들은 바느질과 물레질을 했다. 아버지와 형들은 삼으로 새끼를 꼬고, 풀을 엮어 신발을 만들었다.

우리 가족 모두는 옷을 입은 채로 한 방에서 잤다. 침상이라고 해야 네 발 달린 나무판자들에 불과했다. 밑에는 건초를 깔고 무명 이불을 덮고 잤다. 자고 일어나면 아침 끼니로 옥수수나 귀리를 먹었다. 가끔 소금을 살 돈이 없을 때도 있었다.

가장 어린 내가 맡은 일이라고는 들에 나가 짐승의 똥을 모아오는 것이었다. 삽으로 개, 말, 당나귀 똥을 떠서 풀로 만든 바구니에 담고 삽을 바구니의 대나무 손잡이 사이로 찔러 넣은 다음, 그것을 어깨에 둘러메고 다음 똥을 찾아나서는 것이었다. 삽자루에는 갈고리가 달려 있어 바구니 손잡이를 붙들어 주었다. 그 똥과 우리가 누는 똥(금방이라도 무너질 듯한 뒷간에서 큰 옹기에 모은 것)은 들판의 거름이 되었다.

아버지와 형들은 능숙한 어부이기도 했다. 그물질도 하고 장강의 얕은 수로로 걸어 들어가 손으로 물고기를 잡기도 했다. 우리 집은 강의 두 수로 사이의 높은 지대에 있었다. 주변 풍경은 거의 장강이 지배했다. 강은 거대하고 깊고 차가웠다. 땅은 드넓은 하늘 아래 평탄했다. 강을 따라 제방들이 축조되어 있었고, 길들은 높은 곳으로 나 있었다. 강둑 말고는 어디에도 나무라고는 없었다. 모든 경작지에는 작물들뿐이었다.

우리는 강에서 물을 퍼 올려 논밭에 물을 댔다. 남자 한 사람이 수차에 앉아 계속 페달을 밟으면 물동이들이 달린 수차 바퀴가 돌아가면서 강물을 논밭으로 끌어들이는 방식이었다. 논밭은 물소가 갈았다. 이 소들은 우리를 위해 일을 해주는 친구들이었고, 그래서 소를 잡아먹는 대상으로 여기지 않았다. 우리 집에는 물소가 없어 남의 소를 한 마리 빌려다 썼다.

나는 똥을 줍는 것 말고도 우리 집 돼지와 염소들에게 먹일 풀을 뜯어야 했다. 돼지에게 먹이는 풀은 여물로 쑤어야 했지만 염소는 생초를 먹었다. 가축들에게 풀을 먹인 이유는 다른 먹이를 주었다가는 우리 먹을 것이 없는 형편이었기 때문이다. 우리는 가축을 팔아서 등유, 설탕, 소금과 옷을 샀다. 고기를 먹는 경우는 드물었다.

아버지와 형들은 집에서 멀리 떨어진 곳으로 가서 다른 지주들을 위해 일을 하는 때도 많았다. 점심밥과 들에서 음식을 해 먹을 솥과 냄비들도 가져갔다. 아침에 집을 나설 때는 자신들의 연장을 가지고 갔다. 크리켓 채처럼 생긴 자루가 짤막한 삽, 풀 베는 낫, 콩대와 콩뿌리를 파내기 위한 쇠갈고리, 진흙을 담아 나르는 대바구니 등이었다. 우리는 귀리, 목화, 콩, 벼, 밀, 채소, 당근, 호박, 땅콩 그리고 약용 기름을 짜는 백합 뿌리 등을 재배했다.

집에서는 작은 아궁이에 목화 줄기와 콩대를 때서 음식을 만들었다. 부뚜막은 점토를 바른 벽돌로 만든 것이었다. 식사 도구라고 해야 젓가락과 막사발이었다. 우리는 하루에 세 번 그 사발에다 죽을 떠먹었다. 사발들은 돌같이 무겁고 두꺼워서 떨어뜨려도 깨지지 않았다. 점심과 저녁에는 죽에다 고구마를 채 썬 것과 절인 채소를 넣어 먹었다. 발효시킨 짠지가 싱거운 죽을 보완해 주었는데, 이것은 하나의 특식이었다.

우리는 가진 게 거의 없었고 일은 고되었다. 하지만 내 기억으로, 우리는 행복하게 살았다. 부모님은 완벽한 부부였다. 나는 두 분이 싸우는 것을 본 적이 없다. 말다툼조차 하지 않았다. 이것은 무엇보다 어머니가 아주 지혜롭고 유능한 사람이었기 때문이다. 아버지는 들에서 일을 하고 양식과 돈만 가져오면 그만이었다. 어머니가 식구들을 통솔했고, 우리의 삶을 주도했다. 아버지는 그것을 고마워했다. 당신은 어머니의 역량을 신뢰했고, 어머니는 아버지를 사랑하는 것으로 보답했다. 두 분이 서로 아끼고 사랑하는 모습에서 나는 깊은 영향을 받았다. 내가 사람들과 만나 무엇을 할 때는 아버지가 어머니에게 했듯이 그들과 조화롭게 지내려고 노력한다. 아버지는 자신의 행위, 생각, 마음을 어머니의 지혜와 의지에 맞추어 갔다.

우리가 창인샤로 이사한 지 7년 뒤, 나는 홍수가 가져오는 재해를 직접 목도할 수 있었다. 다행히 우리는 강에서 수 킬로미터 떨어진 곳에 살았기 때문에 직접적인 피해를 입지 않았다. 내 기억으로 그때 비가 한 달 넘게 왔다. 태풍도 연이어 계속 찾아왔다. 바람은 쉬지 않고 일어나 계속 불어댔고 비가 세차게 퍼부었다. 며칠씩 폭풍우가 몰아쳤다. 해가 잠깐 나고 나면 다시 비가 시작되었고, 비는 파도처럼 밀려와 모든 것을 흠뻑 적셔 버렸다. 일주일가량 지나자 장강이 불어나기 시작했다. 물이 강둑의 땅으로 들어오기 시작하더니 그 땅들을 빨아들였고, 점점 두터워지고 점점 빨라져 흙과 나무들을 집어삼켰다. 강물은 크게 불어나 강둑을 무너뜨리고 논밭으로 밀려 들어왔다. 이제 관개 수차를 돌릴 필요도 없었다. 우리의 논밭에는 고기들이 가득했다!

마침내 태풍이 물러가고 바람이 잦아들자 아버지는 나를 데리고 (시집간) 둘째 누나의 집이 어떻게 되었는지 보러 가셨다. 홍수에도 그들의 집은 무사했지만 제방 바깥에 있던 전답은 사라져 버렸다. 물이 빠지기 시작한 곳에 있던 다른 집들에게 남은 거라곤 초가지붕들뿐이었다. 물에는 잔해들이 둥둥 떠다녔다. 반쯤 굶주린 개와 고양이들이 물에 뜬 물건들에 매달려 있었다. 물결 속에서는 사람 시체들이 떠올랐다 가라앉았다 했다. 그들의 옷은 벗겨져 나갔고, 몸뚱이는 물에 퉁퉁 불어 이미 썩어가고 있었다.

남자 시체들은 얼굴을 아래로 하고 떠 있었는데, 몸이 활처럼 굽어 있어 물 위에는 등만 보였다. 나는 이것이 남자들은 지방이 적기 때문

1. 풀로 엮은 신발

이라고 생각했지만, 그 이유는 끝내 알지 못했다. 여자들 시체 대부분은 얼굴을 위로 하고 떠 있었다. 그들의 머리는 뒤로 젖혀져 있었고 머리는 산발이 되었으며, 두 발은 수면 아래로 처져 있었다. 그들 역시 활 모양이었지만 반대 방향으로 굽어 있었다. 아이들의 시체는 복어처럼 부풀어 올랐고, 창백한 배와 나병환자 같은 회색 등이 퉁퉁 부어올라 있었다. 오리들이 그들의 눈알을 파먹었다. 비가 그치고 햇볕이 내리쬐자 강에서 악취가 물컥물컥 풍겨왔다.

그것은 정말 끔찍한 경험이었다. 그 뒤로 몇 주간이나 나는 한밤중에 겁에 질려 깨어나곤 했다. 사람 목숨의 취약함이란 어른들뿐만 아니라 아이들에게도 무서운 것이다. 내가 목격한 이 참상은 석가모니 부처님이 깨달음을 이루었을 때 보신 것과 비슷했다. 즉, 이 세상은 취약하고 부단히 위험에 처해 있다는 것이었다. 생사윤회는 하나의 고해苦海와 같다.

당시 나는 종교적 믿음이라고는 전혀 없었다. 그러나 악취 나는 강 위에 서서 떠내려가는 시체들을 지켜보면서, 문득 누가 언제 어느 때 죽을지 모른다는 것을 깨달았다. 만일 우리가 그 지역에 살고 있었다면 우리도 죽었을 것이었다. 그 많은 시체들을 보고 나니 삶의 무상함이 절실히 다가왔다. 하지만 나는 살아 있다는 것은 아주 좋은 일이라고 느꼈다. 그 모든 공포의 한가운데서도 내가 느낀 것은 두려움이 아니라, 삶이란 좋은 것이고 우리는 그것을 소중히 여겨야 한다는 것이었다. 몇 주가 지나자 그 시체들에 대한 공포는 희미해졌고, 그 대신 일종의 받아들이는 자세가 생겼다. 어린 나이였지만 나는 죽음이 찾아오면 우리가 아무것도 할 수 없다는 것을 알았다. 그것은 받아들일 수밖에 없는 것이다.

평생을 살아오면서 전쟁, 기근, 질병 등으로 죽은 수많은 사람을 보았다. 이제 나는 인생의 막바지에 와 있고, 머지않아 언젠가 나도 죽을 것이다. 나는 그 홍수의 교훈을 아직도 간직하고 있으며, 죽음에 대해서는 걱정해 봐야 아무 소용없다는 것을 안다. 중요한 것은 죽음이 찾아오는 그 순간까지 삶을 충만하게 살아야 한다는 것이다.

2 학교를 다니다

어린 시절 나는 늘 병약했다. 세 살 때 겨우 걸음마를 시작했고, 다섯 살 때까지는 말을 못했다. 나는 지독히도 늦게 배우는 아이였다. 집의 벽에는 괘종시계가 하나 걸려 있었다. 부모님과 형들은 시간 보는 법을 가르쳐 주려고 애썼지만 나는 그것을 이해하지 못했다. 시간을 보는 이 큰 수수께끼와, 암호처럼 이상한 방향을 가리키는 화살표들의 의미를 도무지 알지 못해 당혹했던 기억이 있다. 나는 수박을 좋아했지만, 다섯 살 때도 "수박"이라는 말을 하지 못했다. 내가 아는 거라곤 수박을 먹을 때는 그것을 쪼개야 한다는 것이었다. 그래서 수박을 가리켜 "쪼개"라고 말하곤 했다. 식구들은 내가 자라면 백치가 될 거라고 확신하고 있었다.

배우는 게 워낙 느렸기 때문에 내게는 염소를 돌보는 아주 쉬운 일이 주어졌다. 나는 실은 염소들을 어떻게 해야 할지 잘 몰랐다. 그래서 염소들을 냇가로 데려가거나, 아니면 풀을 뜯을 수 있는 좋은 곳에 데려가서는 그냥 내버려두었다.

"염소들은 어디 있어?" 내가 집에 오면 어머니가 물으셨다.

"풀을 뜯고 싶어하고 돌아오지 않으려고 해요." 내가 이렇게 대답하면 부모님이 직접 나가서 염소들을 데려오셨다. 결국 부모님은 내가 그냥 염소들에게 먹일 풀을 뜯어오게 하셨다. 이 역시 나에게는 벅찬 일이었다. 염소들은 까다로워 한 종류의 풀만 먹었고, 나는 어느 풀을 뜯어야 할지 몰랐다. 풀을 한 다발씩 들고 집에 오면 염소들은 입도 대지 않는 경우가 많았다.

나는 많은 시간을 혼자서 보냈다. 같이 놀 사람이 아무도 없었다. 부모님과 형들은 깨어 있는 시간 동안 늘 바빴다. 낮에는 내가 밀밭에 가서 숨어 있곤 했는데, 특히 잠두콩을 재배하던 곳에서 그랬다. 이 콩꽃은 향기가 무척 좋았고, 콩은 손쉽게 따먹을 수 있는 간식이었다. 나는 우리 밭과 남의 밭 사이에 경계선이 있다는 것을 몰랐다. 어릴 때 기억으로, 어느 여름날 빽빽한 푸른 콩잎 그늘 아래서 따스한 땅바닥에 등을 대고 꿈꾸듯이 누워 아무 생각 없이 한가로이 질긴 콩 줄기에서 콩을 톡톡 꺾고 있었다. 그때 갑자기 어떤 사람이 그 안락한 자리에서 나를 번쩍 들어올려 사나운 목소리로 뭘 하고 있는 거냐고 물었다. 나는 겁에 질렸다. 내가 무심코 남의 밭에 들어가 있었던 모양이었다. 결국 어느 형이 나를 구해주었다. 내가 집에 들어서자 어머니가 아궁이에서 돌아서 나를 바라보며 하시던 말씀이 잊혀지지 않는다.

"어쩌다가 도둑이 되었어?" 어머니가 물으셨다. 나는 두려움과 수치심에 몸이 굳어 고개를 숙였다.

내가 어릴 때 우리 집은 방이 두 개뿐이었다. 안쪽 벽은 갈대로 엮어져 있었다. 천장도 갈대로 만들었지만 상당히 낮아서 어른이 손을 뻗으면 쉽게 닿을 수 있었다. 가로지른 대나무 막대들이 천장의 갈대들을 받치고 있었다. 우리는 거기에 철사로 채소들을 매달아 두었다. 갈대 위 진흙과 짚으로 만든 약간 경사진 지붕 아래에는 야트막한 저장 다락이 있었다. 그 집의 중앙 기둥과 수평 들보들은 나무로 만들었고, 집 측면의 기둥들은 굵은 대나무 줄기였다. 어른은 밥 먹는 방의 식탁 위에 서면 용마루 들보에 쉽게 손이 닿을 수 있었다. 2년마다 우리는 썩어가는 벽과 지붕을 교체해야 했다. 해마다 봄이 되면 지붕에 박을 심었는데, 여름에 박이 익어 주렁주렁 매달리면 집은 마치 살아서 자라는 물건처럼 보였다.

잠자는 방에는 침상이 네 개 있었다. 하나는 부모님과 내가 썼고, 나머지 세 개는 형들과 누나가 썼다. 실은 형들이 쓰는 침상이라는 것은 옷과 이부자리를 넣어두는 궤짝들이었다. 누나의 침상은 죽편竹片들을 잇대어 만든 것이었다. 단 하나 진짜 침상은 내가 부모님과 함께 자는 나무 침상으로, 네 귀퉁이에는 수직 다리가 있고 네 개의 막대가 그 다리들을 연결하고 있었다. 이 침상 위에는 모기장을 쳐두고 있었다.

우리는 소박한 식탁에서 먹었다. 그 곁에는 가로세로 두 자, 넉 자 정도 크기의 작은 아궁이가 있었다. 여기에는 큰 솥 하나와 작은 솥 하나밖에 걸 수 없었다. 아궁이 뒤쪽에는 굴뚝이 있었다. 굴뚝이 있는 벽 오른쪽에는 바닥에서 약 넉 자 높이에 조왕단竈王壇이 있었는데,

여기가 우리 집의 신단神壇이었다.

　여름에는 두꺼운 건초 지붕 덕에 집이 꽤 서늘했다. 나는 지금도 건초와 갈대로 지은 그런 집이 종종 그립다. 여름 들판을 호흡하던 그 집에서 여름 들판의 냄새가 나던 것도 그렇다. 마치 땅에서 솟아오른 것처럼 보이던 그 집은, 주변이 강과 하늘로 온통 에워싸인 풍요로운 대지의 일부였다.

　어머니는 우리가 재배한 목화에서 실을 잣고 베를 짜 우리의 옷을 모두 지어주셨다. 지금도 나는 어머니가 목화를 길러서 우리의 옷을 해 입히신 그 능력에 경탄한다.

　나는 형들에게서 물려받은 옷을 입었다. 그 옷들이 나에게 올 때쯤이면 아버지의 헌 옷을 잘라서 덧댄 곳이 수두룩했다. 덩치가 작은 내게는 형들이 물려준 옷들이 늘 너무 컸다. 그래서 거인의 옷을 입은 꼬마 같아 보였다. 나는 어머니가 옷을 내 몸에 맞게 줄여주지 않는 것이 서운했다. 어느 해 몹시 추운 설날 어머니가 역시 몸에 맞지 않는 윗도리 하나를 나에게 주신 것이 기억난다.

　"다 새 옷을 입는데 왜 나만 헌옷을 입어요?" 내가 불평했다.

　"새로 고친 거란다! 몸만 따뜻하면 돼." 어머니의 이 대답에 나는 더 이상 할 말이 없었다.

　목화씨와 채소씨에서 짠 식용유는 우리 형편에 살 수가 없어, 누나들과 어머니는 나뭇조각과 참깨 꽃들을 모아 으깨어서 물에 담가 두었다가 그것을 걸러 머릿기름으로 썼다. 어머니는 결코 화장을 하는 법이 없었지만, 늘 바쁘게 일하시느라 튼 손에는 재스민 향이 나는 동상연고를 바르셨다. 어머니가 옷을 입혀 주실 때는 내게서도 동상연고의 재스민 향이 났다. 어머니의 피부가 정말 갈라졌을 때는 그 동상연고도 소용없었고, 당신은 상처에 약초를 붙이셨다.

내가 아홉 살 되던 해 학교에 가게 된 것은 순전히 행운이었다. 책을 많이 본 노인이 한 사람 있었는데, 점도 치고 풍수도 볼 줄 알았다. 사숙私塾을 열고 있던 그가 나를 학생으로 뽑았다. 이 선생님이 내가 교육을 받아야 한다고 부모님을 설득했던 것이다. 그의 집에 있는 방 하나가 학교였고, 그 방에는 책상 스무 개가 놓여 있었다. 나는 책가방이 없어 바구니에 먹, 붓, 벼루와 글 쓸 종이를 담아 다녔다. 그러나 내 학용품들 가운데 무엇보다 중요한 것은 대나무 도시락 통이었다.

등교한 첫날, 나는 선생님에게 큰절을 하여 존경과 함께 내가 그에게서 배우겠다는 뜻을 표해야 했다. 이 노인은 학생들을 한 반으로 가르치기보다는 개별적으로 지도했고, 나에게는 글씨를 쓰도록 했다. 나는 "상대인 공을기 화삼천 칠십사 上大人 孔乙己 化三千 七十士" 같은 글자들을 베껴 썼다. 모두 간단한 글자들로, "가장 큰 성인은 공자님이니, 삼천 명을 가르쳤고 칠십 명의 사대부 제자를 두었다"는 뜻이다. 나는 이 글귀를 따라 쓰고 암송했다. 다른 학생들은 각자 자기 글귀를 공부했고, 교실은 학생들이 동시에 서로 다른 글귀를 암송하는 소리로 가득 찼다. 선생님은 그 시끄러운 소리에 개의치 않았다. 이와 같이 소리 내어 하는 반복 암기와 암송은 내가 어릴 때 중국의 시골에서 아이들을 가르치던 일반적 방식이었다. 글귀를 외지 못하면 선생님이 우리의 이마에 꿀밤을 먹였다. 나는 늘 맞았다. 글귀를 곧잘 외기도 했지만, 그것을 욀 때 너무 긴장했던 탓이다. 반년이 지나자 나는 『삼자경三字經』을 암송할 수 있었다. 그러나 노인은 점차 건강이 나빠졌고, 결국 가르치는 것을 그만두었다.

  이 기회를 틈타 한 젊은이가 근동에서 다른 사숙을 열어 노인의 학생들을 모두 데려갔고, 나도 그 중에 끼었다. 우리는 유가의 고전인 『대학』을 배웠다. 나는 학교 가는 길에 종종 다른 아이들의 꾐에 빠져 그들의 놀이에 끌려들기도 했다. 선생님이 왜 지각했느냐고 물으면 집에 일이 있었다고 거짓말을 하곤 했다. 점심때도 집에 가서 일을 거들어야 한다는 거짓말을 할 때가 있었다. 실은 친구들과 오후에 만나서 놀기로 한 것인데도 말이다. 어떤 날은 수업을 아예 빼먹기도 했다. 집에서 도시락을 챙겨와 몇 명의 친구들과 놀러 간 뒤에 점심을 먹고 나서 더 많은 친구들과 어울렸다. 그러던 어느 날, 학교에 있어야 할 시간에 예기치 않게 어머니와 마주쳤다.

  "우리 집안에서 누구를 학교에 보내려면 얼마나 힘든데." 어머니가 말씀하셨다. "나는 네가 성공해서 출세하기 바랐는데 너는 이 기회를 낭비하고 있구나!" 어머니는 나에게 흠씬 매질을 했다. 그러나 나는 당신이 분명 가슴 아파하고 낙심하신다는 것을 알았다. 왜냐하면 울고 계셨으니까. 나도 울었다. 맞아서 아프기도 했고 수치스러웠기 때문이다.

  "학교에 가고 싶지 않아요. 다시는 안 갈지도 몰라요." 내가 울면서 말했다.

그것은 내가 게으른 아이여서가 아니었다. 내가 학교에 가기 싫었던 것은 막 글을 읽기 시작한 열 살짜리한테 선생님이 가르치는 교재가 너무 어려웠기 때문이다. 교재를 이해해 보려고 이따금 안간힘을 쓰기도 했지만 도무지 내 능력 밖이어서, 나는 수치심과 좌절감을 느꼈다.

나는 다시 형들과 함께 일을 하러 나가 들판의 똥을 주웠다. 그것은 앞만 보고 다니면 되었고, 『대학』을 읽는 것보다 훨씬 쉬웠다. 개똥을 줍는 것은 식은 죽 먹기였지만 소똥과 염소똥을 찾기는 어려웠다. 왜냐하면 농부들이 그것을 걷어갔기 때문이다. 우리는 이 똥을 채소, 밀, 콩의 거름으로 썼다. 나는 들나물도 뜯었다. 이런 풀들 중 일부는 뉴욕의 센트럴파크에도 자라는데, 나는 그것을 먹지 않고 그대로 두는 것은 아깝다는 생각을 자주 했다. 상당히 맛있는 거니까 말이다. 가축 똥 줍기와 들나물 뜯기 말고도 나는 부모님의 농사를 도왔다. 부모님은 여름에 벼농사, 겨울에 밀농사, 봄여름에는 콩과 채소 농사를 지었다.

내 기억으로는, 우리가 한 철 농사를 아무리 잘 지어도 결코 먹을 것이 충분하지는 않았다. 이것은 설탕, 소금, 기름이 너무 비쌌던 탓이었는지도 모른다. 정부가 이런 품목들의 거래를 통제했다. 어떤 때는 밀 백 근으로 고작 소금 두 근을 샀다. 설탕과 소금의 대부분은 군대로 들어갔다. 정부는 여자가 아이를 낳으면 설탕 한 근을 배급했다. 젖이 나오지 않는 여자는 아이에게 설탕물을 먹이곤 했다.

열 살 되던 해의 끝 무렵에 세 번째 선생님을 만났다. 그는 우리의 이웃이던 20대의 중의사中醫였는데, 환자가 많지 않았기 때문에 아이들을 위한 사숙을 열었던 것이다. 그의 부인도 도와주었기에 우리에게는 선생님 두 분이 있는 셈이었다. 마침내 나는 보람도 있고 재미도 있는 학교에 다니게 되었다. 젊은 두 선생님은 확실히 학생들을 잘 보살폈고, 내가 입학한 지 반년 만에 우리는 교재를 떼고 2학년으로 올라갔다.

이 시기에 있었던 한 사건은 뚜렷하게 기억에 남았다. 내 옆자리에는 나보다 한 살 어린 소녀가 앉았다. 부모가 과자점을 운영하던 그 아이는 매일 드롭스 하나를 학교에 가져와 몰래 나에게 주었다. 그는 다른 아이들과 놀지 않고 나하고만 놀려고 했다. 그러더니 병이 나서 학교에 오지 않았다. 나는 소녀를 그리워했는지 그 과자를 그리워했는지 모르겠으나, 여하튼 그 아이가 돌아오기를 종종 바랐다. 그러나 돌아왔을 때 소녀는 한쪽 눈이 멀어 있었다. 나는 마치 그 아이가 무슨 기형아나 된 것처럼 창피한 느낌이 들어 내 옆에 앉지 못하게 했다. 소녀는 상처 받았고 그 뒤로는 아예 학교에 나오지 않았다. 나는 이때 취한 나의 행동을 생애 최악의 실수 중 하나로 꼽는다. 나는 죄책감에 시달렸지만 어떤 참회도 내 행동을 보상해 줄 수 없었다.

나는 그 의사 밑에서 1년가량 공부했다. 그러나 전쟁이 닥쳐오는 바람에 우리는 국민당과 공산당이 벌이는 전투의 틈바구니에 끼게 되었다. 아이들이 학교에 가는 것이 너무 위험할 때가 많았고, 결국 학교는 문을 닫았다.

수업 중에 전투가 벌어지면 우리는 책상을 담요로 가리고 모두 책상 밑에 숨었다. 집에서도 근처에서 전투가 벌어지면 그렇게 했다. 밤새 콩 볶는 듯한 총소리가 나기도 했다. 나는 결국 또 다른 선생님 밑에서 학교를 다니게 되었고, 『대학』을 다시 배웠다. 이번에는 그것이 들어왔다. 나는 공부를 해야겠다는 의지가 있었고, 공부하지 않으면 미래가 없을 거라는 것도 알고 있었다. 『중용』과 『논어』는 다 외었고 『맹자』는 반을 외었다. 지금도 나는 이 책들의 자구 하나까지 기억한다.

몇 년 간 학교를 다닌 뒤 나는 간단한 기장記帳을 할 수 있었다. 편지 하나를 쓰려면 최소한 3년은 학교에 다녀야 했고, 내 고향에서는 그 정도만 해도 상당한 것이었다. 편지를 쓸 수 있는 유일한 지역민은 보통 선생님들뿐이었다. 그러나 상하이 서쪽의 장강 평야지대 마을 출신으로 고향을 떠난 사람은 그다지 많지 않았기 때문에, 편지를 쓸 일도 거의 없었다.

맏형은 상하이에 살았다. 사람들이 마실 물을 끓여주는 가게에서 일했고, 인력거도 끌었다. 형은 일년에 두 번 집으로 돈을 보내왔다. 글을 몰라서 필사에게 돈을 주고 편지를 대필시켰다. 우리가 그 편지를 받으면 글을 아는 사람에게 돈을 주고 그것을 읽어달라고 했다. 그런 다음 우리도 역시 편지를 대필시켜, 돈을 잘 받았다는 답장을 보냈다.

우편물은 우리 집으로 바로 오기보다는 읍내의 쌀가게로 배달되었다. 읍내 사람들 모두가 이 쌀가게에서 우표를 사고, 우편물을 부치기거나 받았다. 우리는 가끔 이 가게에 들러 우편물이 온 게 있는지 확인하곤 했다. 당시에는 멀리 있는 사람과 연락을 주고받기가 몹시 어려웠다. 만일 급한 편지면 봉투의 한 귀퉁이를 불에 그슬렸다. 그리고 쌀가게 일꾼을 시켜 즉시 그 편지를 배달하게 했다. 물론 배달비는 편지를 받는 사람이 내야 했다. 지금 우리는 매일같이 많은 우편물을 받고 있지만, 나는 그것이 정말 놀라운 일이라고 느낄 때가 종종 있다.

어릴 때 학교 다니던 시절의 이야기를 너무 많이 하면 지루할 테니, 내가 새 소학교에 간헐적으로 계속 다녔다는 것만 이야기하겠다. 이 학교의 이름은 우리 읍의 이름을 딴 '러위樂餘' 소학교였다. 현지의 한 지주가 운영하는 학교였는데, 학교까지 걸어가는 데 한 시간 반이 걸렸다.

이 학교에서는 교복을 입어야 했지만 부모님은 교복을 마련할 형편이 되지 않았다. 여하튼 입학은 허락되었다. 그러나 교복이 없는 아이들은 교실 뒤쪽에 서 있어야 했고, 의례儀禮에 참가할 수 없었다.

"교복 하나 만들어 주세요." 내가 어머니에게 사정을 했다.

"그건 다른 감으로 만든 서양 옷이야. 나는 못 만들어." 어머니가 말씀하셨다.

"교복 사 입을 돈을 주세요." 내가 우는 소리를 했다.

"우리는 그럴 돈이 없단다. 네 신발 사 줄 돈도 없어."

대개 나는 맨발로 학교를 다녔다. 부모님께는 계속 교복을 사 달라고 조르면서 오랫동안 속을 썩였다. 부모님은 그럴 수 없는 당신들의 무능력에 몹시 죄책감을 느끼셨다. 어린아이에게 가난하다는 것은 매우 고통스러운 일이었다.

새 학교에서는 예전에 했던 암기 훈련이 많은 도움이 되었다. 나는 학과 교재들을 잘 읽어낼 수 있었고, 반에서 가장 우수한 학생 중의 한 명이었다. 기억에 남는 사건에 이런 것이 있었다. 몇 명의 학생이 시험에 낙제한 뒤 선생님 사무실로 한 명씩 불려가서 재시험을 치게 되었다. 선생님이 질문을 하면 학생은 대답을 해야 했다. 나는 열린 창문 밖에 서 있었고, 창문 바로 안쪽에 그 학생들이 서 있었다. 내가 그 열린 창문을 통해 답을 소곤거려 주자 첫 번째 학생이 시험을 통과했다. 두 번째 학생에게도 답을 소곤거려 주었지만, 이 학생은 겁이 나서 얼어 버렸다. 선생님이 내 소행을 발견하고 벌로 내 손바닥을 자로 때렸다.

5학년 때와 6학년 때는 책값을 전액 면제받는 상을 받았으나, 그런 도움에도 불구하고 나는 학교를 중퇴해야 했다. 우리가 너무 가난했기 때문이다. 식구들의 일을 도와야 했고, 그렇게 해서 우리는 하루하루 그리고 한 철 한 철 겨우 연명해 갈 수 있었다.

일본군이 우리 지역에 처음 들어왔을 때 형들과 아버지는 일본군이 총검으로 사람들을 찔러 죽이는 것을 보았고, 처녀들이 강간당했다는 이야기도 들었다. 아이들도 더러 살해됐다. 그 살육은 몇 주간 계속되었다. 일본군은 모든 사람이 겁에 질려 굴복한 다음에야 잔학행위를 그쳤다.

볼품없는 우리 집은 멀리 떨어진 길가에 있었다. 일본군이 주변에 와 있을 때 동네 처녀들은 물론이고 일본군의 만행을 피해 시골로 보내진 읍내의 부녀자들도 우리 집에 피신했다. 그들은 부자였기 때문에 우리는 그들에게 침상을 내주고 식당방의 진흙바닥에 건초를 깔고 잤다. 우리가 아는 사람은 아무도 없었고, 모두 먼 친척들이 소개해서 온 사람들이었다.

우리 집이 너무 비좁은 탓에 모두가 매일 밖으로 나갔다. 한 사람이 늘 망을 보았고, 일본군이 보이면 모두 안으로 달려 들어와 함께 웅크린 채 관세음보살과 부처님의 성호聖號를 염했다. 나는 그 나이에 불교에 대해서 아무것도 모르고 특별히 관심도 없었지만, 위험이 사라지고 나면 그들이 염불을 그치는 데 주목했다.

일본군의 행동은 예측할 수 있었다. 그들은 일정한 시간대의 낮에 나타났고, 우리 집같이 작은 집들은 살펴보지도 않았다. 어머니는 대문을 열고 이 처녀들을 마치 어미닭이 병아리들을 날개 밑에 거두듯이 받아들였다. 우리가 그렇게 가난했는데도 사람들에게 보호막, 은신처, 피난처를 제공하여 그들을 도와줄 수 있다는 사실에 어머니가 기뻐하고 뿌듯해하시던 것을 나는 생생히 기억하고 있다.

나는 일본 군인들을 몹시 두려워했고, 그 두려움은 내가 일본군을 위한 노역에 동원된 뒤에도 계속되었다. 일본인들은 우리 집에서도 누군가를 보내주어야 한다고 했다. 어른들은 모두 들에서 일을 해야 했으므로 내가 가게 되었다. 나는 요새와 방공호를 짓고 군인들의 영외숙소 주변에 울타리를 치는 일을 했다.

당시 나는 적에 대해 자비심이 없었다. 나는 보통의 소년이었지 무슨 생불 같은 사람이 아니었다. 자비심에 대해서는 승려가 되고 난 뒤에야 알았다. 늘 그랬듯이, 그 시기에 우리 식구들의 분위기를 주도한 것은 어머니였다. 어머니는 지나치게 걱정하거나 두려워하지 않았다. 어머니의 태도는, 늘 어떤 방도가 있고 우리는 그것을 찾기 위해 열심히 노력해야 한다는 것이었다. 이제 나는 안다. 어머니의 지혜가 나를 다듬어, 미래의 나를 만들어 주었다는 것을.

3 낭산 狼山

　어릴 때 종교에 대해 어렴풋이 알게 된 것도 어머니 덕분이었다. 어머니는 동네 관음회觀音會의 일원이셨는데, 2~30명의 여자들로 이루어진 이 모임은 일년에 세 번 모여서 관음염불을 했다. 대비大悲 관세음보살은 고통 받는 모든 중생의 소리를 듣고 반응하는 보살이다. 그 여자들 대부분은 어머니와 마찬가지로 글을 몰랐고, 그래서 곡조가 있는 단순한 염불을 그냥 읊조릴 뿐이었다.

　이 여자들은 내가 그 회의 일원이 되어 주기를 바랐다. 왜냐하면 중국에서는 보통 어른들보다 아이들이 영적인 삶과 더 맑게 통한다는 믿음이 있기 때문이다. 아이들은 마음이 순수하고 탐욕 같은 불건전한 생각에 물들지 않았다고 보는 것이다. 그러나 어머니도 은연중 무의식적으로 내가 염불하기를 바랐을 거라고 생각한다. 왜냐하면 당신이 나를 영적인 삶 쪽으로 이끌고 계셨기 때문이다.

　나도 염불을 하곤 했다. 꼬챙이같이 야윈 아이가 솜누비 저고리와 바지를 입은 억센 농사꾼 여인들 틈에서 따라하려고 애쓰다가 더듬거리면 다들 웃었다. 밤에는 다른 여자들의 거실에 모여 기름등잔을 켜고 거친 나무 탁자 주위의 나무 벤치에 둘러앉아 염불했다. 탁자 한가운데 관음상을 모셔두고 그 앞에는 향, 과일, 초 등의 공양물을 놓아두었다.

여자들의 웃음소리가 나를 부추겨 더 힘을 내게 했다. 그래서 목청껏 염불을 했다. 그러다 보니 염불을 좋아하게 되어 집안일을 하거나 걸을 때도 혼자서 종종 염불을 하곤 했다. 훗날 사미승이 되었을 때 내 수행의 핵심 부분 중 하나는 대비 관세음보살께 절을 하는 것이었는데, 그것도 우연은 아니라고 생각된다. 나는 내가 어릴 때 관음염불을 시작한 것이 전생에 쌓은 선업 때문일 거라고 믿는다. 관음보살과의 이 업연業緣은 지금까지도 계속되고 있다. 그것은 내가 하는 모든 일의 기반이다.

선불교에서 지혜와 자비는 불가분이다. 선 수행에서는 우리가 지혜를 닦는데, 이 지혜란 자아중심이 없는 것(무아)이다. 그러나 자비, 즉 모든 중생의 괴로움에 대한 자각이 있어야 자아중심에서 벗어날 수 있다. 자비심이 있으면 사심 없이 베풀 수 있다. 만일 우리가 이기적이면 많은 자비심을 가질 수 없을 것이고, 지혜도 마찬가지다! 따라서 지혜와 자비는 뗄 수 없이 연결되어 있다. 만일 지혜만 있다면 그 수행은 불완전한 것이다.

나는 관음염불만 하지 않고 다른 종교도 기웃거렸다. 형과 누나들을 따라서 이교理敎의 모임에도 참가한 것이다. 그들은 이교의 주된

지파支派였다. 이교는 '여리지교如理之敎'라고도 하며, 유교·불교·도교의 종합에 관음 신앙이 결합된 것이다.

이교의 창시자인 양래여楊萊如는 명나라 유민들을 끌어 모아 청나라를 전복하려고 했다. 청나라 조정은 명나라 때의 고관 대신들을 관리로 초빙했지만 많은 사람이 이를 거부했다. 그 중 일부는 승려나 은둔자가 되었고, 어떤 사람들은 종교의 이름 하에 지하조직을 결성하여 만주족이 세운 청나라를 전복할 수 있기를 은밀히 바랐다. 이러한 상황이 수백 년 동안 지속되다가 1911년 중화민국이 수립되자 이교는 비로소 공개적인 조직이 되었다.

이교의 집회는 수백 명이 들어갈 수 있는 큰 강당에서 거행되었다. 이곳은 공교롭게도 읍의 행정 본부이기도 했다. 놀랍게도 대강당에는 관음상이 모셔져 있었다. 관음은 이교의 상징이었고, 그래서 나는 그것이 어머니의 관음회와 다른 종교라고는 결코 생각하지 못했다. 왜냐하면 둘 다 대비 관세음보살을 신앙했기 때문이다.

사람들은 설법을 듣고 관음성호聖號를 지송持誦했다. 강당 내의 분위기는 온화했다. 신도들 간의 관계는 가족 관계보다 더 친밀한 것처럼 느껴졌다. 관음상이 모셔져 있어 강당은 마치 절 같은 느낌이었다. 과일, 차, 식사가 나왔다. 육식, 흡연, 음주는 금지되어 있었다. 모두 좋은 옷을 입고 나와 산뜻한 차림새였고, 위엄 있게 행동했다. 이 집단에서는 어떤 계급 구분도 없었다. 모두 품위 있게 대우받았다. 그러나 일상생활로 돌아가면 달랐다. 부자들은 가난한 사람들을 멸시하거나, 아니면 우월한 티를 내며 그들을 대했다. 나는 너무 어려서 거기서 하는 설법을 이해하지 못했다. 내가 이해한 것은 음식에 대한 이야기였고, 나는 거기서 먹는 것이 너무 좋았다. 그 집회에 나가면 위안을 받고 편안함을 느꼈다. 그러나 이담에 크면 이교에 가담해야겠다고 생각하지는 않았다.

초년에 경험한 또 다른 종교적 사건은 스님들과 도사道士들이 우리 마을에서 천도재나 퇴마 의식을 거행한 일이었다. 나는 이런 이상한 행사를 구경하기 좋아했다. 스님이 되어서, 죽은 사람이 이승에서 저승으로 잘 가게 도와준다는 것은 얼마나 멋진 일인가 하고 생각했다. 그런 의식들은 아름답고 위엄에 넘쳤으며, 신비한 마력이 있었다.

도사들은 퇴마 의식 중에 검과 번幡(좁고 긴 깃발)을 들고 춤을 추면서 허리를 젖히는가 하면, 너펄거리는 도포 자락 속의 두 팔로 둥글게 호와 원을 그리기도 했다. 또 피리와 나팔을 불고 북을 두드렸으며, 빙빙 돌면서 온갖 다채로운 풍악을 울려댔다. 우리 시골 사람들에게는 대단한 오락거리였다. 도사들이 정신이 이상한 사람들의 혈도穴道를 누르면 그들은 몸을 뒤틀면서 비명을 질러댔는데, 이는 악령들이 그 사람의 몸에서 빠져나간다는 것을 의미했다. 불교의 퇴마사들은 악령들이 떠나도록 경전을 독송했다. 도교의 퇴마사들은 흙바닥에 색깔 있는 분필로 신비한 기호를 그려놓고 악령을 죽이는 굉장한 검무를 추기도 했다. 혹은 손동작과 훌쩍 뛰어오르는 동작으로 악령들을 끄집어내어 그것을 병에 가두기도 했다. 그러면 그 악령은 병이 깨져서 나올 때까지 수천 년 동안 갇히게 되는 것이었다.

나는 이런 의식들에 끌렸다. 나도 그런 행위의 중심에서 춤추고 노래하고 독경하면서 악령을 몰아내고 영가들을 천도하고 싶었다. 나도 공연자가 되어 사람들을 웃기고, 군중을 즐겁게 하고 싶었다. 내 마음속 어디에선가는 나도 스님이나 도사가 되면 재미있겠다는 생각을 했으리라고 본다. 그러나 그것을 진지하게 생각해 본 적은 없었다. 그런 생각은 부질없는 환상이었다.

그러다가 1943년 여름, 비가 오는 어느 날 이웃에 사는 대한청戴漢淸이라는 사람이 우리 집에 찾아왔다. 그는 우산을 깜빡 잊고 오는 바람에 흠뻑 젖어 있었다. 우리는 그에게 거친 삼베 천을 주어 얼굴과 머리의 빗물을 닦게 했다. 나는 그에게 우리가 매일 만들어 먹던 차가운 보리차를 흙색의 큰 옹기 사발에 담아서 갖다 주었다. 그는 자리에 앉아 맛있다는 듯이 차를 마시고 나서 의례적으로 우리 식구들에 대해 칭찬도 하고 이것저것 물어보기도 하더니, 나에게는 크면 뭐가 되고 싶으냐고 물었다.

나는 열네 살이었다. 학교 공부는 이제 끝난 것이 분명했다. 부모님은 학비를 댈 수가 없었고, 책은 더더욱 사 줄 형편이 못 되었다. 나는 그에게 어떻게 대답해야 할지 몰랐다. 어머니도 우물쭈물하시는 것 같았다. 마침내 어머니가 말씀하셨다. "우시無錫 부근에 얘를 사위 삼고 싶어하는 집이 있어요. 논밭도 있고 재산도 있는데, 그 딸이 벙어리라네요. 얘는 우리 막내고. 우리는 얘를 못 줄 것 같아요. 착한 아이거든요. 나이를 더 먹어도 장가보낼 돈이 없을 텐데. 우리 집에 잘못

태어났지요."

"그게 뭐 그리 나쁘기야 하겠어요? 안 그러냐, 보강아?" 대 씨가 이상한 눈길로 나를 바라보았다. 나는 그의 아들과 곧잘 놀았기 때문에 그를 알고 있었고, 그도 나를 알고 있었다. 우리 식구들도 대 씨를 존경했다. 그는 종종 강북 지역을 다녀오곤 했는데, 우리는 그가 세상 물정에 밝다고 여겼다. 그는 머리를 짧게 자르고 다녔고 변발도 하지 않았다. 나는 그것이 현대적이고 멋있다고 생각했다.

"아이, 그렇지 않지요!" 나는 우리 중국인들이 곤경을 대수롭지 않게 여기는 그런 태도로 공손하게 대답했지만, 실은 듣는 둥 마는 둥 하고 있었다. 나는 귀도 먹고 글도 모르는 벙어리 소녀와 결혼할 경우의 암담한 장래에 대해 생각하고 있었다. "그러면 너희들이 어떻게 의사소통을 하지?" 어머니가 그 혼사를 의논하듯 말씀하셨다. "그리고 애가 생기면 네가 애들을 돌봐야 할 걸." 나는 어머니가 나를 그 소녀에게 억지로 장가보내려 하지 않는 것이 고마웠다.

당시 중국에서 흔하던 중매결혼에서는 보통 신부가 신랑 집으로 들어왔다. 그 대신 시부모는 신부집에 빙금聘金(신랑집에서 신부집에 주는 돈)을 주고 혼례와 혼수 비용을 부담했다. 내 경우에는 우리 집이 너무 가난해서 내가 그 소녀의 집으로 들어가야 할 형편이었다.

"차라리 스님이 되게 하는 게 낫겠어요." 어머니가 대 씨에게 농담조로 말씀하셨다. 그는 그 말에 이상하게 놀라는 눈치였다.

"정말 애를 스님 만드실 생각이 있으세요?"

"왜 아니에요? 자기가 원하는 거면 뭐든 좋지요." 어머니가 나를 돌아보며 웃음을 지으셨다. "보강아, 너 스님 되고 싶니?"

"물론 되고 싶지요!"

어머니는 놀라서 말문이 막혔다가 마침내 이렇게 말씀하셨다. "너 정말 장난이 심하구나. 하여간 어느 절에서 너를 받아주겠니?"

"낭산狼山 절에서 출가할 사람들을 찾고 있지요. 너 그거 하고 싶냐?" 대 씨가 나에게 말했다.

"예!" 나는 주저 없이 대답했다. 스님이 된다는 것이 어떤 건지 전혀 알지도 못하면서 말이다. 들은 이야기로 알게 된 낭산에 대한 나의 인상은, 그곳에 선인仙人들이 모여 산다는 것이었다.

나중에 알고 보니 대 씨는 낭산 광교사廣敎寺 스님들과 친한 사이였다. 그는 스님들이 새로운 사미승들을 원한다는 것을 알고 있었다. 자기 아들은 외아들이라 가문을 이어야 했으므로 보낼 수 없었다. 그러나 우리 집은 아들이 넷이었기 때문에 우리를 생각한 것이다. 사실 그 비 오는 날 우리 집을 찾아온 목적이 바로 그것이었다!

대 씨는 어머니에게 내가 태어난 날과 시를 물었다. 그것을 낭산에 보내어 스님들이 나를 받아주어도 될지 부처님께 묻도록 하기 위한 것이었다. 나중에 알고 보니 그것은 태어난 날과 시를 낭산의 개산조인 승가대사僧伽大師*의 소상塑像 앞에 놓아두고 여섯 달이 지난 뒤, 그 상 앞에서 이 사람이 좋은 스님이 되겠는지 물으면서 기도를 하고

---

* 당나라 때 서역의 고승 승가대사僧伽大師가 낭산에 머무르며 중생을 교화했는데, 도력이 높고 신이神異가 뛰어나 관음보살의 화신으로 불렸다. 당 중종中宗은 그를 국사로 삼고 '대성국사왕보살大聖國師王菩薩'이라는 법호를 내렸다.

나서 점을 치는 방식이었다. 주지 스님이 대나무 산통을 흔들었다. 그 통 안에는 운세를 적은 산가지들이 들어 있고, 꼭대기에는 산가지 하나가 겨우 빠져나올 만큼의 구멍이 있었다. 산통을 뒤집어서 같은 산가지가 연달아 세 번 나오면 그 아이를 받아들이는 것이었다. 산가지에 쓰인 숫자도 경전에 나오는 상서로운 게송과 상응해야 했다. 이처럼 낮은 확률에 누군가가 받아들여진다는 것은 놀라운 일이었다!

오늘날 우리 절에서는 이런 방법을 쓰지 않는다. 스님이 되기를 원하는 적당한 연령대의 사람들은 1년의 행자 기간을 거친 뒤에 삭발을 한다. 우리는 그 사람이 어떤 동기로 승단에 들어오려고 하는지 알고 싶어한다. 그리고 그 사람의 배경을 알아본다. 어떤 출가 희망자가 예를 들어 범죄를 저질렀다면 그 사람을 받아들이지 않을 것이다. 이것은 도덕적인 판단이 아니며, 그 사람의 성실성, 마음의 준비 자세 혹은 그가 종교적 삶에 적합한지 여부를 의심하는 것과는 무관하다. 하지만 그런 사람을 받아들이면 결국 경찰이 그를 찾아낼 것이고, 그 절의 평판이 손상될 것이다. 정신질환이 있는 사람도 출가인이 될 수 없다. 그러나 만일 승단의 일원이 정신이상자가 된다면 우리가 그를 보살필 것이다. 그런 일도 일어난다. 우리도 대만에 그런 사람이 하나 있는데, 어떤 사람들은 그가 수행을 정말 잘하고 있다고 생각한다.

부모님은 대 씨가 농담을 했다고 생각했다. 낭산에 대해서는 나에게 한 마디도 하시지 않았다. 그러나 나는 소식이 오기를 계속 기다리고 있었다. 똥을 쳐내는 일을 할 때도 멀리 북쪽의 구름을 자주 바라보곤 했다. 낭산이 그 구름 뒤편에 있을 거라고 생각했기 때문이다. 나는 엄청난 자유를 누릴 것을 상상하면서 스님이 되기를 갈망하고 있었다.

여름이 가고 가을이 오자 나는 거의 체념할 지경이 되어 있었다. 그러던 어느 날 대 씨가 돌아왔다. 낭산에서 막 오는 길이라고 했다.

"옷을 차려입어라. 너는 이제 스님이 된다." 그가 문간에 들어서자마자 나에게 말했다.

나는 흥분하여 벌떡 일어섰고, 집과 가족과 고된 생활을 떠날 준비가 되어 있었다. 그러나 깜짝 놀란 어머니는 내가 떠나는 것을 늦춰 보려고 하셨다. "새 옷이 필요해요." 어머니가 대 씨에게 말했다.

"우선은 보내서 얘가 그곳을 좋아하는지 보기로 하지요." 그는 이렇게 말하면서 쉽게 물러서지 않았다. "나중에 자기가 스님이 되고 싶은지 그렇지 않은지 결정할 수 있습니다. 가장 중요한 것은 그곳 생활에 익숙해질 수 있느냐, 노스님이 얘를 좋아하느냐입니다. 새 옷은 그때 가서 이야기해도 됩니다. 낭산 스님들은 재물의 신財神들입니다. 낭산에서 내려온 스님들은 돈의 산에서 내려온 거나 마찬가지입니다. 옷이든 뭐든 걱정할 게 없을 겁니다." 이 말에 어머니는 입을 다물었다. 낭산은 향화香火가 끊긴 적이 없고, 돈이 굴러들어 온다고 알려진 곳이었다.

스님이 된다는 것은 결코 명예가 아니었다. 장가 갈 돈이 없거나 사회에서 내몰린 사람들(범죄자, 혁명분자, 반란자들)이 절에 들어가는 경우가 더러 있었다. 그러나 낭산은 평판이 좋은 곳이었다. 또 낭산의 스님들은 교육을 잘 받았고, 중국 사회는 교육을 높이 쳤다. 내 부모님도 당신들이 돈이 없어 공부시키지 못한 아들이 낭산에서 교육을 잘 받겠구나 하는 생각에 마음이 끌리셨다. 또 당신들은 나를 장가보낼 경제력이 없었다. 그래서 동의하셨다.

다음날 아침 온 가족은 대 씨가 오기를 기다렸다. 형 한 명과 누나 한 명은 이미 결혼하여 다른 곳에 살고 있었지만 나를 배웅하러 왔다. 이상한 분위기가 우리 집에 감돌고 있었다. 나는 낭산에서 맞이할 내 미래를 아름답게 꿈꾸면서 몹시 흥분해 있었다. 어머니는 나의 흥분 상태를 주의 깊게 지켜보고 계셨다.

"너는 스님이 되러 가는데 전혀 슬프지도 않니? 내가 너를 14년이나 키웠는데. 내가 그립지 않겠니? 엄마를 떠나는 게 서운하지 않아? 엄마는 분명히 널 그리워할 텐데!" 어머니는 눈물을 훔치셨다. "네 부모가 이렇게 가난하지만 않았더라면……. 하지만 이제 와서 무슨 말을 하겠니?"

어머니는 잘 우는 사람이 아니었고 나도 그랬다. 그러나 어머니는 내가 당신만큼 서운해 하지 않는 데 상처 받으셨고, 그래서 우셨다. 내 뜻과는 거의 상관없이, 나는 눈물에 젖어 고개를 숙이신 당신의 얼굴을 찬찬히 살펴보고 있었다. 어머니는 50대 초반으로 아직 정정하셨다. 굵고 검은 머리숱은 기력과 건강에 넘쳐 둥글납작한 모자 밑으로 빗자루살처럼 뻗쳐 나와 있었다. 그러나 두 볼과 이마에는 당신이 견뎌 온 억세고 검박한 생활에서 생겨난 주름이 패어 있었다. 다음에 만나면 얼마나 더 늙어 계실 것인가? 돌아가실 날을 얼마나 앞두고 계실 것인가? 당신은 나에게 자신의 너무나 많은 것을 내주셨고, 나는 그 사랑을 결코 다 갚을 수 없으리라는 것을 알고 있었다. 그러자 나도 눈물이 났다.

  우리는 오전 8시에 집을 떠났다. 따스한 가을날 아침이었고, 날씨는 화창했다. 하늘에는 흰 뭉게구름이 흘러갔다. 장강에 다다르자 도선渡船의 뱃고동 소리가 들렸다. 이 강을 처음 건너는 것은 아니었다. 우리는 매년 강북의 친척집을 찾아가곤 했다. 대 씨가 자기 주머니에서 뱃삯을 지불했다. 그것은 우리 식구들을 돕기 위해서이기도 했고, 그가 낭산의 열성 신도였기 때문이기도 했다. 그는 스님 될 사람을 데려가는 것으로 절에 도움이 되는 일을 하고 있었다.

  이곳의 장강은 폭이 10킬로미터로, 파도가 거칠고 바람이 세찬 넓은 강이었다. 도선은 목선이었는데 면포 돛은 다 해졌고 엔진은 없었다. 50명까지 탈 수 있었지만 내가 타고 가던 날은 30명뿐이었다. 옷을 꾸러미로 묶고 바구니에 음식을 가득 담은 승객들이 무너질 듯 허술한 나무 부두에서 뱃전으로 올라갔다. 작은 계집아이가 새장에 암탉 한 마리를 넣어 들고 있었다. 하늘거리는 턱수염의 한 노인이 불꺼진 파이프를 빨았는데, 그의 청회색 눈은 백내장으로 뿌연 모습이었다. 맨발의 사공들이 원숭이처럼 잽싸게 선구船具 주변을 뛰어다녔다. 그들은 가는 허리에 꼰 실로 동여맨 바지를 입고 있었다. 사공들이 소리를 지르고 휘파람을 불더니 밧줄을 던졌다. 그 중 한 명이 긴

삿대로 우리를 부두에서 밀어냈다. 뭍에서는 한 바탕 소란이 일었다. 손님들을 배웅하러 온 사람들이 손을 흔들면서 잘 가라고 소리쳤다. 돛이 올랐고, 미풍에 세차게 펄럭였다. 그리고 물결치듯이 움직이더니 바람을 가득 받자 북처럼 팽팽해졌다. 배는 약간 부르르 떨렸고, 조금 들어 올려지더니 뱃머리가 장강의 사나운 파도 속으로 내리박혔다. 사방에서 물비린내가 났다. 갈매기들이 머리 위에서 원을 그리다가 돌풍에 기우뚱거리곤 했다. 얼굴로 불어오는 바람을 맞으며 나는 어머니와 집을 잊어 버렸다. 바람이 배를 밀어냈고 구름이 하늘을 가로질러 갔다. 나는 무한한 자유와, 나만의 새로운 삶이 형성되고 있다는 설렘을 느꼈다.

도강渡江은 금방이었다. 한 시간도 채 걸리지 않아서 우리는 런지아任家 항에 내렸다. 이 항구 읍은 부두 위쪽에 높이 자리 잡고 있었고, 낮은 건물들과 먼지투성이의 좁은 길들로 두서없는 모양새를 하고 있었다. 석탄을 때는 버스들이 런지아와 난통 사이를 운행했지만, 우리는 짐이 없어 걸어가기로 했다. 남쪽을 향해 강을 따라 돋워진 비포장도로를 걸었다. 이 길로 달구지와 낡은 트럭들이 지나갔고, 가끔 손님을 가득 태운 검댕 자국 있는 버스들도 지나갔다. 간간이 지나가는 트랙터를 볼 때는 부러움도 느꼈다. 갈대 회초리를 들고 울어대는 염소와 양들을 몰고 가는 아이들도 만났다. 대개는 맨발이고 너무 가난하여 보잘 것 없는 짐을 멘, 중국에서 끝없이 볼 수 있는 사람들과도 같이 걸었다. 땔나무와 수초 다발들을 등에 묶어 짊어진 여인들이었다.

낮이 되면서 점차 따뜻해졌다. 대 씨와 나는 침묵에 잠겨 있었다. 우리는 번영하는 큰 공업도시인 난퉁 시의 외곽을 돌아 북쪽으로 향했다. 낭산은 평야 지대에 우뚝 솟은 모습으로 다가왔다. 바위들과 울창한 숲, 그리고 회색 석판을 지붕돌로 얹은 보탑을 가진 장엄한 건물들이 환상적으로 어우러진 이 산은 마치 구름들 사이로 휘감겨 올라가는 것처럼 보였다.

우리는 정문을 통과하여, 미소 짓는 표정의 몸집이 크고 풍만한 미륵불상 쪽으로 갔다. '와, 정말 거대하고 기분 좋은 불상이구나!' 하고 나는 생각했다. 그러나 불상을 지나쳐서 돌아보니 그곳에는 미륵불과 등을 마주하고 위타보살韋陀菩薩이 있었다. 이는 호법보살로, 장군과 같은 갑옷을 입었고, 뼈를 으스러뜨릴 수 있는 검같이 생긴 곤봉을 든 모습을 하고 있다. 나는 다시 '이렇게 험상궂게 생긴 보살도 있나?' 하고 생각했다.

우리가 큰 법당으로 문 두 짝을 통해 들어섰을 때 나는 내 눈을 의심했다. 불상이 우리 집에 있는 것보다 백 배는 컸다. 목을 길게 빼어 부처님 상호相好를 보았다. 대 씨가 나에게 말하기를, 이 불상에서 걷어내는 먼지만도 1년에 12통을 가득 채운다고 했다. (많은 세월이 지난 뒤 내가 낭산에 다시 갔을 때는 모택동의 문화혁명 기간에 이 불상이 파괴되고, 결국 작은 복제품으로 대체되어 있었다.)

나와 비슷한 또래의 사미승이 종을 치더니 불상 앞에서 절을 하면서 "나무 구화산 유명교주 지장왕보살南無九華山幽冥敎主地藏王菩薩('지옥의 스승이신 구화산 지장왕보살님께 귀의합니다')"이라고 읊조렸다. 그의 목소리는 순수하고 경이로워 마치 내가 다른 세상에 온 것 같았다. 나는 마음속으로 생각했다. '여기가 바로 내가 살아야 할 곳이구나. 나도 이 어린 스님같이 되어야겠다.'

이 소년승은 나무망치로 큰 동종을 쳤다. 또 한 스님은 불상 앞에서 절을 하고 있었다.

"저 스님을 잘 보고 따라 해라." 대 씨가 이렇게 말하면서 절하는 법을 가르쳐 주려고 했다. 그러나 나는 주의를 기울이지 않았다. 무슨 이유에선지 나는 그 절하는 스님의 정수리에 있는 작고 동그랗게 삭발한 자국에서 눈을 떼지 못했다. 그는 어떤 배우나 중세의 기독교 수사같이 보였다. 나도 그렇게 보이고 싶었다. 그러나 유감스럽게도 그렇게 되지 않았다. 그런 삭발은 더 어린 동자승들에게만 해 주는 것이었다. 나는 지금까지도 내 머리를 그렇게 한 번 깎아 봤으면 하는 생각을 한다.

나는 다 왔다고 생각했지만 대 씨는 우리의 목적지가 낭산 꼭대기라고 말했다.* 그래서 산을 올라갔다. 가파르고 좁은 길 가에는 이 산을 찾은 유명한 문인들의 글귀, 유명한 서예가들의 글씨, 불경 구절을 새긴 석판들이 늘어서 있었다. 우리는 식탁만큼이나 큰 돌거북을 지났는데, 그 등딱지에는 기억할 만한 문구들이 새겨져 있었다. 울창한 수림 속에 각양각색의 사당들이 자리 잡고 있었다. 도교의 신인 관공

---

* 낭산 꼭대기에는 대성전大聖殿이라는 중요한 법당이 있다. 당시 광교사는 각기 독립적으로 꾸려가는 일곱 암자가 매년 돌아가며 대성전을 관리했다. 스님은 그 중 법취암法聚庵으로 출가했고, 이 해에는 법취암이 대성전을 맡고 있었다.

關公(관우)를 모신 사당, 재물의 신을 모신 사당, 눈을 보호하는 신護眼神을 모신 사당, 장수長壽를 보장하는 북두성신北斗星神을 모신 사당, 그리고 장강의 하신河神을 모신 사당도 있었다. 사람들은 자기 집에서 낭산 쪽을 향해 기도하면서 낭산의 수호신인 자비의 대성보살大聖菩薩(승가대사)에게 가호를 빌었다. 사람들은 이 보살이 다른 신들에게 특정인의 요청을 들어주라고 지시한다고 믿었다. 소원이 이루어지면 신자들은 산으로 와서 감사의 표시로 사당을 짓고 신상을 안치했다.

사당과 명문銘文만 있는 게 아니었다. 길가에는 맛있는 고기소나 팥소를 넣은 찐빵, 행인병杏仁餅(중국 과자의 일종), 카스텔라 그리고 생강과자를 파는 가판대들이 있었다. 대 씨가 카스텔라를 하나 사 주었는데 정말 맛있었다. 차도 마셨다. 우리는 거지도 많이 지나쳤는데 많은 거지들은 장님이었다. 그들은 마디 굵은 손가락을 떨면서 오므린 손바닥을 내밀어 구걸하고, 부처님의 이름을 부르면서 우리를 축복했다. 생기 없는 그들의 눈구멍이 애원하듯이 나를 바라보았다. 지팡이를 짚은 순례자들이 그 길을 걸어갔다. 야위고 남루했으며 팔이 부실한 사람들이었다. 향화 냄새가 그들의 누더기와 머리에 들러붙어 있었다.

마침내 우리는 정상에 도달했다. 그곳은 밝은 햇살이 군데군데 비쳤고 산봉우리를 스치듯 하는 구름 때문에 더 시원했다. 우리는 동굴 같은 법당에 들어갔다. 촛불이 희미하게 켜져 있었고, 향냄새와 수백 년에 걸친 예배와 기도의 자취로 공기는 자욱했다. 그 법당은 또 하나의 거대한 불상이 지배하고 있었다. 황금색으로 빛나는 고요한 불상이었다. 향, 금귤, 여지茘枝(과일의 일종), 사과, 동전들이 불상의 발치에 놓여 있었다. 순례자들은 절을 하면서 서늘한 돌바닥에 머리를 조아렸다. 스님들은 버석거리는 법복을 입고 법당을 누볐다. 그들은 출세간적인 업무를 보기도 하고, 일종의 초연하고 엄숙한 자비심으로 사람들의 활동과 분위기를 감독하기도 했다.

　어릴 적 나에게 그토록 강렬한 인상을 주었던 시골의 천도와 퇴마 의식이 극적이고 사육제 같은 분위기였다면, 여기서는 그것이 정제되어 마음을 가라앉히는 강력한 묘약이 되었다. 수백 년 동안 사람들의 입술이 이 법당 바닥에 닿았고, 누대에 걸쳐 많은 스님들이 이 무시간의 성스러운 공간에서 똑같은 동작의 의식을 거행했다. 머리 위 높은 천장에는 채색한 들보들이 버티고 있었는데, 이 낭산의 법당에서 경건한 마음으로 쉼 없이 켰던 많은 향불의 연기로 시커멓게 그을려 있었다.

　대 씨가 멋진 회색 장삼을 입은 한 스님에게 주지 스님을 뵙고 싶다고 이야기했다. 그 스님은 법당의 어둠 속으로 사라졌고, 대 씨는 불전에 절을 했다. 얼마 후 그 스님이 돌아와서 주지 스님이 당신 방에서 우리를 만나겠다고 말씀하셨다고 했다. 우리는 그를 따라 이끼 낀 바위들 사이로 꼬불꼬불 난 길을 걸어갔다. 몇 개의 문을 지났다. 산은 온갖 나무들로 뒤덮여 있었고, 새들이 가지들 사이로 날아다녔다. 물들어 가는 잎사귀들 사이로 붉은 벽과 회색 기와지붕의 절 건물들이 반쯤 감춰져 있었는데, 그 지붕 모서리들은 날개처럼 위로 젖혀져 있었다.

나는 그렇게 많은 방들, 집들, 장엄하고 우아한 건축물들을 본 적이 없었다. 사뭇 압도되어 정신을 놓고 있다가 마침내 한 방에 당도했다. 시끄럽게 떠들고 있던 스님들이 내가 들어서자마자 이야기를 뚝 그치고 나를 올려다보며 이리저리 가늠해 보았다.

　"이 아인가요?" 한 사람이 대 씨에게 물었다.

　"예, 이 아이입니다."

　그 스님이 나에게 손짓을 했다. "이리 오너라. 소개시켜 주마. 이분은 태사조太師祖, 이분은 증사조曾師祖, 이분은 사조師祖이시고 나는 네 스승의 스승이다. 네 스승은 오늘 여기 없다."

　내 스승은 나보다 한 살 많은 사미승이었다.* 우리 둘은 방을 함께 썼다. 새벽 4시에 일어나서 밤 10시에 굴러 떨어지듯 잠자리에 들었다. 처음 몇 달 간의 절 생활에 대한 기억은 희미하다. 채전의 채소를 돌보고, 내방객들이 돈을 더 많이 시주하도록 그들을 잘 보살펴 주며, 거지들이 우리의 불전함에 허기진 손을 집어넣지 못하게 감시한 일 등이 어렴풋한 기억으로 남아 있다.

　우리는 경을 읽고 조석예불을 했다. 나이 든 스님들만 좌선을 했다. 어른 스님들은 내가 업장業障이 많으니 참회절을 해야 한다고 했다. 내가 업장이 많아서 예불문을 잘 외지 못한다는 것이었다. 나는 내가

---

* 낭산 광교사는 명·청대를 거치면서 주지를 세습하는 절이 되었고, 승려들 간의 분쟁을 막기 위해 한 스승은 한 제자만 받게 했다. 비슷한 시기에 두 사미가 출가하면 먼저 입산한 사미는 어떤 스님의 제자가 되고, 나중 입산한 사미는 먼저 사미의 제자가 되었다. 그래서 갓 출가한 사미승이 스님의 스승이 된 것이다.

기억력이 나빠서 그렇다고 생각했다. 그러나 석 달 반 동안 절을 한 뒤 어떤 체험을 하면서 그분들의 말씀이 옳았다는 것을 알았고, 이로 인해 낭산에서의 생활에 완전히 투신할 수 있게 되었다.

　매일 아침저녁으로 나는 관음상 앞에서 5백배拜를 했다. 내가 어머니와 함께 염불을 하던 대비 관세음보살상이었다. 보통의 경우 나는 이 절 하는 것이 힘들어서 땀을 흠뻑 흘리곤 했다. 그러나 어느 날 아침에는 한참 절을 하고 있는데, 어떤 힘이 내 정수리를 뚫고 들어와 전신으로 흘러 내려가는 것을 느꼈다. 그러자 절이 아주 쉽고 자연스럽게 되었다. 몸은 계속 절을 하고 있었지만 마음은 더 이상 절을 하는 내 몸을 향하지 않았다. 서늘하고 청량한 느낌이 들었고, 마음이 맑고 밝아졌다. 마치 관세음보살이 내려와 나에게 무엇을 주신 것 같았고, 내가 의식조차 하지 못하던 어떤 덩어리가 치워지고 내 머리에서 어떤 모자가 벗겨진 것 같았다. 마음이 더 예리해지자 기억력이 좋아졌고, 뭐든지 훨씬 빨리 배울 수 있었다. 그 체험 이후로 나는 절을 하는 것이 업장을 해소하는 데 도움이 된다고 믿고 있다. 우리는 어떤 가치 있는 일을 할 때는 늘 업장이 따를 거라는 것을 알아야 한다. 그래서 선禪이 끈기와 근면에 큰 가치를 두는 것이다.

　이것이 나의 첫 종교적 체험이었다. 내가 신행하는 불교의 관점에서 보자면, 이것은 내 전생의 업을 재개한 것이라고 말할 수 있겠다. 우리가 전생에 수행을 했을 때는 어떤 씨앗이 심어졌다고 할 수 있다. 금생에 만일 기회가 주어지면(예를 들어, 계속 절을 하는 것을 통해) 그 씨앗이 발아한다. 이것은 결코 깨달음의 체험은 아니었다. 그저 내

신심을 일깨우는 데 도움이 된 것일 뿐이다.

어른 스님들은 그것을 주목했지만 아무 말씀도 하지 않았다. 그러나 나는 그분들의 눈이 그윽이 빛나고 있음을 알아차리기 시작했고, 그분들이 엄숙한 법복을 입고 법당을 가로질러 다닐 때 발걸음이 사뿐사뿐하다는 것도 새로운 의미로 다가왔다. 문득 내 눈이 떠졌고, 난생 처음 나는 진정으로 배우기 시작했다.

내 스승인 낭혜朗慧 스님*은 두 명의 나이 드신 선생님들에게 내 공부를 도와 달라고 부탁했다. 한 분은 나에게 유학을 가르쳤고 한 분은 불법을 가르쳐 주었다. 두 분은 모두 60대로, 한때 승려였지만 환속한 분들이었다. 불교 선생님으로부터 조석예불 하는 법과 이런 의식들의 불교적 내용을 이해하는 법을 배웠다. 이것이 나를 불법에 대한 올바른 이해로 이끌어 주었다. 조석예불문에는 불법의 주요한 주제들이 들어 있다. 내용을 다 갖춘 예불의식집은 두께가 한 치나 되는데, 그것을 다 읽으려면 아침에 한 시간, 저녁에 한 시간이 걸렸다.

이 예불문에는 불교적 가르침의 핵심인 불佛・법法・승僧 삼보三寶가 담겨 있었고, 불교의 삼학三學도 여기서 설명하고 있었다. 삼학 중의 첫 번째는 계율 지키기持戒이며, 이것은 우리의 윤리적 행위와 관계가 있다. 불교는 살생, 망어妄語(거짓말), 투도偸盜(훔치기), 사음邪淫(삿된 음행) 그리고 술이나 마약을 금한다. 두 번째는 선정 닦기, 곧 좌선을 통해 마음을 훈련하는 것과 관계된다. 세 번째는 지혜를 닦는 것

---

* 앞서 성엄 스님의 '스승'인 사미승이 아니라 그의 스승이었던 스님이다. 사부였던 사미승은 반년 뒤 다시 마을로 내려갔고, 스님은 한 대代가 올라갔다.

으로, 업業(인과 법칙), 연기緣起(만물은 인因과 연緣이 결합한 결과로 존재하는 도리), 무상無常(만물은 부단한 변화를 겪으며 따라서 항구적인 실체가 없다는 것), 그리고 고苦가 존재의 보편적 사실임을 올바르게 이해하는 것이다. 지혜를 얻는다는 것은 우리가 이 허망한 자아의 참된 성품을 파악했다는 것을 뜻한다. 이런 개념들이 고苦의 원인을 밝히고 우리 각자의 내면에서 고苦를 해소하는 방법을 제시한다는 점에서, 불교는 유신론적 종교들과 다르다.

예불문의 중요한 부분으로 사홍서원四弘誓願을 발하는 대목이 있는데, 특히 중생이 불도를 깨닫도록 돕겠다는 '중생무변서원도衆生無邊誓願度'가 중요하다. 예불문에는 또한 『아미타경』 구절, 참회문, '삼세제불(과거·현재·미래의 모든 부처님)은 오직 마음에서 나온다三世諸佛唯心所現'는 『화엄경』의 가르침도 들어 있다.

이런 모든 가르침은 내가 사물의 본성에 대한 이원적 소견을 극복하는 데 도움을 주었다. 나는 세계와 우리의 마음이 별개가 아니라는 것, 자기와 남들 사이의 이원적 분리가 그 많은 인간적 괴로움과 갈등의 뿌리라는 것을 배웠다.

우리가 예불문을 이해하면 불교 이론의 기본을 이해한 것이다. 대다수 사람들은 예불문의 내용을 이해하지 못했지만, 나는 다행히 낭산의 스승님이 나를 위해 이 선생님들을 초빙해 주었던 것이다.

대다수 중국인들과 마찬가지로 나는 충성과 책임이라고 하는 유교적 가치관이 깊이 몸에 배어 있었다. 여기에 더해 낭산의 내 유교 선생님은, 우리가 도덕적인 사람이 되기 위해서는 자신의 생각과 행동을 조절하고, 절도와 예의를 갖춰 행동하며, 어떤 행위의 장단점을 주의 깊게 헤아려야 한다는 관념을 나에게 심어주었다. 그래야 사회적으로 원만한 사람이 될 수 있다는 것이었다. 공자는 또한 우리가 자기만을 위해 살아서는 안 된다고 가르쳤다. 만일 우리가 재가자라면 자기 가족에 대해 1차적인 책임을 져야 하고, 출가자라면 자기 절에 대해 책임을 져야 했다. 공자는 우리에게 쓸모 있는 사람이 될 것을 권장한다. 또 우리가 세상과 부드럽고 미묘하게 어울리는 법과, 우리 자신을 수양하여 주위 사람들과 자애롭고 조화로운 관계를 이루는 법을 가르친다. 유교적 책임과 충성 의식은 이후 내 삶을 형성하면서, 내가 믿고 받아들인 불교와 딱 들어맞게 되었다.

절 생활은 조용히 지속되었다. 그러나 1945년 일본군이 항복하자 국민당군과 공산당군 간에 전투가 시작되었다. 먼저 제4군이 낭산 인근으로 들어왔다.* 순진하기 짝이 없던 우리 승려들과 주변 지역 주민들은 제4군이 공산당이라는 것을 전혀 몰랐다. 그들이 나타났을 때 우리는 아주 기뻐했다. 그들이 중국인이었기 때문에, 우리는 드디어 일본군의 오랜 폭압적 점령이 끝나고 우리에게 큰 행운이 닥쳤다고 생각했던 것이다.

공산주의자들은 자신들이 인민을 대표하고 인민을 위해서 일한다고 자처했다. 그들은 사려 깊고 친절하게 보였으며 처신을 잘 했다.

---

* 공산당의 제4군은 1944년 겨울 낭산 근처에서 일본군과 전투를 벌였고, 이듬해까지 이곳에 주둔하고 있었다. 국민당군이 온 것은 그 뒤의 일이다.

음식을 요구하지도 않았고 사람들을 괴롭히지도 않았다. 그러더니 살인이 시작되었다. 밤중에 총소리가 났고, 지역 유지들과 정부 관리들이 한 사람씩 사라져 매일 아침 죽은 채 발견되었다. 시체는 도랑에 버려져 있거나 아니면 강에 둥둥 떠 있었다.

공포 분위기가 지배했다. 사람들은 집 안에 웅크린 채 다니기를 겁냈다. 큰 법당에 참배하러 오는 사람이 아무도 없었고, 불전함은 텅 비었다. 나는 수행을 하고, 채소를 기르고, 내 스승과 스승의 스승인 관통貫通 스님을 보살펴 드렸다. 나는 기침을 계속 했는데 나중에 이것이 결핵임을 알게 된다. 훗날 누나 한 명과 형수 한 명은 이 병으로 죽게 되지만, 다행히 내 폐의 병변들은 치료 없이도 저절로 석회화되었다. 나는 워낙 병약하고 야윈 아이였기 때문에 이것은 순전히 행운이었다. 나는 학질에도 두 번이나 끔찍하게 걸린 적이 있었고, 동무들이 나무에 오를 수 있느냐고 부추기는 바람에 나무에 올라갔다가 떨어져 죽을 뻔한 적도 있었다.

내 어린 시절의 삶은 혼란과 격변 속에서 다 지나간 것 같았다. 국민당군이 낭산에 와서 공산주의자들을 밀어내고 시골을 장악했다. 공산주의자들은 지하로 숨어 게릴라전을 벌였다.

국민당군의 부대들이 우리 절에 진을 쳤다. 매번 새로운 부대가 도착했고, 내 스승님은 그들을 위해 특별한 만찬을 준비하곤 했다. 그러나 그들은 그것을 당연한 일로 여겼다. 그들은 공산주의자들과 싸우기 위해 대거 산 밑으로 내려갔으나, 공산주의자들은 그들 앞에서 연기처럼 사라져 그들을 저격하거나 전혀 예상치 못한 곳에서 매복공격을 했다. 이내 국민당군은 게릴라들을 두려워하여 읍내에 갈 때는 사복으로 갈아입었고, 나까지 동행시켰다! 그들은 미제 무기 외에는 거의 갖춘 게 없는 누더기 부대였다. 월급도 몇 푼 되지 않았고, 제대로 먹지도 못했으며, 사기는 늘 엉망이었다. 그들은 고찰인 우리 절의 문짝들을 떼어내어 침상으로 썼고, 값을 따질 수도 없이 귀중한 옛날 탁자와 의자들을 부수어 땔감으로 썼다. 그리고 나를 포함한 승려들이 항의하면 두들겨 팼다. 다만 나는 아직 어렸기 때문에 많이 얻어맞지는 않았다.

그들은 마치 인간의 탈을 쓴 이리들 같았다. 그들은 절을 박살내고 시골을 공포의 도가니로 몰아넣었다. 절은 더 이상 대중의 생계를 돌볼 수 없게 되었고, 승려들은 하나 둘 절을 떠났다. 마침내 내가 떠날 차례가 되자 나는 낭산의 상하이 분원(포교당)인 한 절로 갔다. 내 삶의 의미와 목적을 발견했던 고찰을 떠난 것이다.

4 상하이로 가다

스승 낭혜 스님과 나는 낭산의 노스님 두 분에게 절을 돌보도록 맡겨두고 난퉁에서 배를 타고 장강을 내려가 상하이로 갔다. 나는 열다섯 살이었고, 내 집이라고 부르던 고찰을 떠나는 것이 서운한데다가 약간 긴장도 되었다. 그래도 아직은 소년이라, 어린 시절 내내 말로만 듣던 그 대도시에 가서 놀라운 광경들을 보게 될 것에 흥분했다.*

요즘은 난퉁에서 상하이까지 내려오는 데 두 시간밖에 걸리지 않지만 당시에는 하루나 이틀이 걸렸다. 우리가 탄 배는 석탄을 때는 큰 기선으로, 물레방아처럼 천천히 돌아가는 외륜外輪이 있는 것이었다. 출발할 때 강물은 탁한 회색이었고 우중충한 하늘에는 구름이 짙게 드리워 있었다. 날씨가 사나워져 나를 포함한 승객들은 갑판 밑으로

---

* 스님의 다른 전기인 『귀정』과 『성엄법사 학사역정』에 따르면, 스님은 1944년 10월경 처음 상하이로 가서 머무르다가 이듬해 여름 낭산으로 돌아갔고, 1945년 국민당군이 들어와 낭산에 진을 치면서 절의 생계가 어려워지자 1946년 봄 다시 상하이로 옮겨갔다. 따라서 여기서 묘사하는 것은 주로 1944년의 첫 여행 과정이지만, 두 번의 상하이 여행 경험이 다소 중첩되어 서술되고 있다.

피신했는데, 그곳은 참을 수 없이 숨이 막혔다. 날씨가 밝아지자 우리는 모두 우르르 밖으로 나왔다가 배의 굴뚝에서 뿜어져 나오는 석탄 먼지를 뒤집어썼다. 나는 뱃머리 쪽으로 가서 먼지를 날려 보내는 바람 속으로 몸을 기울여 강의 축축하고 짙은 냄새를 들이마시면서 앞으로 어떤 일이 나를 기다리고 있을까를 생각했다. 중국은 동란 속에 있었다. 그러나 나는 어떤 평정平靜의 느낌으로 미래를 바라보았다. 그 느낌은 만물이 늘 변하여 무상하다는 불교의 이치와는 거의 무관한 것이었다. 나는 홍수, 전쟁 그리고 가난의 고초를 겪으면서 늘 먹을 게 부족하다는 느낌을 가지고 살았다. 그런 경험을 통해 삶이란 위태롭고도 소중하다는 것을 배웠다. 나는 자신이, 내가 이해할 수 없는 세계의 대사건들로 인해 삶의 기반을 잃고 이동하는 사람들의 거대한 무리 가운데 하나라고 느꼈다. 그때 나는 젊었고, 젊은이만이 가질 수 있는 낙관주의로 가득 차 있었다. 새로운 인생이 열리고 있었다. 나는 그것을 맞이하려고 몸을 앞으로 기울여 바람을 헤치며, 다음에 무슨 일이 닥쳐올지 잔뜩 기대하고 있었다.

그날 밤 나는 통풍도 잘 안 되는 선실에서 자기보다는 갑판에서 자기로 했다. 목제 외륜판이 강물을 쿵, 쿵, 쿵 퍼 올리며 철벅대는 둔탁한 소리를 들으며 몸을 웅크렸고, 배는 안개 속을 천천히 나아갔다. 다음날 바다에서 몰려드는 새들의 시끄러운 울음소리에 잠이 깼다. 내 얼굴은 석탄 먼지로 뒤덮여 시커멓게 되어 있었다.

상하이는 회색빛 하늘 속으로 솟구쳐 올라가는 하나의 산줄기처럼 보였다. 배가 항구로 다가가자 나는 눈이 휘둥그레졌다. 이제껏 서양식 집들을 본 적이 없었고, 나는 계속 그것이 산들이라고 생각하고 있었던 것이다. 그런 높은 건물들을 사람이 만든다는 것은 있을 수 없는 일 같았다.

우리가 배에서 내리자 호텔을 위해 일하는 여행사 직원들이 주위로 몰려들어 우리 짐을 서로 들려고 했다. 내게는 상하이 사람들이 더할 나위 없이 친절하게 보였다! 여하튼 그들은 우리를 마중하고 환영하러 온 사람들이었다. 그들은 심지어 우리의 바랑까지 들어 주려고 했다. 그러나 낭혜 스님은 긴장하여, 몇 개 되지도 않는 우리의 보잘 것 없는 짐에서 눈을 떼지 말라고 나에게 지시했다.

부두에는 많은 인력거들이 대기하고 있었다. (우리는 인력거를 "동쪽 바다를 건너 온 손수레"라고 불렀다. 일본에서 수입된 것이었기 때문이다.) 스님이 인력거꾼들과 흥정을 시작했다. "상하이 사람들은 시골뜨기들을 속여 먹기 좋아해." 스님이 나에게 말했다. 결국 스님은 한 인력거꾼과 흥정을 끝냈고, 우리는 인력거를 타고 갔다. 나는 집이라고 생각했던 것들이 길 위에서 움직이는 것을 보고 입이 벌어졌다. "저건 버스와 전차야." 스님이 설명해 주었다. 나는 눈에 보이는 것들을 믿을 수 없었다! 전차들은 엷은 회색이었고 레일 위를 달렸다. 최초의 충격에서 헤어나자 나는 그 장면이 상당히 재미있게 느껴졌다. 전차들은 거대한 딱정벌레같이 보였고, 레일은 그것들의 머리에서 튀어나온 더듬이 같았다.

"저 전차들 안에 사람이 살아요?" 내가 묻자 스님은 나를 보고 웃었다. 나는 그것이 교통수단으로 쓰인다고는 생각하지 못했다. 내 나이가 15세인데도 그랬다. 내가 너무 순진했던 것이다. 나는 수백 년 동안 거의 변하지 않고 있던 세계에서 살다가 단번에 20세기 속으로 들어온 것이었다.

나는 이내 그것이 시끄럽고 부산한 세기世紀라는 것을 알았다. 뭔가 볼 일이 있고 바쁘게 보이는 사람들이 서둘러 거리를 걸어갔다. 나는 그들이 무엇을 하는지, 그들의 생활이 어떤 것인지 전혀 알 수 없었다. 전차들이 댕그랑거리며 흔들렸다. 도시 전체가 소란스럽고 들썩거렸다. 레일은 날카로운 마찰음을 냈고, 전선들은 딱딱 소리를 내며 불꽃을 튀겼다. 사람들이 큰 소리로 외쳐댔다. 대기는 소동과 불협화음으로 가득 차 있었고, 우리가 탄 보잘것없는 작은 인력거는 그 북새통 사이를 요리조리 누비고 이리저리 덜컹대며 빠져나갔다. 인력거꾼은 그 시끄러움에 맞서 고함을 질러댔다.

우리는 내가 이제껏 본 적이 없는 물건을 파는 상점과 가판대의 주인들을 지나쳤다. 나는 몹시 호기심이 일었다. 어떤 상점들은 물건이 전혀 없고 사람들만 있었다. 이런 상점들은 뭐 하는 곳인지 궁금했다. 스님은 이런 곳은 상점이 아니라 사무실이라고 말했다. 나는 그런 데 있는 사람들은 돈을 어떻게 버느냐고 물었다.

"그건 복잡하지." 스님이 대답했다.

머리에 터번을 두르고 수염이 난 경비원들이 그런 사무실들과 부자들의 집 앞에서 경비를 서고 있었다. 스님은 그들이 동인도인들이라고 했다.

"석가모니 부처님도 인도 분이셨지요." 내가 말했다. 부처님도 저 경비원들같이 생기셨던 것이 틀림없다고 생각한 나는 흥분이 되었다. 나는 또 보리달마菩提達摩를 생각했다. 그를 묘사한 그림을 보면 보리달마는 장발에 수염이 났고 눈이 컸다. 그래서 나는 그 경비원들이 불교도라고 생각했다.

"어쩌면 저 사람들을 청해서 우리에게 불법을 가르쳐 달라고 할 수도 있겠네요." 내가 말했다. 스님은 이해할 수 없다는 듯이 나를 쳐다보았다. 나중에 나는 터번을 두른 그 인도인들이 시크교도라는 것을 알았다. 사실 인도인들 가운데 불교도는 아주 적었다. 그래도 나는 그들에게 친근감을 느꼈다. 왜냐하면 그들은 부처님이 태어나신 나라에서 왔기 때문이다.

우리가 33층짜리 국제호텔(Hotel International)에 다가갔을 때 나는 하마터면 고함을 지를 뻔했다. 이는 당시 상하이 최고층 건물이었다. "이 건물은 낭산의 보탑보다 훨씬 더 높아요." 내가 스님에게 말했다. 사람들이 호텔 창문으로 내다보았다. "저 사람들은 천인이나 신선들인가요?" 내가 물었다. 내 고향에서는 아주 부자들만 2층이나 3층집에서 살 수 있었다. 이 사람들은 저렇게 높은 건물에 살고 있으니 비범한 사람들임이 틀림없다고 생각했던 것이다.

"대개는 외국인들이 호텔에 사는데, 세계 각지에서 온 사람들이야." 스님이 설명했다.

우리가 상하이에 왔을 때는 제2차 세계대전이 끝난 뒤였다. 오랫동안 중국의 국제도시였던 상하이에는 외국에 조차租借된 지역이 많았다. 국제호텔은 예전 영국의 관할 구역 내에 있었으나 영국인들이 중국을 떠난 뒤 그 지역은 중국에 반환된 상태였다. 그러나 외국 상인들은 여전히 상하이에서 사업을 하고 있었고, 그 호텔에 머무르는 이들도 대부분 그런 사람들이었다.

내 생각에 그 외국인들은 마법적인 힘을 지닌 사람들이었다. 그 작은 사람들이 어떻게 그런 거대한 건물을 지어 냈단 말인가?

길을 건너려고 기다리는 사람들은 흡사 오리 떼처럼 보였다. 모두 빨간불을 쳐다보면서 파란불로 바뀌기를 기다리다가 마치 흐르는 물살처럼 움직였다. 각 개인은 별로 중요하지 않게 느껴졌다. 아무도 우리에게 주목하지 않았다. 우리는 거대한 군중 속의 두 사람에 지나지 않았다.

그러다가 나는 우리 인력거꾼에게 미안한 감정을 느끼기 시작했다. 그는 부두에서 절까지 한 시간 넘게 인력거를 끌고 있었다. 시골에도 인력거가 있었지만 상하이에서는 그 일이 얼마나 더 고된지를 알 수 있었다. 인력거꾼은 계속 정신을 바짝 차리고 있어야 했다. 전차, 버스 그리고 서둘러 몰려가는 군중들의 혼란과 소동 속을 뚫고 우리 인력거꾼은 소리를 지르고 이리저리 피하면서 자기 길을 만들어 나갔다. 그 이후로 나는 가능한 한 인력거 타는 것을 피했다. 인력거꾼들이 너무 가여웠다. 그러나 다른 스님들이 말하기를, 만일 아무도 인력거를 타지 않으면 그들이 다 밥을 굶지 않겠느냐고 했다. 그래서 결국 나도 가끔은 그들의 고객이 되어 주었다.

우리는 이 도시의 상업지역을 떠나 벽과 대문들 사이로 미로처럼 끝없이 이어지는 좁은 골목길로 들어섰다. 이곳은 숨겨진 안뜰이 있는 한결 조용한 사생활 구역이었다. 벽들 너머로 기와들이 번쩍였고, 집들의 안쪽에서는 숯불로 음식을 만드는 냄새가 났다. 그리고 물이 돌에 부딪쳐 흩어지는 소리도 들렸다. 우리는 작은 다리들을 건너 쓰레기와 썩은 채소 냄새가 나는 시커먼 운하들을 넘어갔다.

스님과 나는 마침내 대성사大聖寺에 도착했다. 이 절은 평범한 집들로 이루어진 주택지에 있는 한 섬유공장 뒤의 좁은 길가에 있었다. 절은 확장되면서 급속히 변해 가는 상태였다. 스승님과 내가 낭산을 떠났듯이, 똑같은 압박에 시달린 시골 도처의 스님들이 직책을 버리고 도피하고 있었다. 이 도시는 국민당과 공산당의 내전 틈바구니에 끼는 바람에 중국 전역에서 도피해 온 사람들로 어디나 넘쳐나고 있었다.

대성사의 건물은 네 동으로 모두 동향이었는데, 요사채 두 동은 큰 법당의 좌우에 있었다. 이 건물들은 내부가 간소했고 어딘가 곰팡내가 났다. 또 상당히 실용적이어서, 풍요로운 분위기나 이렇다할 낭산의 가풍은 없었다. 하지만 큰 법당 불단 위의 불상을 보고 향 연기를 맡으니 가슴이 벅차올랐다. 마치 집에 온 것 같은 느낌이었다. 절을 하고 일어설 때 어떤 달콤씁쓸한 충격이 다가왔다. 낭산에서 보낸 그 짧은 기간 동안 나에게는 불단이 있는 곳이 곧 집이었다는 것을 여기 와서 새삼 깨닫게 되었다. 부모님과, 진흙과 갈대로 지어진 고향집은 이미 지나간 과거였다.

일본군이 상하이를 점령하고 있을 때 불교도였던 중국 괴뢰정부의 한 관리가 화주化主를 하여 네 번째 건물로 큰 건물을 지었지만, 그는 전쟁 이후 반역죄로 처형되었다. 이 건물은 완공되지 않아 비어 있었고, 토지신인 성황城隍과 그 부인상만 덩그렇게 놓여 있었다.

이 토지신상들은 미신을 믿는 사람들이 가져온 것으로, 그들은 대성사의 한 분원인 정안사靜安寺 신도들이었다. 나는 나중에 이 정안사에서 불경을 공부하게 되지만, 당시 정안사는 엉망인 상태였다. 정안사에서는 이 신상들을 없애고 싶지도 않고 안치하고 싶지도 않았다. 그래서 대성사로 보내온 것이다.

내가 이 절에 온 직후 주지 스님에게 이 민속신들이 불교의 신들이냐고 물었다.

"그 신들은 그냥 우리 절을 빌려서 있는 거야." 그는 눈 하나 깜짝하지 않고 대답했다.

나는 아무 말도 하지 않았지만 내심 놀랐다. 주지 스님은 그런 문제에 대해 실용적인 태도를 지니고 있었다고 할 수 있겠지만, 당시 나이도 어리고 제대로 훈련과 경험을 쌓지 못한 나에게는 그의 대답이 이상하게 느껴졌다. 불교 자체가 엄청난 유연성과 다양성을 가지고 있기는 하나, 나는 주지 스님이 너무 타협적이고 느슨하다고 생각했다. 돌이켜 보면 당시의 대성사는 당시 중국불교의 모습을 상징적으로 보여주고 있었다. 스님들이 현실과 너무나 자주 타협하여 불교의 분명한 원칙과 목적을 망각하곤 하던 모습 말이다.

만약 내가 주지였다면 그 신상들을 다른 데로 옮겨가라고 했을 것이다. 나는 진작부터 불교를 민속신앙과 뒤섞이지 않도록 개혁해야 한다고 생각하고 있었다. 불교가 민속신앙과 섞이다 보니 사람들이 불교를 미신으로만 여겼다. 당시 중국에서 경전을 공부하거나 가르치는 사람은 아주 적었다. 대다수 승려들은 그저 불교 의식에만 매달려 있었다. 낭산처럼 존경받는 사찰에도 신상들이 도처에 널려 있었다. 절 안에는 들여놓지 않았지만 바깥의 산비탈에 안치해 놓아 사람들이 와서 복이나 건강 혹은 어떤 특별한 치성을 드릴 수 있게 해 두고 있었다.

스님들이 상하이로 쏟아져 들어오자 대성사의 그 빈 건물을 그들이 점유하기 시작했다. 이 건물 앞에는 우물이 하나 있어 사람들이 매일 와서 물을 긷고 빨래를 했다. 우리가 마시는 물도 이 우물에서 길었고, 그래서 이곳은 아침마다 꽤 북적였다. 수도하는 사찰이라기보다는 마치 동네 여자들이 한데 모여 잡담하는 곳같이 느껴졌다.

대성사 뒤에는 공터가 있었는데 절과 방직공장에서 여기에 채소를 심었다. 그 너머의 시 외곽은 다시 두서없이 작은 논밭뙈기들과 여기저기 주거지, 공장 건물, 창고들이 널려 있었다. 밤새 귀뚜라미 우는 소리를 들을 수 있었다. 따뜻한 저녁에는 모기들이 떼 지어 몰려들었고, 새벽 어스름에 깨어나면(나는 몇 년째 줄곧 그 시간에 깨어났다) 수탉이 울었다. 중국의 광대한 시골 농촌 풍경이 절문 앞까지 와 있었지만, 그래도 우리는 이 도시의 뜨거운 활력, 코즈모폴리턴적인 문화의 궤도 안에 들어 있음을 느낄 수 있었다.

나는 농촌 출신이었기 때문에 대성사에서 내 소임 중의 하나는 작물을 기르는 것이었다. 나는 채소 심는 법을 알고 있었고, 가장 귀중한 양식인 쌀, 즉 벼도 재배할 줄 알았다. 이것은 많은 사람들이 다투어 찾는 중요한 기술이었다. 상하이와 그 주변 지역은 국민당군이 점령하고 있었지만 이 도시가 전적으로 안전하고 평화롭지는 않았다. 인플레이션이 심각했고 일상생활은 불안정했으며, 쌀을 구하기가 아주 어려울 때도 있었다. 상인들이 쌀을 매점하여 자신들의 창고에 쌓아두었다가 공급이 부족해지고 나면 쌀값을 올려 불로소득을 챙겼다. 우리는 그들을 '쌀벌레'라고 불렀다.

대성사에서 우리는 쌀죽을 먹었는데 이따금 전병, 유조油條(기름에 튀긴 중국식 과자의 일종), 혹은 유조를 넣은 찹쌀경단과 두유를 먹기도 했다. 이것은 형편이 좋을 때 먹은 것이다. 그렇지 않으면 쌀죽에, 발효한 두부와 땅콩 또는 절인 오이를 먹었다. 점심으로는 보통 두세 가지 찬에 국을 한 그릇 먹었다. 네 가지 찬을 먹는 경우는 드물었다. 그 찬은 아주 단순하게 당근과 푸른 채소였고, 찬마다 두부를 넣은 것이었다. 저녁도 점심과 대동소이했다. 어떤 때는 간장으로 콩을 조리기도 했다. 또 무짠지와 소금에 절인 채소도 먹었는데, 이 절인 채소를 상하이에서는 '절인 닭'이라고 불렀다.

때로는 상하이 생활이 무섭기도 했다. 물건을 사러 나가면 사람들이 내 사투리를 듣고는 "시골뜨기"라고 부르곤 했다. 상해어는 단어가 내가 쓰던 사투리와 비슷해서 무슨 말인지 알아듣기는 했으나, 그 나머지는 알아들을 수 없었다. 그들이 자기네 지방 사투리를 썼을 뿐 아니라 젊은이들은 상해어로 발음을 따온 영어 문장들을 주거니 받거니 한 경우가 많았기 때문이다.

서양의 영향이 도처에 퍼져 있었다. 가게에는 영어 간판들이 걸려 있었다. 대다수 사람들은 서양식 옷을 입고 다녔고, 중국 전통 의상은 공식적인 모임에서만 입었다. 나는 여자들이 서양식 하이힐을 신고 있는 것을 보고 그들이 걱정되었다. 굽이 너무 좁고 높아 저러다 언제라도 넘어지지 않을까 싶었다.

사람들은 빵과 우유를 먹었는데, 시골에서는 못 보던 음식이었다. 감자와 토마토도 처음 보았다. 우리는 감자를 "서양고구마洋芋", 토마토를 "외국가지番茄"라고 불렀다. 외국인들도 처음 보았다. 전쟁이 끝난 뒤에도 남아 있던 영국인과 프랑스인들이었다. 그들이 살고 있는 조차지租借地 구역들은 늘 깨끗했고 모기도 없었다. 중국인들이 사는 지역은 악취가 나고 온갖 해충들로 들끓었다. 나는 그 차이가 어디서 오는지 궁금했다. 어떤 사람은 설명하기를, 서양인들의 하수도는 물이 아주 효율적으로 빠지지만 중국인들의 하수도는 거의 늘 막히기 때문이라고 했다.

내가 대성사에 도착한 직후 동네 주민들에게 엄청난 인상을 준 사건 하나가 발생했다. 이 이야기를 들으면 당시 그 절의 영적인 분위기가 어떠했는지 짐작할 수 있을 것이다. 황혼 무렵에 어느 동료 스님과 내가 절의 서늘한 땅에서 일을 하고 있다가 흰 여우 두 마리가 밭을 가로지르는 것을 보았다. 처음에 우리는 그것이 동작 빠른 흰 고양이들이라고 생각했다. 그런데 다시 보니 털이 북슬북슬한 꼬리, 쫑긋한 귀 그리고 끝이 점점 가늘어지는 주둥이로 보아 여우가 분명했다. 이 여우들은 땅 쪽으로 낮게 몸을 기울이고 이리저리 주위를 살피면서 갔다.

중국인들은 신선의 정령이 흰 여우로 화현한다고 믿는다. 여우의 털이 흰 것은 나이가 아주 많다는 표시라는 것이다. 흰 여우 한 마리를 보기도 어려운데, 두 마리를 함께 본다는 것은 정말 희유한 일이었다. 여우 소문이 퍼지자 대성사에는 사람들이 떼로 몰려왔다. 어떤 사람은 매일 이 신선들 앞에 계란 두 개씩을 시주했다. 그 계란을 밤에 놓고 가는데, 매일 아침 우리가 보면 계란이 깨지지 않았는데도 속은 비어 있었다. 여우들이 어떻게 껍질을 건드리지 않고 계란을 먹었을까? 그 빈 계란껍질들을 기념물로 모아 두었다.

우리 신도들 가운데 그 여우들이 신선이라고 믿지 않는 어떤 사람이 그들을 "냄새나는 여우들"이라고 부르기 시작했다. 그러자 여우 숭배자들이 난리법석을 피웠다. 그가 이런 심한 말을 공개적으로 하고 난 직후 어느 날 아침, 잠에서 깨어 보니 자기 옷이 침상 곁에서 사라져 집의 들보에 매달려 있었다. 낭혜 스님이 그에게 여우 신선들을 모욕했으니 참회해야 한다고 말씀하셨다. 다음날 그는 참회했고, 그 옷들은 단정하게 개어져 침상 곁에 돌아와 있었다.

이 흰 여우 이야기를 어떻게 이해할지는 독자 여러분에게 맡겨두겠다. 나는 당시 너무 어렸고 시골에서 갓 올라온 터라, 너무 놀라워 입이 다물어지지 않았다. 내가 이 이야기를 한 것은 당시 대성사의 사육제 같은 분위기를 전해주기 위한 것이다. 그곳은 민간 신화와 일종의 막연한 히스테리, 그리고 미신이 온통 지배하고 있었다.

5. 망자들을 위한 의식

승려로서의 내 삶은 대성사에서 새로운 전기를 맞았다. 이 절은 명목상 선찰禪刹이었으나 결코 선 수행을 할 수 있는 곳은 아니었다. 선 수행으로 마음을 다스리고 가라앉히려면 정해진 시간에 일어나고, 밥 먹고, 좌선하고, 울력하고, 예불하고, 잠을 자야 했다. 마음이 일단 안정되고 나면 그것이 자신을 더 잘 탐색하고 자신의 참된 성품을 더 잘 깨달을 수 있게 된다.

그와는 딴판으로 우리 대성사 승려들은 미친 사람들처럼 도시를 쫓아다녔다. 절은 영가천도 의식을 거행하는 일로 먹고 살고 있었고, 우리는 장의사나 초상집들을 부지런히 다녔다. 우리는 특히 장의사 세 곳과 계약이 되어 있었다. 그들은 관棺에서부터 승려들의 독경, 화장, 묘지까지의 이동 등 모든 것을 일괄 제공했다. 우리는 하청업자들이었고, 우리가 승복을 입고 가서 소리 내어 독경하고 나면 그때마다 장의사에서 수수료를 챙겼다.

불교에서는 육도六道(중생들이 윤회하는 여섯 세계)를 믿는데, 인간 세상은 그 중의 한 세계일 뿐이다. 명나라 때부터 시작된 이 천도 의식은 그 영가靈駕(망자)가 마음을 가라앉히도록 도와주고, 그가 탐貪·진瞋·치癡로 인해 축생, 아귀餓鬼, 또는 지옥에 떨어지지 않고 더 좋은 곳에 태어나도록 하기 위해 만들어진 것이다. 고요한 마음을 유지하면 인간 세상 같은 더 좋은 세계에 태어나거나, 더 바람직하게는 인간으로 태어나 불법을 만나는 데 도움이 될 수도 있을 것이다. 요컨대 그 천도 염불은 영가가 더 좋은 곳에 태어나도록 돕기 위해 공덕을 회향廻向하는 것이었다.

이것은 중국문화에서 뿌리 깊은 사고방식인데, 내가 알기로 많은 서양인들은 이것을 이상하게 여긴다. 그러나 대다수 우리 중국인들에게 그것은 당연히 하는 일이었고, 우리도 그렇게 믿고 있었다.

한 번 천도 의식을 하는 데는 승려 다섯 명이 필요했다. 새벽 4시나 5시까지 유족들과 함께 밤샘 독경을 하는 일도 종종 있었다. 그런 다음 대성사로 돌아와 서너 시간 잔 뒤에 그날의 일과를 시작하는 것이었다. 장의사들이 특히 바쁠 때는 우리가 잠을 거의 못 자다시피 했던 것 같다.

우리에게는 그 일이 필요했다. 우리가 매일 어느 곳에서 독경을 하면 땟거리를 장만할 만큼의 돈을 벌었다. 그러나 먹는 것 말고도 돈 들 데가 많았다. 의사가 왕진도 왔고, 건물 유지보수도 해야 했으며, 전기와 전화요금도 내야 했다. 그래서 우리가 하루에 세 군데를 가야만 절을 유지할 정도의 돈을 벌 수 있었다.

희한한 일이었다. 장례에도 성수기가 있고 비수기가 있었다. 성수기에는 더 많은 사람이 죽었다. 비수기에는 사람이 덜 죽어, 이삼일씩 아무 일이 없는 날도 있었다. 그럴 때 우리는 쉬었다. 모두 잠에 주려 있었고, 잘 수만 있으면 아침공양 때까지 내처 잤다.

불행히도 나는 그럴 수가 없었다. 나는 신참 승려로서 조석예불을 해야 했다. 저녁예불에는 어른 스님들이 나오지 않아도 되므로 나 혼자였다. 나는 불교 의식의 모든 법구法具들을 다루는 법을 터득했다. 요령을 울리고 북을 치고 목어木魚를 두드리는 데는 엄밀하고 정확한 법도가 있다. 나는 그 훈련을 받지 못했다. 가르쳐 줄 사람이 아무도 없었기 때문이다. 그래서 스스로 터득해야 했는데, 그럴 필요가 있었기 때문에 자연스럽게 그것을 익혔다. 처음에는 잘못된 순서로 법구들을 쳤다. 예를 들어 요령을 울리고 목어를 쳐야 하는데 그 반대로 한다든가, 법구들을 치는 회수가 틀린다든가 하는 식이었다. 혹은 너무 힘을 주어 치거나 너무 부드럽게 치기도 했다. 시간이 좀 걸리기는 했으나 차차 숙달이 되어 더 잘 치게 되었다.

내가 그런 법구들을 모두 다루게 된 탓에 절 밖에 있는 사람들은 많은 스님들이 예불을 거행하면서 사찰의 전통을 열심히 지켜가고 있는 줄 알았다. 돌이켜 보면 그것은 한편 재미있기도 하지만 서글픈 일이기도 했다. 실은 애송이 사미승 혼자서 그렇게 하느라고 어떤 때는 기진맥진하여 가까스로 서 있을 때도 많았는데 말이다.

나는 다른 스님들이 공부를 하거나 좌선을 하는 것을 본 적이 없었다. 이 절에는 설법당이나 선당禪堂도 없었다. 전통적으로 선당은 스님들이 장기간에 걸쳐 정해진 시간에 좌선을 통해 마음을 닦으면서 거기서 밥도 먹고 잠도 자는 그런 곳이다. 중국의 모든 절이 그렇지는 않았다. 이 특별한 시기에 상하이에서만 그랬다. 상하이 밖의 절들은 수행 공간이 있었다. 많은 사찰이 건립된 제2차 중일전쟁 기간 동안에는 스님들이 설법에도 참여하고 좌선도 했다. 전쟁이 끝난 뒤에는 많은 스님들이 시골을 떠나 도피했고, 이 수행처들은 폐허가 되었다. 그래서 사찰들은 다양한 동기를 가진 사람들이 함께 하는, 즉 용과 뱀이 섞여 사는 아주 복잡한 장소가 되어 버렸다.

우리는 크고 작은 장의사에서 일을 했다. 큰 장의사들은 크기가 다른 방을 열두어 개씩 갖추어 놓고 빌려주었다. 큰 방들은 비쌌고 피아노와 같은 악기들도 있었다. 좀 작은 방에서는 사람들이 바깥에서 악사를 고용하여 중국 나팔을 불게 했다. 지위를 중시하는 부자들은 중국 악대와 서양 악대를 다 고용했다. 그리고 승려들, 도사들, 여승이나 여도사들을 고용하여 염불을 하게 했다. 그것은 그냥 과시용이었다. 즉, 죽은 사람을 위해 많은 사람들이 와서 염불을 하는 것처럼 보이게 하기 위한 것이었다. 사실 많은 중국인들은 종교적 신앙 그 자체를 확고히 가지고 있지는 않았다. 그저 남들이 하는 만큼 구색을 갖추고 싶은 것이었다. 그 의식들은 민간 신앙에 뿌리를 둔 것으로서 종교적인 정신은 거의 없었다.

어떤 장의사에는 관 저장실이 있어서, 두꺼운 나무 관 속에 시신을 넣고 단단히 밀봉하여 냄새가 나지 않게 한 다음 마치 미국에서 자동차를 층층이 주차시키듯이 선반에 네 단으로 쌓아 두었다. 이 관들은 장지가 준비될 때까지, 혹은 죽은 사람의 관이 고향으로 돌아갈 때까지 기다리며 저장해 두는 것이었다. 어떤 관들은 집도 없고 갈 곳도 없었다. 그런 경우에는 장의사가 묘지 구실을 했다.

사람들은 가족의 생일, 1년 또는 3년째 기일, 혹은 가족이 죽은 지 49일째 되는 날도(이날 49재를 지내는 것은 주로 부자들뿐이었지만) 우리를 불러다 기념 의식을 거행하게 했다.

만일 그 집이 비좁거나 친지들이 많으면 대성사에서 의식을 거행하기도 했다. 이런 의식 중에는 이상한 일도 벌어졌다. 절에서 거의 평생을 살지 않은 사람들에게는 그다지 이상하게 여겨지지 않을지도 모르지만 말이다. 재가 신도들 중 많은 사람이 고기를 먹었고, 이런 의식 때는 닭, 생선, 오리를 절에서 요리하도록 요식업자를 고용하곤 했다. 술도 대접했다. 그래서 의식이 끝나고 나면 대성사에는 요리한 고기 냄새가 코를 찌르는 것이었다. 나는 그것이 언짢아 주지 스님에게 왜 술과 고기를 절 안에서 먹게 하느냐고 물었다.

"우리가 그 사람들에게 여기서 의식을 거행하고 고기를 먹게 하니까 우리가 채식을 할 수 있는 거다. 만일 그들에게 의식을 거행하지 못하게 하면 우리는 굶는다. 독경해서 버는 돈만 가지고는 먹고살기 힘들어. 그러니까 우리는 생계만 유지하고 있는 셈이야." 스님이 말했다.

이런 일이 몇 번 있고 난 뒤에 나는 대성사를 떠나고 싶은 마음이 들기 시작했다. 만일 사람들이 의식을 거행한답시고 절을 전세 내다시피 하여 고기를 요리해 먹을 수 있다면, 우리는 참으로 불교를 신봉하는 것이 아니라는 것을 나는 알고 있었다. 선배 스님들은 불교의 기본 원리를 몸소 실천하는 것은 고사하고 이해도 하지 못하는 것 같았다. 어린 나이에 최소한의 훈련만 받았고 오갈 데가 없어 중이 된 것 같은 나였지만, 나는 이내 돌이킬 수 없이 깊은 불심을 지니게 되었다. 그것은 선택이 아니라 그냥 나의 본 모습이었다. 불교에 대한 내 접근 방법이나 나의 중노릇은 '생계유지'와 아무 관계가 없었다.

너무나 많은 승려들이 상하이로 쏟아져 들어오고 있었기 때문에 영가들을 위한 독경 경쟁도 꽤 심해졌다. 우리는 받는 금액을 깎아주고 활동 구역을 넓혀서 경쟁력을 유지할 방도를 강구해야 했다. 우리는 끝없는 도시의 좁은 거리들을 마치 미친 사람처럼 엎어지고 구르면서 급히 뛰어 다녔다. 장삼을 휘날리며, 몸은 땀으로 범벅인 채, 숨을 헐떡이면서, 자전거와 인력거를 피하고 사람들과 부딪쳐 넘어뜨리지 않으려고 요리조리 사이를 빠져 나가며 말이다. 그렇게 매일 40킬로미터씩이나 달렸다. 우리는 열심히 일했고, 잠을 거의 자지 못해 늘 피로했다.

젊고 팔팔한 승려들 중에는 그런 피로를 해소하기 위해 헤로인을 주사하거나 흡입하는 사람도 많았다. 이 승려들은 대개 큰 절에서 왔고, 그들 중 많은 사람은 뛰어난 스님들이었다. 총명하고, 불교에 해박했으며, 불교 의식에도 숙달되어 있었다. 또한 못생긴 사람이 없었고 모두 상당히 훌륭한 풍모를 지니고 있었다. 지금 생각해 보면 이상한 일이었다.

이 승려들 대다수는 지겨워서 자기 절을 떠났던 것이다. 그들은 누구나 데려다 쓸 수 있는 젊은 인재들이었다. 어쩌면 다른 절들이 자신들을 주지로 데려다 쓸지 모른다고 그들은 생각했다. 그것은 마치 대기업 출신 직원들이 다른 데 가서 자신의 운을 시험해 보려는 것과 같았다. 이 승려들은 유능했지만 큰 절들은 이들을 경계했다. 왜냐하면 그들은 뜨내기였기 때문이다. 그래서 결국 대성사와 같은 작은 절에 와서 게을러지고 마는 것이었다. 그들은 좌선도 하지 않고 경도 읽지 않고 예불도 하지 않았다. 그 중 많은 사람들은 수입이 쏠쏠한 천도 의식으로 돈이나 좀 벌어 볼까 하고 상하이로 몰려든 것이었다.

  헤로인은 그들의 기력 유지에 도움이 되었다. 그러나 그것은 하나의 악순환이었다. 그 습관을 유지하기 위해 갈수록 더 많은 일을 감당해야 했고, 일을 많이 하면 할수록 마약에 더 의존했던 것이다. 그들은 헤로인 가루를 담뱃갑의 은박지 위에 놓고 은박지 밑에 선향을 태운 다음 종이를 동그랗게 만 대롱으로 마약을 흡입했다. 그리고 남들이 볼 것을 두려워하지 않았다. 그들은 피로를 느낄 때마다 그것을 피우기 시작했다.

  더 심각한 사용자들은 약간의 물에 헤로인을 조금 타 찻잔에서 섞은 다음(그들은 증류수를 사용하지 않고 보통의 물을 썼다) 그것을 자기 몸에 주사했다. 헤로인 가루가 녹으면 그것을 주사기로 빨아들여 소매를 걷고 팔에다 주사했는데, 이미 주사를 놓았던 구멍들 중의 하나를 이용했다. 헤로인이 정맥 속으로 들어가면 그들은 '스-' 하는 소리를 내면서 정말 황홀해 했다. 헤로인을 사용하기 전에는 사방에 콧

물을 흘리고 기진맥진해 하던 그들이지만, 일단 마약을 맞고 나면 힘이 세지고 정신이 살아나 무슨 일도 할 수 있었다.

이 승려들은 거행할 의식이 없을 때는 상하이의 주된 홍등가 중의 한 곳인 4번가로 창녀들을 찾아갔다. 한 번은 내가 밤에 천도 의식을 거행하러 가는 길에 이 도로를 지나갔다. 나는 그곳에 여자들이 왜 그렇게 많이 있는지 몰랐다. 그 창녀들은 우리 승려들에게 아주 관심이 많았고, 자기들과 같이 집에 가지 않겠느냐고 계속 물었다. 우리는 자기들을 위해 천도 의식을 해 달라는 줄 알고 우리가 너무 바쁘다고 말했다. 우리가 절에 돌아오자 세상 물정을 아는 승려들이 우리에게 그들이 어떤 여자들인 줄 아느냐고 묻고 나서 우리의 순진함을 비웃었다. 내가 그 여자들의 제안을 받아들이지 않았기 다행이었다. 나는 정말 그들이 창녀인 줄 몰랐다. 옷을 아름답게 차려 입고 있으니 그들이 누군지 알 턱이 없었다.

이 무렵 부친이 가족들의 배고픔을 무릅쓰고 밀을 좀 팔아 고향의 재봉사에게 승복 몇 벌을 만들어 달라고 하여 그것을 직접 가지고 상하이로 찾아오셨다. 나는 낭산에서 공식적인 삭발식을 거친 적이 없었고, 대성사를 위해 천도 의식을 거행할 시기에도 속복을 입고 있었다. 우리 집이 돈이 없었기 때문에 통상 승려가 되는 것과 관계되는 모든 의식은 면제 받고 있는 상태였다. 정식으로 승려가 되는 의식 때 드는 모든 비용, 즉 승복을 마련하고 수계授戒 법사들을 대접하는 비용은 속가가 지불해야 했다. 나는 새 승복을 받아서 기뻤고, 가족의 희생에 감동했다.

하루는 한 무리의 경찰관들이 대성사에 와서 헤로인을 찾았다. 물론 그들은 그것을 발견했다. 사실 이 절은 마약 창고가 되어 있었다. 이 소문이 퍼지자 그것은 불교 전체에 대해서 좋지 않은 영향을 주었고 우리 절에도 재앙이 되었다. 사람들이 우리에게 독경을 의뢰하지 않으면서 우리의 수입은 급감했다. 그러나 몇 달이 지나자 사람들이 이것을 잊기 시작했고, 다시 우리를 고용했다.

독자 여러분 중에는 대성사에서 마약 사용이 만연해 있는데 왜 주지 스님이 아무 조치도 취하지 않았을까 하고 의아해할 분이 있을지 모른다. 마약을 하는 스님들이 우리에게 수입을 안겨주고 있었기 때문에, 원래 현실주의자인 주지 스님은 그들이 떠나는 것을 원치 않았던 것이다.

대성사 시절을 돌이켜 보면 그때는 내 인생에서 가장 혼란스러운 시절이었다. 아무 일과표가 없었다. 승려들은 시도 때도 없이 절을 들고났다. 정해진 식사시간도 없었다. 그러나 절 안에서는 어떤 불화나 분규도 없었다. 마약이 최악의 문제였다. 우리는 여전히 육식을 하지 않았고, 우리들 가운데 소수의 불량 승려를 제외하고는 여자를 가까이 하지 않았다.

그러더니 살기가 한층 더 어려워졌다. 거리에는 가판대들이 들어섰고, 계율을 지키지 않아 절에서 떠날 수밖에 없었던 예전 승려들이 그곳에 자리를 잡았다. 그들은 처자식이 있었고 평복을 입고 있었다. 그들도 영가천도 독경 일을 했고, 우리보다 싼 값을 불렀다. 그들도 의식을 거행할 때는 예전 승복을 걸쳤다.

각 의식에는 다섯 명의 승려가 필요했기 때문에 이 가판대들이 한데 모여 일종의 조합을 이루었다. 매번 그들이 일거리를 얻으면 수십 명의 '승려들'을 쉽게 동원할 수 있었고, 정부와 불교협회들은 이러한 관행을 묵인했다. 이 타락한 승려들이 우리를 밀어내고 있었다. 그러나 우리가 너무 바쁘고 의식에 갈 스님이 부족할 때는 이 '승려들'을 쓰기도 했다. 그래서 우리는 서로 경쟁하면서도 한편 협력하기도 했다.

마침내 나는 승려로 살 때 내가 앞으로 선택할 수 있는 방안에 대해 생각하기 시작했다. 만일 한 절에 계속 머물러 있으면 내가 늙어서도 그 절이 나를 먹여 살려 줄 것이었다. 열심히 노력하여 관리직이나 행정직에 오르는 승려들에게는 개인 방이 주어졌고, 나이가 들면 다른 특권도 따랐다. 그 절의 일과를 따르지 않아도 되었고 병이 나면 의사가 보살펴 주기도 했다. 주지 스님은 전임 주지가 쓰던 방에서 살 권리가 있었다. 심지어는 임기가 끝난 뒤에도 죽을 때까지 살 수 있었고, 개인 시자가 딸리고 보시금도 나왔다. 그러나 어떤 절들은 전직 주지들을 고용했다. 평생 열 군데 이상의 절에서 주지를 한 저명한 스님들은 자신이 노년을 보내다 죽을 절을 고를 수 있었다.

이것은 나처럼 젊은 승려가 기대할 수 있는 최선의 시나리오였다. 만일 내가 이 절 저 절 돌아다닌다면 아무도 나에게 안전을 보장하거나 생계를 해결해 주지 않을 것임이 분명했다. 그러다가 병이 들거나 늙게 되면 곤란해질 터였다. 그러나 나는 한 가지 안전망이 있다는 것을 발견했다. 만일 어떤 승려가 어느 절에 살게 해 달라고 간청하면 그 절에서 그를 받아들여야 한다는 것이었다.

한창 때 대성사에는 스무 명 이상의 승려가 있었다. 낭산 출신인 우리 핵심 그룹은 송경하고 의식을 거행하는 법밖에 몰랐다. 다른 스님들은 갖가지 기술을 가지고 있었다. 어떤 사람은 가극의 노래를 하거나 연극 공연을 할 줄 알았고, 피리를 잘 부는 사람도 있었다. 어떤 사람들은 두 개의 나팔을 동시에 불 줄도 알았다. 하나는 입으로 불고 다른 하나는 한쪽 콧구멍을 막고 다른 콧구멍으로 불었다. 그들은 쿵푸도 하고 여러 가지 무기도 다룰 줄 알았다. 우리가 장례 의식을 거행할 때는 막간에 이런 공연도 집어넣었다. 이 스님들은 또 두꺼운 색종이로 등, 깃발, 번幡 등을 만들어 의식을 거행하는 방을 장식하기도 했다.

대성사의 주지 스님은 나도 그런 것을 연주할 수 있도록 피리와 나팔 부는 법을 배워 보라고 극력 권했다. 그러나 나는 늘 폐활량이 적었기 때문에 숨이 길어야 하는 악기는 연주할 수 없었다. 이것은 결과적으로 오히려 잘 된 일이었다. 나는 내심 깊은 곳에서(당시에는 그것을 분명하게 말로 표현하기 어려웠겠지만) 어떤 다른 삶, 불법을 배우고 공부하고 전승하는 그런 삶을 살고 싶었다. 나에게 수행과 교학의 두 길은 불가분으로 얽혀 있었다. 만일 내가 어떤 악기를 잘 다루게 되었다면 한 사람의 예인藝人이 되었을 것이고, 그저 그런 삶을 살면서 한정된 역할밖에 하지 못했을 것이다. 그리고 훗날 공부를 하러 가거나 불교의 지혜 바다로 들어가기가 어려웠을 것이다.

6 정안사 불학원 시절

우리 절은 내가 하던 천도 의식에서 나오는 수입을 절실히 필요로 했으나, 낭혜 스님은 1947년에 나를 정안사 불학원佛學院에 입학시켜 주었다. 다시 학교를 다니게 된 것은 매우 흥분되는 일이었고, 이번에는 불교를 실제로 가르치는 학교였다!

정안사는 대성사와 전혀 다른 환경이었다. 우리는 한 교실의 정해진 자리에, 한 책상에 두 명씩 앉았다. 나는 근시였기 때문에 보통 맨 앞줄을 배정받았다. 좌석과 책상은 낮았고, 계속 필기하고 칠판과 선생님들을 비스듬히 쳐다보노라면 저녁에는 목이 뻐근했다.

정안사에는 피아노가 있어서 우리는 외부 음악 선생에게서 찬불가도 배웠다. 도서관은 없었지만 교실 한 구석에 서가가 있었고, 전국적으로 배포되던 세 가지 불교잡지와 몇 가지 아주 좋은 문학 정기간행물들이 꽂혀 있었다.

책이 그렇게 적다는 것이 이상했다. 선생님들은 우리에게 숙제나 열심히 하지 공부 분야 외의 책은 읽지 말라고 했다. 우리에게는 괜찮은 불교사전 하나 없었다.

　교실은 세 방향에서 들어오는 자연광이 아주 좋았다. 학인들 몇 명은 지루해했다. 그들은 다른 불학원을 졸업했고, 우리가 배우던 내용을 훤히 알고 있었다. 선생님이 강의하는 동안 그들은 책을 읽었다. 상상할 수 있겠지만, 우리 선생님들은 이 학인들에게 호의적으로 반응하지 않았다. 그러나 우리는 그 학인들을 좋아했다. 왜냐하면 우리의 공부를 도와줄 수 있었기 때문이다. 우리가 졸업할 때 이 학인들 중 몇 명은 졸업장을 쓸모없는 것이라며 찢어버렸다. 그들은 이미 다른 불학원에서 졸업장을 몇 장 받았지만 그것으로 교직을 얻지 못했던 것이다.

　우리는 중국불교에서 중요한 저작들을 공부했다. 예컨대 『원각경』, 『대승기신론』, 그리고 유식唯識·중관中觀·화엄華嚴·천태天台의 교리적 문헌으로서 부처님의 가르침을 논하며 무상無常과 고苦라는 불교의 중심 사상을 담고 있는 전적典籍들이었다. 내가 낭산에서 배운 예불문은 불교에서 하나의 기초과정 같은 것으로, 내가 확고한 불제자라고 자칭하고 그렇게 처신할 수 있으려면 필히 배워야 하는 분야였다. 그것을 통해 나는 대성사의 승려들이 승려로서 해서는 안 되는 행위를 하고 있다는 것을 알았던 것이다. 불학원에서 배우는 과목들은 그것과는 달랐다. 이것은 마음의 이론을 가르치는 것이었다. 이 문헌들은 불교에 대해 아주 깊은 이해를 가진 심오한 철학가들이 쓴 것으로서, 부처님의 말씀과 사상의 참된 본질을 조명해 주는 것이었다. 이것은 대학 수준의 불교 공부였다.

이 불학원은 근대 중국불교의 위대한 중흥조의 한 분인 태허대사太虛大師(1880~1947)가 이끌던 그룹이 창건했다. 태허 스님이 불교 교육 기관들을 창건하는 데 들인 노력은 놀라운 것이었다. 중국 전역에 불학원을 만들었으니 말이다. 불교 교육의 중요성에 대한 이러한 강조는 평생 동안 나와 함께 하게 된다. 정안사 불학원장은 일본의 고야산대학高野山大學에서 공부한 분이었다.*

나는 불법의 광대한 복잡함과 깊이를 얼핏 보았고, 낭산의 수행과 분위기 이면에 자리한 옛 법맥과 유구한 전통을 이해하기 시작했다. 나는 정안사 불학원이 지적인 발견과 토론의 온상이었다는 인상을 주고 싶지는 않다. 우리는 전통적인 중국식 방법, 즉 무조건 외는 방식으로 배웠다. 비판적으로 사고하거나 관념을 분석하는 것은 권장되지 않았다. 우리는 각 종파를 그 특유의 용어들로 외었다. 경전 공부도 같은 방식이었다. 선생님들은 우리가 외어서 배워 두기만 하면 나중에 자연히 이해하게 될 것이라고 믿었다. 그리고 그들이 옳았다. 나는 교재를 엄청나게 외었고, 더 좋은 교육을 받게 되었을 때는 예전에 배웠던 것을 생각하면서 그것을 점차 내 나름의 창조적 방식으로 이해할 수 있게 되었다.

---

* 정안사 불학원은 1946년 봄 사월 초파일에 개원했다. 태허대사를 초대 원장으로 모셨고, 백성白聖 스님이 부원장을 맡았다. 일본 고야산대학에 유학했던 지송持松 스님(1894~1972)은 1947년 음력 3월말 이후 정안사 주지 겸 2대 불학원장을 맡았다. 불학원에서 강의한 스님들 중 나중에 대만으로 건너간 이는 지광智光 노스님, 백성 스님, 남정南亭 스님, 도원道源 스님, 묘연妙然 스님 등이었다.

그러나 처음에는 전혀 그렇지 않았다. 수업 중에는 뭐가 뭔지 이해하는 데 애를 먹었다. 선생님들이 말하는 것을 그들의 어조나 표정을 통해 짐작하려고 애썼고, 그렇게 하여 그 말이 무슨 의미인지 추측할 수 있었다. 나는 칠판에 써 놓은 것을 필기하고 그것을 급우들과 토론했다. 그들 중 어떤 사람은 다른 불학원에 다닌 적이 있었기 때문에 그 의미를 이해하고 있었다. 그 토론은 필기한 내용을 이해하는 데 도움이 되었다. 나는 교과를 잘 외고 시험도 잘 쳐서 대개 90점 이상을 받았다. 그래서 다른 사람들보다 가장 늦게 불학원에 들어갔음에도 우리 반에서 가장 우수한 사람 중 하나로 졸업했고, 대학원급 연구반에 입학하는 소수의 인원에 선발되었다.

우리는 불교와 계율학뿐만 아니라 일반 고등학교 교사와 대학 교수들에게서 영어, 수학, 중국 고전도 공부했다. 불학원은 체육도 중시하여, 우리는 유명한 소림사 출신의 한 선생에게서 태극권과 소림권을 배웠다.

정안사 불학원에서 우리가 한 수행은 경참經懺* 위주였다. 좌선도 했지만 올바른 좌선법이 어떤 것인지는 잘 알지 못했다. 그래서 우리의 수행에서 어떤 실제적인 힘을 얻기는 어려웠다. 나는 주변 사람들 중에 깊은 좌선 체험을 얻었거나 깨달았다는 인가를 받은 사람들이 있다는 것을 알고 있었다. 그러나 그들은 자신들의 체험을 설명하거나 묘사하는 법이 없었다. 자기들끼리 이야기할 때 들어보면 무슨 말

---

* 경을 읽고 참회절을 하는 의식. 여기서는 신도들의 부탁으로 하는 일종의 불공 의식이며, 당시 정안사 학인들은 절 운영을 돕기 위해 이것을 많이 했다.

인지 의미를 종잡을 수 없었다.

나는 선당에서 몇 년을 보냈다는 나보다 나이 많은 학인 몇 명에게 좌선에 대해 물어 보았다. 그들은 이렇게 말하곤 했다. "아, 그거 쉬워. 그냥 앉으면 돼. 일단 아프던 다리가 안 아프면 그건 좋지."

참구할 공안을 받는 스님도 가끔 있었지만, 전체적으로 보아 체계적인 좌선 훈련은 없었다.

한 번은 정안사에서 하는 선칠禪七 수행에 참가했다. 나는 경행經行을 알리는 향판香板* 소리가 날 때까지 앉아 있었다. 아무도 나에게 어떻게 하라는 지침을 주지 않았다. 다만 우리는 "칠통漆桶의 밑바닥이 빠질 때까지"** 앉아 있어야 한다는 말은 알고 있었다.

어떤 때는 앉아 있을 때 이런 생각이 들었다. '어떻게 해야 하는 거지? 염불을 해야 하나? 아니면 다른 걸 해야 하나? 좌선이란 게 정말 뭘까?' 이런 질문들을 계속 하다가 결국 나는 하나의 큰 의심 덩어리가 되었다. 그 의심 덩어리에 여러 해 동안 시달렸다. 그것은 내 가슴에 큰 짐이 되어 번뇌와 불편, 심지어는 내면에서 고뇌의 물결을 일으켰다.

불행히도 내 교육은 다시 한 번 중단되었다. 선생님들과 급우 스님들은 반종교적인 마오이스트들의 침입에 잔뜩 긴장하여 대비했다. 공

---

* 선당에서 쓰는 경책용 나무판자.
** '칠통'이란 검은 옻이 든 통이며, 깜깜한 무지의 상태를 상징한다. 이 통의 밑바닥이 빠진다는 것은 옻이 다 빠져 나가는 것, 즉 무지가 소멸함을 뜻한다.

산당 간부들이 이따금 우리 절을 찾아오고 있었다. 우리 가족은 (자기 농토가 없는) 프롤레타리아 소작농이었기 때문에 나는 공산주의자들이 두렵지 않았다. 그들은 친절했고, 불교에도 관심을 보이면서 우리에게 자기들이 무엇을 하며 어떻게 사는지 보러 오라고 말하기도 했다. 그들은 국민당 치하의 이 나라가 부패하고 후진적이며, 국민당이 집권하고 있는 한 우리 민족은 힘없이 침체되어 있을 거라고 말했다.

급우들 중 몇 명은 세뇌되어 그들에게 가담한 다음, 정안사로 돌아와서 우리를 세뇌시키려고 했다. 나중에 이 급우들은 마오이스트들이 상하이를 점령했을 때 공산주의 지하 활동가가 되었다. 국민당군이 그들 중 일부를 체포했고, 그들은 총살되었다.

나는 공산주의자들이 하는 말을 귀담아 들어 보았지만 그들의 사고가 유물론적이지 않은가 의심했다. 나는 마르크시즘과 유물론에 관한 책들을 몰래 읽어 보았고, 이 이데올로기는 불교와 부합하지 않는다고 느꼈다. 만일 이런 책을 읽는 것을 국민당군이 발견했다면 내가 체포될 수도 있었다. 나는 또 공산주의자들이 점령한 지역에서 불교가 박해당하고 있고, 승려들은 환속하여 생산 활동을 하거나 군에 입대할 것을 강요당하고 있다는 이야기도 들었다. 국민당이 부패하기는 했지만, 그 지도자인 장개석蔣介石 장군은 기독교인인데도 불교에 반대하지 않았다. 도반 스님들과 나는 장개석의 모친이 독실한 불교도이고, 그래서 국민당은 불교를 파괴하지 않을 것임을 알고 있었다.

급우들 중 일부가 공산당에 가담한 것은 불법에 대한 그들의 신념이 확고하지 않았기 때문이다. 그들이 출가한 것은 집이 가난한데다

학교에 갈 기회가 거의 없어서였다. 불교식이기는 해도 최소한 절에서 뭔가 교육을 받을 수 있다는 데 마음이 끌렸던 것이고, 그것은 전혀 교육을 받지 못하는 것보다는 나았다.

공산주의자들은 마침내 1949년 5월 상하이로 쳐들어 왔다. 내 기억으로 도시 경계선에 모래자루들이 줄지어 쌓여 있었다. 마치 도시를 방어하기 위한 것처럼 보였지만 그냥 그런 시늉만 한 것이었다. 공산주의자들이 들어왔을 때 전투라고는 없었다. 그냥 들어와서 도시를 접수했다.

아무도 놀라지 않았다. 우리는 공산주의자들이 상하이를 침공하면 분명히 성공할 거라고 보았다. 국민당군은 말로는 지켜낼 거라고 공언했지만 이 도시를 방어할 자신이 없었기 때문이다. 우리는 우리 모두 환속 당하는 것은 시간문제일 뿐이라고 확신하고 있었다. 그것은 비극이었고 우리는 희망이 없다고 느꼈다.

나는 강소(장쑤)江蘇의 우시 출신인 친한 도반 스님에게 이렇게 물었던 기억이 난다. "자네는 어떻게 할 건가? 고향으로 돌아갈 건가, 아니면 환속할 건가?"

"누님이 상하이에 살고 계신데, 나를 위해 여자친구 한 명과 직장을 잡아 놓았다는군." 이렇게 말한 그는 자신의 장래에 대해 흥분해 있는 것 같았다.

"자네는 어떻게 할 건가?" 양주(양저우)楊洲 출신의 다른 급우 스님에게 물었다.

"우리 식구들은 화물선 두 척을 가지고 있는데 막 상하이에 도착했어. 나한테 속복을 주더군. 나는 그 배에서 막일을 할 수 있을 것 같아." 그가 대답했다.

한 급우 스님은 이렇게 말했다. "자네는 국민당군에 들어가. 나는 공산당군에 들어갈 테니. 그리고 앞으로 전선에서 만나지 뭐."

또 한 스님은 이렇게 고백했다. "나는 별로 용기가 없어. 고향에는 돌아가고 싶지 않고, 군에 입대하기는 겁이 나. 그래서 여기 있으면서 상황이 어떻게 될지 봐야겠어."

1948년 후반과 1949년 초에는 홍콩, 광둥 혹은 대만으로 비행기를 타고 떠난 스님들이 더러 있었다. 그들의 스승들이 돈이 있어 그들을 함께 데려간 것이다. 그들은 몰래 떠났다. 밤에 살짝 빠져나갔기 때문에 우리는 그들이 떠난 뒤에야 그들이 도피한 것을 알았다.

사조師祖 스님에게 나도 도피해야 하는지 묻자 스님은 이렇게 말했다. "노스님들도 겁을 내지 않는데 젊은 중이 무엇을 겁내나?" 내 스승님도 내가 본토를 떠나는 것을 반대했다. 그러나 정안사 불학원의 감학監學(학생 지도 소임자)이었고 이미 대만에 들어가 있던 수성守成 스님이 나에게 편지를 보내어 자기 있는 곳으로 오지 않겠느냐고 했다. 내 사진을 몇 장 보내주면 나를 위해 대만 입경入境 허가증을 신청해 줄 수 있다고 했다. 그는 대만에서 돈도 없고 연줄도 없어 많은 도움을 줄 수는 없었다. 나도 물론 돈이 없었다. 상하이에서 대만까지의 선비船費는 은전銀錢으로 10원에서 20원 정도였는데, 내가 매달 받는 보시금은 은전 1원이 채 되지 않았다.

이때 다른 기회가 찾아왔다. 제2차 중일전쟁 때의 명장이던 손립인 孫立人 장군이 대만에 주둔하고 있었는데, 본토에서 자기 부대를 위해 장교들을 모집하고 있었다. 손립인은 아주 명성이 높았다. 그는 미국의 사관학교를 졸업했고, 중국군과 미군이 연합했던 제2차 세계대전 때는 버마의 결정적인 한 전투에서 일본군을 패배시킨 적이 있었다.

손립인은 교육 받은 젊은이들을 대만 남부의 가오슝高雄에 있는 자신의 훈련소에 입소시키고 있었다. 정안사에 있던 우리는 상주(창저우) 常州 천녕사天寧寺에서 보낸 편지 한 통을 받았다. 손 장군의 부대에 젊은 장교로 같이 들어가자는 내용이었다.

급우 한 명이 국민당군의 통신부대에서 나온 모병관을 우연히 만났다. 그는 그 부대에 입대하기로 결정했고, 발급받은 군인증 덕분에 버스를 공짜로 탈 수 있었다. 그에게서 그 이야기를 들은 우리는 아주 깊은 인상을 받았다. 두 명의 급우와 나는 바로 모병소로 가서 그 통신부대에 입대를 자원했다. 우리는 손 장군의 군대에 들어가는 거냐고 물었고 그렇다는 보증을 받았다. 우리는 대만에 도착해서야 우리 207중대가 한때 손립인이 이끌던 부대였지만, 그가 다른 부대로 옮겨갔다는 것을 알았다.

대만으로 가는 비용은 군에서 대 주었다. 나는 아주 간단한 짐만 꾸렸다. 내가 가져간 것은 불교서적 약 스무 권, 담요 하나, 갈아입을 속옷 몇 가지, 그리고 신분증이었다. 그것이 전부였다. 상하이에서 군복을 사둔 게 있어 그것을 입고 승복은 싸두었다.

당시 큰형이 상하이에 살고 있었는데, 끓인 물을 파는 작은 판매대를 운영했다. 내가 본토를 떠날 때는 그 물장사가 이미 망했고, 그는 이제 두유를 팔아 근근이 생활하고 있었다. 나는 아직 승복을 입은 채로 형을 찾아가서 군에 입대한다고 말했다. 그 이유는 말하지 않았다. 그는 두유 한 사발을 사 주면서 내 걱정을 했지만, 너무 가난했기 때문에 나에게 다른 도움은 주지 못했다.

형을 만나러 갈 때 나는 책, 사진, 쓴 글, 원고들, 옷가지들을 넣은 나무 궤짝을 하나 꾸려갔다. 형에게는 그것을 고향에 갖다 두든지, 아니면 상하이에 그대로 보관하고 있다가 나중에 우리가 본토 수복에 성공하면 돌려달라고 부탁했다.

1988년 내가 본토를 다시 찾았을 때 형을 만나 그 궤짝을 아직도 가지고 있느냐고 물었다. 형은 고개를 숙이며 그것을 잃어버렸다고 했다. 그는 공산주의자들이 상하이를 접수한 뒤로 거의 늘 이사를 다녔고, 어디엔가 그것을 빠트리고 간 것이다. 내 어릴 때 사진들이 전부 그 안에 있었다. 정말 아쉬웠지만, 그것이 바로 무상함의 본질인 것이다.

1949년 5월 상하이를 떠날 때 급우들 몇 명이 배웅해 주었다. 대성사는 아직도 절로 남아 있었다. 나중에 들으니 그 절의 스님들은 강제로 환속 당했고, 내 스승님과 사조 스님도 거기에 포함되었다. 젊은 스님들은 결혼을 했고 노스님들은 세상을 뜨고 말았다.

1988년 상하이를 다시 찾았을 때, 나는 대성사가 문화혁명 때 공장이 되어 버렸다는 것을 알았다. 그것을 다시 절로 만든다는 것은 생각조차 할 수 없었다. 불상들은 문화혁명 때이던 1976년에 모두 파괴되었다. 1978년 중국에서 여러 가지 개방정책을 펼 때 사찰을 운영할 사람들이 필요했다. 그래서 전직 승려들이 낮 동안 직업으로 그 절들을 운영하고, 저녁에는 자기 집으로 퇴근했다. 환속 당시 50대였던 내 사조는 결혼하여 자식들을 두고 있었다.

그래서 학구열에 불타는 젊은 승려였던 나는 승복을 군복으로 바꾸어 입고 상하이와 본토를 떠났던 것이다. 쉬운 선택은 아니었지만, 나는 궁지에 몰려 있던 상황이었다. 입대하기 몇 시간 전 나는 이런 서원을 하나 세웠다. 즉, 나는 우리나라와 민족의 위엄을 보존하겠으며, 쇠퇴해 가는 불법의 명예를 지키기 위해 싸우겠노라고 말이다. 내 목표는 군인으로 남는 것이 아니었다. 당시 나는 국민당군이 3년 안에 승리할 거라고 생각했다. 중국이 혁명의 와중에 있던 1949년의 그 혼란스럽던 봄에, 나는 바다 건너 남동쪽으로 먼 항해를 하면서 장차 어떤 일이 나를 기다리고 있을지 전혀 알지 못했다.

7 군인들 틈에서

대만은 산악 지형의 섬으로 중국 남동부 해안에서 약 200킬로미터 떨어져 있다. 서쪽으로는 좁은 평야가 남쪽으로 달리며, 여기에 대다수 사람들이 거주하고 이 섬의 대다수 산업이 자리 잡고 있다. 내가 1949년 5월 사병으로서 훈련을 받기 시작할 때의 대만은 오늘날 우리가 보는 고도로 산업화된 섬과는 전혀 딴판이었다. 이 섬은 1895년부터 1945년까지 일본의 점령 아래 있었다. 일본이 제2차 세계대전에서 패배하고 연합국에 항복하자 대만은 중국으로 복귀했다. 1949년, 장개석은 그의 정부와 군대를 대만으로 옮겼다. 도합 백만 명 이상의 중국인이 본토를 떠나 이 섬으로 왔다. 그들은 대부분 부유한 국민당 정부 당원들이거나 나와 같은 군인들이었다.

내 생애는 다시 한 번 극적으로 변했다. 고향 마을과 그 초가지붕 오두막에서 얼마나 멀리 온 것인가! 낭산의 향 연기 자욱하던 법당들과 뿌연 운무, 그리고 날아오를 듯하던 지붕들과 유구한 법식도 지나간 이야기였다. 상하이의 북적대던 거리들도 뒤로 했지만, 대성사에서의 고단한 삶은 비록 많은 타협으로 점철된 것이었기는 해도 그나마 불교적인 삶이었다. 이제 나는 군인이었고—심한 근시에다 병약하고 체중 50킬로그램의 깡마른 나였지만—다음은 무엇을 하게 될지 전혀 알지 못했다.

우리는 대만 북부의 깎아지를 듯이 솟아오른 산악 지대 기슭에서 훈련을 받았다. 우리 부대장은 나폴레옹의 사전에 "어렵다"는 낱말이 없다는 것을 우리에게 반복 주입시켰고, 우리는 아무 불평 없이 모든 어려움을 극복해냈다. 우리의 막사와 식당은 우리 손으로 지었다. 풀을 베어 지붕과 벽을 하고 기둥, 들보, 침상은 대나무로 만들었다. 산에 나무가 없어 우리가 나무를 심었다. 멀리 이동할 때는 다리 밑이나 도로변, 그리고 묘지에서 잠을 잤다.

군대는 궁핍했다. 제복도 없었고, 여름에는 보통 반바지 하나만 입었다. 우리는 훈련 과정을 '삼광운동三光運動'이라고 불렀다. 삼광(세 부위를 벌거벗음)이란 맨머리光頭, 맨몸光背, 맨다리光脚라는 뜻이다. 우리는 햇볕과 비에 그대로 노출되어 마치 아프리카에서 온 것처럼 피부가 정말 검어졌다. 치아만 하얗게 보였다. 비가 내리면 이때는 샤워 시간이었다. 우리가 햇볕에 너무 타서, 빗물은 마치 우리의 피부가 방수 플라스틱이나 되는 것처럼 몸에서 굴러 떨어졌다.

우리는 신발이 없어서 거친 지형을 멀리 걸을 때는 발이 많이 아팠다. 그래서 강둑에서 자라는 풀과 식물로 신발을 엮었다. 신발 한 켤레가 2주 정도 갔다. 어떤 군인들은 이 풀을 꼬아서 신발을 엮는 기술이 부족했기 때문에, 나는 그들에게 재료를 모아 오라고 하여 신발을 만들어 주었다. 그들은 고마워하면서 나에게 사례의 선물을 주고 싶어했다. 무엇을 원하느냐고 묻기에 내가 말했다. "나는 술도 안 마시고 고기도 안 먹는데 살 게 뭐가 있어?" 그들은 나에게 소금을 친 구운 땅콩을 사 주었는데, 이것은 보통 대위나 중위들만 먹던 정말 맛난 음식이었다.

필수품이 귀했다. 군인 열 명당 대야가 하나였다. 우리는 그것을 온갖 용도로 썼다. 식사 때는 국통으로, 또 세숫대야로 그리고 건축 공사를 할 때는 진흙을 담는 데 썼다. 한 번은 여고생들이 와서 장병들을 위해 춤추고 노래하는 공연을 했다. 한 학생이 화장실에 가야 했는데 어디도 갈 곳이 없었다. 우리도 정해진 화장실이 없었다. 필요할 때는 그냥 구덩이를 하나 파서 일을 보았다. 우리는 여학생이 그렇게 하게 해서는 안 되겠다 싶어, 한 병사가 시트를 들고 서서 가려주고 그 학생에게 우리가 음식을 만들 때 쓰던 냄비에 소변을 보도록 했다! 사람들은 그 여학생이 정말 깨끗하니까 아무 문제가 없다고 했다. 나중에 우리는 그 냄비를 개울로 가져가서 깨끗이 씻었다. 그래야 다음 식사 때 거기다 국을 끓일 수 있었다.

우리의 중위 말고는 아무도 시계를 가지고 있지 않았다. 벽시계도 없었다. 우리는 군용 나팔 소리를 듣고서야 일어날 때, 밥 먹을 때, 잠잘 때를 아는 것이었다. 매일 아침, 해가 뜨기 전 어둑어둑할 때 우리는 5킬로미터를 구보했다. 돌아오면 쉬었다가 체조 기구에서 단련을 했다. 안마鞍馬, 철봉, 평행봉 그리고 두 손으로 기어올라야 하는 대나무 기둥이 하나 있었다.

첫 식사를 하고 난 오전 아홉시 무렵이 되면 다들 지쳤다. 우리는 소금과 몇 가지 채소를 넣어 삶은 국물 사발 주위의 땅바닥에 둘러앉았다. 그 '국'을 같이 떠먹으며 우리의 주식인 밥을 먹었다. 쌀은 배급되었다. 하루에 고작 27냥兩을 받았는데, 1킬로그램이 안 되는 양이었다. 그것이 많게 들릴지 모르지만 세 끼가 아닌 두 끼 양이었고, 우리의 식사는 단백질이 너무 부족했다. 두 번째 식사는 오후 네 시였다. 더 먹어야 할 필요가 있을 때는 쌀을 주고 값이 싼 고구마 절간(썰어서 말린 것)을 바꾸어 먹었다. 고구마는 섬유질은 풍부한데 맛은 별로 없었다. 또 먹고 나면 방귀를 뀌었다.

우리는 단백질 기타 영양분을 섭취하지 못해 영양실조에 걸렸다. 입대한 지 2년이 지나자 미국의 원조 물자를 받기 시작했고, 그것은 우리에게 도움이 되었다. 미국은 밀가루, 콩, 의약품을 제공했다. 우리는 아침식사에 두유와 작은 주먹만한 찐빵 하나를 추가할 수 있었다. 정부에서 주는 비타민 정제도 지급받았다. 병사마다 80정씩 든 병을 받았는데, 하루에 세 개씩 먹게 되어 있었다. 한 병사가 말했다. "하루에 세 번 먹으려니 귀찮아. 그냥 한꺼번에 다 먹어 버리자." 몇 명은 그렇게 했다. 그런데 어떻게 되었을까? 모두 내장에 열이 치밀어 급히 병원으로 실려가 장을 세척해야 했다. 그 후 대위는 각 병사에게 하루에 세 알씩 나눠주면서 한 번에 다 먹지 말라고 주의를 주었다.

우리는 매일 일정 시간 정치교육을 받았다. 이 수업이 끝나면 제식훈련을 했다. 횡대, 종대, 세 줄 혹은 긴 한 줄 등 여러 줄을 지어가며 행진했다. 우리는 이런 훈련이 부질없는 짓이라고 생각했다. 왜냐하면 전투에서 그렇게 질서 있게 움직일 일은 없을 테니까 말이다. 그러나 훈련을 통해 우리는 단결된 부대가 되었다. 전 부대원이 백 명 이상인데 소총은 두 자루밖에 없었다. 그것조차도 쏘지 않았지만, 그 총들의 끝에는 대검이 부착되어 있었다. 우리는 돌아가며 그 소총을 받아 초병 시늉을 했다. 나머지 부대원들은 행진할 때 대나무 막대기를 소총인 양 들고 다녔다.

정치교육반에서 우리는 군사 전략과 반공 이론을 배웠다. 이것은 중요한 과목이었다. 왜냐하면 우리의 사고를 바꾸는 데 도움이 되는 것이었기 때문이다. 공산주의자들이 그렇게 할 때 우리는 그것을 세뇌라고 불렀다. 그러나 우리는 그들의 기법을 배워 소위 '사상전'을 벌일 때 그것을 사용했다.

우리의 관점에서 볼 때 공산주의자들은 사악한 무리였다. 교관은 애국심을 강조했고, 마르크스, 레닌, 스탈린, 마오의 사상은 외국에서 온 것이지 중국 것이 아니라고 가르쳤다. 우리는 장개석 장군의 연설집을 공부하고 일주일에 한두 번 그것을 가지고 토론했다. 또 우리는 손문(쑨원/쑨얏센孫逸仙)의 이념도 공부했다. 그는 삼민주의三民主義를 제창했는데, 그것은 첫째로 중국 정부는 중국인들이 다스려야 하고, 둘째로 그 정부는 민주적으로 선출되어야 하며, 셋째로 토지 소유가 평등하고 부가 균등히 분배되어야 한다는 것이었다. 손 박사는 "민족주의 국가는 일상생활에 필수적인 것들, 예컨대 의식주 · 교통 · 오락 · 교육을 그것이 필요한 사람들에게 제공해야 한다"고 말했다.

우리 교관은 말했다. "중공 인민들은 공사公社에서 살고 있다. 그들은 옷 하나를 9년 동안 입어야 한다. 새 옷으로 3년, 헌 옷으로 3년, 터진 솔기마다 꿰매어서 3년이다."

우리는 상당히 철저히 세뇌되었다. 그리고 훈련 받는 것 외에는 별다른 정보를 얻지 못했다. 현지인들과의 접촉은 거의 없었다. 현지인들의 방언은 우리가 알아들을 수 없었다. 그들은 국민당군을 외부에서 들어온 점령군으로 여겼다. 국민당은 불과 두 쪽짜리 신문 하나밖에 발행하지 않았고, 군대는 자체 신문이 있었다. 우리는 언론의 자유가 없는 것에 대해 별로 생각해 보지 않았다. 그리고 우리 모두 똑같은 사고방식을 가지고 있었다. 구해 볼 수 있는 외국신문도 아주 드물었다. 고작 듣는 바깥 세계 소식이라고는 중동 문제라든가 키프로스 전쟁 같은 것이었다. 폴란드가 소련의 지배에 저항하고 있다는 것도 알게 되었다. 우리는 중국 본토에서도 똑같은 일이 벌어질 거라고 생각했다. 우리는 소련을 '철의 장막'이라고 불렀지만, 중국 본토는 '죽竹의 장막'으로 불렀다. 왜냐하면 중국은 소련만큼 강하지 않다고 생각했기 때문이다.

매주 하루는 교육과 훈련이 없었다. 우리는 늘 피로한 상태였다. 그러나 나는 승려의 수행을 견지하는 방식을 발견하려고 애썼다. 그래서 구보나 행진, 혹은 보초를 설 때와 같이 단순한 활동을 할 때는 관세음보살 염불을 했다. 좌선이나 절을 할 시간은 없었다.

나는 군관학교(장교 양성소)에 들어가고 싶었다. 그리고 수행하고 독서할 시간을 더 많이 갖고 싶었다. 그러나 고등학교를 다니지 않았고 여러 과목을 두루 공부하지 못했던 나는 시험에 여러 번 떨어졌다. 또 나는 키가 170센티미터였지만 체중이 45킬로그램밖에 나가지 않았다. 시험관들이 내 체중을 달기만 하면 불합격이었다.

결국 나는 일반 보병보다 한 등급 높은 교육을 받게 되었다.* 가장 큰 문제는 근시였지만 나는 입대한 이후로 안경이 없었다. 사격 연습은 중요한 훈련 과목이었는데, 나는 표적 한가운데의 둥근 원은 안 보이고 바깥의 흰 부분만 보였기 때문에 표적의 바깥만 맞추었다. 하루 종일 연습하고 나서도 내 점수는 빵점이었다. 장교들은 내가 일부러 표적을 맞추지 않는다고 생각했고, 그 벌로 사격장에서 막사까지 돌아가는 길에 한 걸음마다 팔굽혀펴기를 한 번씩 하라고 했다. 그 거리는 천 미터였고, 그래서 나는 약 천 번의 팔굽혀펴기를 해야만 했다.

나는 팔굽혀펴기를 감독하던 장교에게 내가 근시여서 그런 것이지 일부러 표적을 맞히지 않은 것은 아니었다고 말했다. 그는 나를 동정하여 내 시력 상태를 상관에게 보고했다. 상관은 근시인 내가 보병에 있으면 안 된다고 결정했다. 왜냐하면 나 같은 사람은 전장에서 쓸모가 없기 때문이다. 나는 통신대로 전속되었다. 그곳은 전화와 무선통신을 담당하는 곳이었고, 시력이 나쁘다 해도 별 장애가 되지 않을 터였다.

---

* 스님은 원래 보병대 상등병이었다가 통신대로 전속된 뒤 몇 달을 준비하여 1949년 12월에 초급간부 양성 과정인 통신학교 시험에 마침내 합격했다. 1950년 6월 이 학교 교육과정을 수료하여 견습군관(준위)이 되었고, 나중에는 소위가 되었다.

통신대의 책무는 해안선을 지키는 것이었다. 우리는 뒤로 숲이 우거진 산들이 우뚝 솟아 있는, 바람 많은 모래밭의 부식된 건물들 안에서 살았다. 이 건물들은 바다에서 올라오는 염분과 습기로 인해 조금씩 삭아 가고 있었다. 우리는 본토에서 발신되는 무전 교신을 가로채 보려고 애쓰면서 나날을 보냈다. 본토에서 언제 공격해 올지 모른다고 상관들이 경고했기 때문에 미리 탐지하려는 것이었지만, 그것은 헛된 수고였다.

더 이상 여기 저기 행진해 다닐 필요 없이 나 자신의 시간을 더 많이 갖게 되었다는 것은 다행한 일이었다. 비번일 때는 물가나 숲 속의 한적한 곳을 찾아서 좌선을 하곤 했다. 또 가능한 한 많은 독서를 했다. 이때는 불교 서적이나 경전을 구할 수 없었다. 사찰도 경전을 두고 있는 곳은 드물었고 예불문 책들만 있었다. 여기에는 진언眞言과 불경에서 뽑은 핵심 구절들, 사홍서원四弘誓願과 삼귀의三歸依, 그리고 스님들이 조석예불 때 하는 기도문이 들어 있었다. 사찰마다 보통 필수적이라고 생각되는 내용을 담은 그들 나름의 예불문 책을 가지고 있었다.

반면에 불경은 부처님의 가르침을 기록한 것이다. 많은 불경이 있는데, 이 경전들이 모든 불교도가 의지하는 종교적 문헌이다. 불경을 가지고 있는 소수의 사찰들은 그것을 나에게 빌려주려 하지 않았다. 불경이 귀했기 때문이다. 그래서 나는 문학, 철학, 자연과학 등 다른 책들을 찾아냈다. 잉크병에 기름을 가득 넣고 천 조각을 심지 삼은 호롱불에 의지하여 밤늦도록 이런 책들을 읽었다. 어느 장교가 내가 그렇게 책을 읽는 것을 보고 또 팔굽혀펴기 벌을 주었다.

나는 군인들 틈에서 살았지만 꿈 속에서는 늘 스님이었고, 승려 생활로 돌아가기를 열망했다. 심지어 사람들에게 내가 스님이었다는 말도 하곤 했다. 병사들은 여가 시간에 영화를 보거나 술을 마시러 가거나 아니면 창녀들을 찾아갔다. 나는 거기에 가담하지 않았고, 그들이 오락을 즐기러 나가 있는 동안에는 내가 우리 부대의 파수꾼을 도맡다시피 했다.

나는 동료 병사들을 모두 친구로 여겼다. 우리는 같이 먹고, 같이 살고, 같이 일하면서 사이좋게 지냈다. 그러나 그들과 함께하는 것이 고통스러울 때도 있었다. 그들은 늘 내가 보기에 적절치 않은 일들을 하고 적절치 않은 음식을 먹었다. 광둥 출신의 한 동료 병사가 개를 한 마리 죽여서 우리에게 가져왔다.

"개를 왜 죽였어?" 내가 물었다.

"먹으려고. 우리 먹는 게 부실하잖아." 그가 대답했다.

그 개고기가 며칠을 갔다. 병사들은 다른 식재료는 사오지 않고 우리의 식품비로 소금과 고명을 사가지고 와서 그 개를 요리했다. 나는 아무것도 먹을 게 없었다. 그들은 보기에 딱했던지 내가 개고기 없이 밥을 간장에 말아 먹도록 했다.

또 한 번은 우리가 물고기들이 사는 못 주변의 임시 주둔지에 숙영하고 있었다. 나는 매일 그 못으로 가서 물고기들이 노는 것을 지켜보았다. 그들의 어여쁜 자태와, 유유히 전혀 힘들지 않고 물 속을 미끄러져 가는 모습, 지느러미를 흔들며 우아한 호를 그리는 동작, 너무나 부드럽고 고요한 그들의 거동에 매혹되었던 것이다. 그러나 동료 병사들, 곧 내 친구들 몇 명이 그 못에 뛰어들어 물고기를 잡을 때는 고통스러웠다. 그들은 그것을 요리하여 우리가 먹을 음식을 준비했다.

나에게는 채식이 중요했고 지금도 그렇다. 그것은 내가 출가하면서 받은 계율 때문이었다. 나는 군에 있을 때도 내 행동과 마음에서 승려의 계율을 지키려고 노력했다. 중국 스님들은 엄격한 채식가들이다. 왜냐하면 고기를 먹는 것은 자비롭지 않기 때문이다. 음식은 우리가 도를 닦는 그릇인 몸에 영양을 공급하기 위한 것이다. 채식으로도 몸에 영양을 공급할 수 있는데 고기를 먹을 필요가 어디 있는가? 육식은 동물을 죽이는 것을 전제하는데, 승속을 막론하고 모든 불교도가 받는 5계의 하나가 불살생이라면 더욱 그렇지 않은가?

취사병들이 고기가 든 음식을 만들기 전에 나를 위한 음식도 만들어 달라고 그들을 설득하는 것이 힘겨울 때가 많았다. 어떤 취사병들은 친절하게 그렇게 해 주었지만 어떤 사람은 그러지 않았다. 나는 그들이 만든 고기반찬을 먹지 않으려고 노력했다. 그러나 돼지고기로 찬을 만들었을 때는 더러 돼지고기를 피해 채소만 골라먹기도 했다. 취사반이 1인당 고기 한 점씩 배식했을 때는 모두 나와 친해지려고 했다. 그들은 이렇게 말하는 것이었다. "화상和尙아! 네 고기를 주면 내 채소를 주마."

어떤 때는 나를 괴롭히는 사람도 있었다. 병사들은 서로를 골탕 먹이기 좋아한다. 월급을 나누어주는 책무를 맡고 있던 우리 중대의 회계병이 그런 사람이었다. 나는 그에게 월급을 당장 쓸 일이 없으니 그것을 좀 보관해 달라고 했다. 그는 기꺼이 그러마고 하면서 이자까지 줄 수 있다고 했다. 그러나 몇 달 뒤 그에게 그 돈을 좀 달라고 하자 그는 안 주고 버텼다.

"네 월급날도 아니잖아." 그가 말했다.

"하지만 너는 지난 석 달 동안 내 월급을 보관해 왔잖아." 내가 대답했다.

"나는 공금만 책임지지 네 개인 돈은 책임 못 져. 그 돈은 없어."

그가 나를 골탕 먹이고 있는 것이 분명했다. 나는 그에게 돈을 맡겼다가 좋은 교훈을 얻은 것이었다. 그때부터 무슨 일이든 돈과 관련될 때는 반드시 영수증을 받아두었다.

그 사건이 있은 직후 그 회계병은 돈 문제로 그와 다투던 다른 병사의 칼에 세 군데를 찔렸다. 회계병은 군병원에 입원했고 범인은 감방으로 갔다.

나는 절대 성질을 부리지 않기로 하고 있었다. 이것은 내가 출가인이 되면서 폭력을 포기했기 때문만은 아니었다. 초등학교를 다닐 때 나는 늘 싸웠지만 매번 졌다. 군에서 사람들이 나를 놀리면 나는 그들을 관용하려고 노력했다. 성질을 내면 안 된다는 것을 알고 있기도 했지만, 감히 그러지를 못했다.

나는 또한 탈영하여 내가 열망하던 승려의 삶으로 돌아가는 문제에서는 겁쟁이였다. 나는 도망가려고 시도하지 않았다. 언젠가 상하이 시절 급우였던 동료 병사가 도망갈 계획을 세우고 있을 때 동행할까 생각했던 적은 있지만 말이다. 나는 너무 두려웠다. 만일 붙잡히면 우리가 심하게 얻어맞을 것이 분명했다. 급우는 내가 상하이에서 입었던 승복을 아직도 가지고 있다는 것을 알고 있었다. 그것을 자기에게 달라고 했다. 그것을 주자 그는 그날 밤 달아났다. 그래서 내 승복은 최소한 누군가가 출가인의 생활로 돌아가는 것을 도우는 구실은 한 셈이다.

그 급우는 탈영에 성공할 가능성이 나보다 높았다. 그는 상하이에서 가져온 신분증을 아직도 가지고 있었기 때문이다. 대만으로 오는 배 위에서 한 장교가 우리에게 신분증을 자기에게 넘기라고 하면서 대만에 도착하면 돌려주겠다고 했다. 나는 신분증을 장교에게 주었지만 그는 어느 신분증도 우리에게 돌려주지 않았다. 그는 그 신분증들이 아무 가치가 없으며 우리는 새 신분증을 갖게 될 거라고 했다. 그러나 그 급우는 여기에 뭔가 흑막이 있다는 것을 알고 있었다. "군에 입대하려던 참이었는데 무슨 신분증이 필요하겠습니까? 저는 그런 거 안 받았습니다." 그가 장교에게 말했다. 실은 그의 호주머니에 신분증이 들어 있었다.

신분증은 본토에서 정부가 발행했다. 일본이 중국을 지배할 때는 신분증을 '양민증'이라고 했다. 이것은 그 사람이 별 문제가 없는 보통 사람이라는 의미였다. 공산주의 반란이 시작되자 국민당군도 신분증을 검사하곤 했다. 대만에서는 그것이 신원확인 수단으로도 사용되었다. 나는 순진하게도 군에 입대하니까 그것은 더 이상 쓸 데가 없을 거라고 생각하여 신분증을 장교에게 주었다. 그러나 신분증을 지니고 있던 대다수 사람들은 군에서 탈영하여 일반인이 되었다. 만일 내가 더 명민했다면 그 신분증을 그냥 지니고 있었을 수 있고, 군대에 머물러 있을 필요가 없었을 것이다. 그 신분증이 있었다면 나는 일반인으로서 취직을 할 수도 있었다. 그것이 없으면 망명자나 국외자로 간주되어, 중국같이 인간관계가 긴밀한 사회에서는 의심받기 알맞았다.

1950년대에 대만에서 군인 노릇을 한다는 것은 위험한 일이었다. 국민당 정부가 집권하고 있었지만 대만도 그 나름의 매카시즘 시대를 겪으면서 자신들 중에서 공산주의자를 발본색원하려고 애썼다. 나도 세 번이나 공산주의자로 잘못 몰렸는데, 죽임을 당하지 않은 것은 오로지 운이 좋았기 때문이다.

처음 대만에 왔을 때 우리 부대의 병사들 중 몇 명은 전력前歷이 의심스러운 사람들이었다. 말씨로 볼 때 그들은 상하이-절강絶江 지역 출신임을 알 수 있었는데, 그 지역은 공산주의 활동의 온상이었다. 그들은 중국에서 자신이 무슨 일을 했는지에 대해 입을 굳게 다물고 있었다. 사람들은 그들이 공산주의자일지 모른다고 의심하기 시작했다. 나도 우리 부대원들 중 상하이에서 온 열 몇 명 중의 한 명이었으므로 조사를 받았다.

조사관들이 나에게 상하이 사람이냐고 물었다. "아닙니다. 저는 강소 출신입니다." 내가 대답했다. 그들은 나에게 조심하라고 했다.

상하이 출신의 다른 사람들은 잔인한 형벌을 받았다. 그 조사관들이 전기가 통하는 전화선으로 충격을 주면서 전력을 자백할 때까지 그들을 고문했다. 한 명은 진짜로 공산주의자였고, 그는 총살당했다.

나도 상하이에서 왔기 때문에 그 처형을 지켜보아야 했다.

두 번째로 내가 공산주의자로 몰린 것은 한국전쟁이 끝난 뒤였다. 미국은 한국의 중공군 포로들을 대만으로 보내어 국민당군에 편입될 수 있게 했다. 이 포로들은 여러 연대에 분산 배치되었다. 그들은 모두 "반공항아 살주발모 反共抗俄 殺朱拔毛(중공과 러시아에 반대한다. 주덕과 모택동을 죽이자)"라는 문구의 문신을 하고 있었다. 그들은 미군에 포로로 잡혀 있을 때, 대만의 국민당군에 들어가기 위해 이러한 문신을 새겼던 것이다. 이것이 전군의 병사들에게 하나의 운동처럼 퍼져나가기 시작했다. 충성의 표시로 같은 문신을 한 것이다. 한 장교가 나를 찾아와서 나도 그 문신을 했느냐고 물었다.

내가 말했다. "공산주의와 싸우는 것은 가슴 속에서 하는 것이지 문신으로 하는 것이 아니지 않습니까? 저도 공산주의자들을 미워합니다. 그러나 몸에 문신은 하지 않겠습니다."

"왜 안 하는 거지? 네 결의가 강하지 않은 거겠지. 아니면 네가 공산주의자든지." 그가 따졌다.

그들이 나를 주시하기 시작했고, 그들의 의심은 나를 중대한 위험에 빠트렸다. 그러나 나는 문신을 하지 않았다. 나는 여전히 출가인 생활로 돌아갈 계획을 하고 있었고, 승려의 몸에 문신이 있다는 것은 좋지 않은 것이었다. 내가 문신을 거부했기 때문에 다른 많은 사람들도 문신을 하지 않았다.

세 번째로 자칫하면 죽임을 당할 뻔한 것은 내가 중국의 고대 시가 詩歌에 관심을 가지고 있었기 때문이었다. 나는 도서관에서 책을 몇 권 빌린 적이 있었고, 마음에 드는 시들을 베껴 두었다. 그 시들 중 하나는 다음과 같은 것이었다.

좋은 포도주가 담긴 영롱하게 빛나는 술잔,	葡萄美酒夜光杯
마시려는 순간 비파소리가 출정을 재촉하네.	欲飮琵琶馬上催
취해서 모래밭에 누웠다고 비웃지 마라.	醉臥沙場君莫笑
고래로 전장에서 살아 돌아온 자 몇이더냐?	古來征戰幾人回

이 시*를 베껴 두었다고 해서 나는 반전분자로 몰렸고, 내가 다른 사람들을 반전 대열에 가담시키려고 계획하고 있을 거라는 의심을 받았다. 나는 상관들에게 단지 그 시가 좋아서 베껴 썼을 뿐이며, 나는 종종 시를 베껴 쓴다고 말했다. 그러나 그들이 나를 바라보는 의심의 눈길과 매섭게 비난하는 어조에는 별 영향을 주지 못했다.

나는 심각한 곤경에 처해 있었다. 그들은 늘 나를 주시했고, 나 혼자서는 어떤 것도 하지 못하게 했다. 내 사안이 지휘 계통의 고위 장교들에게 보고되었다. 그런데 그들은 나를 모르기 때문에 나를 처형하라는 명령을 내릴 가능성이 충분히 있었다.

다행히 나는 중국에서 대학을 다녔던 영향력 있는 한 대위와 친했다. 우리는 역사, 문학, 불교에 대해 종종 토론을 했다. 그가 상관들에게 나를 옹호해 주었다. 즉, 내가 문학과 시를 좋아하는 일개 승려에

---

* 당나라 때의 왕한王翰이 지은 '양주사凉州詞'라는 시의 일부이다. 凉州(감숙성의 한 지역)의 군인들이 음악이 있는 주연에서 술을 마시는 장면을 묘사하고 있다.

지나지 않으며, 아무 문제도 일으키지 않을 거라고 이야기한 것이다. 그는 내가 전쟁에 대해서는 다소 회의적일지 모르지만, 원래 승려였기 때문에 분명히 공산주의자는 아니라고 설명했다.

그래서 나는 다시 한 번 목숨을 건졌다.

8 마음을 내려놓다

 군대 생활은 끔찍이도 진을 빼게 만들었고, 나는 다시 도망갈까 하는 생각을 하기 시작했다. 나는 고민에 빠져 우울하고 의기소침해 있었다. 나에게 어떤 일이 일어날지, 내가 다시 승려로 살아갈 수 있을지 알 수 없었다. 나는 전투지에 징집되는 것을 피하려고 군대에 장기 복무를 지원했었다. 그리고 국민당이 본토를 수복하면 다시 승려가 될 수 있을 것으로 생각했다. 그러나 군에서 몇 년을 보내고 나자 본토 수복은 결코 가능하지 않다는 것을 분명히 알게 되었다.

 국민당과 공산당 간에 식을 줄 모르는 갈등이 계속 이어지고 있었다. 장개석 장군은 중국 본토 공략을 준비하는 데 1년, 공격을 수행하는 데 1년, 본토를 수복하는 데 1년이면 된다고 이야기했었다. 그러나 4, 5년이 지나면서 우리가 조만간 중국으로 돌아갈 수 있는 상황이 아니라는 것이 명백해졌다. 그리고 장개석도 더 이상 그런 이야기를 하지 않았다. 국민당 정부는 무기와 병력이 부족했다. 본토와 실전이 벌어지면 우리가 살아남을 수 있을지 장담할 수 없었고, 공산당 정부는 대만을 피로 씻어내겠다고 늘 이야기하고 있었다. 얼마나 더 있어야 전쟁이 시작될지, 그것이 어떻게 전개될지 몰라서 누구도 마음이 편치 않았다. 모두가 공포 속에 살고 있었고, 나는 체질에 너무 맞지 않고 내가 바라는 삶도 아닌 이 군 생활을 죽을 때까지 해야 할 운명인가를 자문하고 있었다.

다시 도망갈 생각을 하기 시작했지만 이제는 승복도 없고, 또 도망갈 용기가 부족했다. 세 번이나 도망가려고 했던 사람이 있었다. 처음 그랬을 때 그는 엉덩이에 매를 하도 심하게 맞아 상처가 갈라졌다. 두 번째로 시도하다 실패한 뒤에는 기둥에 포박되어 음식도 물도 못 먹고 이틀 동안 햇볕 아래 방치되었다. 똥오줌도 남들이 다 보는 그곳에서 누어야 했다. 세 번째 시도 후 그는 총살되었다.

나는 진퇴양난이라고 느꼈지만, 장교였기 때문에 시간이 있어 불교잡지에 글을 써 보내기 시작했다. 1956년까지는 주로 문학작품인 시, 단편소설 그리고 소설을 썼다. 실은 불교적 주제에 관해 쓰지는 않았다. 내 작업에 대해 누구도 별로 주목하지 않았다. 그러나 그해 봄, 상하이 불학원의 급우였던 사람이 나에게 방향을 바꿔 보라고 했고, 나는 철학과 종교에 관한 글들을 쓰기 시작했다.

기독교인인 상관이 나에게 성경을 한 권 주었다. 나는 그것을 두 달에 걸쳐 통독하고 필기를 했다. 그는 기독교인들이 불교를 비판한 책도 몇 권 주었다. 나는 불교와 기독교를 비교한 어느 스님의 책을 읽었고, 여기에 대해 홍콩의 한 목사가 답변한 책도 읽었다. 나는 그 목사의 책에 대한 답변을 썼고 그때부터 본격적으로 이 방면의 글들을 쓰기 시작했다. 그리고 서양철학 서적들과 당대의 중국 사상가들이 쓴 책들을 읽으면서 삶의 의미와 무상, 고苦, 고독 등의 본질에 대한 글들을 불교잡지에 투고하기 시작했다. 나는 우리가 부지런히 노력해야만 생에서 생으로 이어지는 생사윤회를 초월하고 집착과 업의 모든 자취를 없앨 수 있다고 주장했다.

또한 종교와 문학의 관계를 탐색하여 불교 문헌이 문학작품들에 어떤 영향을 주었는지를 살폈다. 나는 문학적 창작물들이 사회와 사람들의 의식에 큰 영향을 줄 수 있고 가치가 있으므로, 불교도들은 문학을 더 존중해야 한다는 주장을 폈다. 내가 이런 글들을 불교잡지에 투고하기 시작하자, 편집자들은 이를 열심히 받아서 잡지에 실어 주었다. 나는 군에 입대할 때 예전 낭산에서 받았던 법명인 상진常進을 버리고 속명을 써야 했다. 속성은 장張 씨였지만, 이름은 보강保康 대신 임의로 채미採薇라고 정하여 그것을 사용했다.

우리 부대에서 멀지 않은 산꼭대기에 절이 하나 있었다. 그 절의 큰 불상은 부대에서도 보였고, 나는 그 불상을 향해 절을 하기 시작했다. 아무도 나에게 신경 쓰지 않았다. 군대 안에는 기독교인들이 많았고, 그들은 종종 예배에 참석하곤 했다.

시간을 내어 좌선도 했다. 몇 사람과 같이 쓰던 이층 침상의 위층에 앉아서 좌선했다. 내가 좌선하는 줄 알면 동료들은 방해하지 않았다. 나는 반가부좌 자세로 앉았다. 군에서는 불상 앞에서 향을 피우지 못하게 했다. 그래서 앉을 때는 그냥 앉았다. 내 침상은 매트리스가 없었고 그냥 나무 판자였다. 그러나 나는 장교였기 때문에 솜이불이 있었다. 가능한 한 오랜 시간 좌선했지만, 내 업무 때문에 수행에 일정한 시간을 정해 둘 수는 없었다. 어떤 때는 한두 시간 앉기도 했다. 보통은 방해 받지 않고 앉을 수 있는 시간이 얼마 되지 않았다. 사람들이 방을 들락거리며 적막을 깨곤 했다.

장교들은 여행을 쉽게 할 수 있는 특권이 있었고, 그럴 경우 나는 절에서 잤다. 대만불교는 변화하는 중이었다. 원래 이 섬에는 스님들이 많지 않았다. 일본이 50년 동안 점령한 자취가 남아 대만불교는 주로 일본식이었다. 일본인들이 떠나자 승려들은 모두 일본으로 돌아갔고 절들은 속인들이 관리하고 있었다. 종교 의식만 있었지 불학원도 없었고, 불법을 전파하거나 불교 수행을 지도하는 이도 없었다. 사찰의 책임자들 중 승려 교육을 받은 사람은 몇 안 되었고, 주로 영가 천도를 위한 민간신앙의 의식이나 거행하고 있었다.

그러나 그런 상황이 변하기 시작했다. 내가 대만에 왔을 때는 약 2, 30명의 진정한 승려들이 있었다. 나중에 또 4, 50명의 승려들이 공산주의자들을 피해 본토에서 건너왔다. 그 중 일부는 현지 대만어를 몰라서 불법을 전파하기 어렵자 환속해 버렸다. 정부가 대만인들도 표준 중국어(Mandarin)를 배우도록 조치한 뒤 중국에서 건너온 승려들은 모두 걸출한 분들임이 밝혀졌다. 예전 우리 불학원 강사 스님들도 대만으로 몇 분 건너와 있었다. 남정南亭 스님, 도원道源 스님, 백성白聖 스님, 묘연妙然 스님이 그분들이다.

남정 스님은 나와 연락하면서 나를 가장 많이 보살펴 주셨고, 내가 군에서 잘 먹지 못해 영양실조에 걸린 것을 아시고 종종 음식을 보내주기도 했다. 한번은 나에게 가당연유를 주셨는데 이것은 값비싼 고급식품이었다. 나는 그 우유를 끓인 물에 타서 밥에 넣어 비벼먹었다. 정말 맛있고 냄새도 좋았다. 동료 군인들은 부러워하면서 가당연유를 마시는 걸 보니 내가 귀족인가 보다고 했다.

남정 스님은 자주 편지를 보내어 나를 격려해 주셨다. 나는 언젠가 스님께 편지를 써서 내가 얼마나 우울한지 이야기했던 기억이 난다. 나는 군 생활이 자유가 없다고 하소연했다. 남정 스님은 답장에서 이렇게 쓰셨다. "이 세상에서 누가 자유가 있나? 육신이 있는 한 자유는 없네." 스님은 내 육신을 이용하여 환경에 대한 나의 반응을 관찰하고, 내 육신을 수행의 도구로 활용하라고 권하셨다. "이 세상에서 중생으로 산다는 것은 불 난 집 안에서 사는 것과 같네. 그러나 부처님이 이 세상에 계실 때는 세상이 중생들을 제도하는 하나의 불국토이지. 군중軍中에 있는 사람들을 선지식善知識으로 삼아 수행을 계속하게. 그래서 부처님은 해탈을 이루신 뒤에도 세간에 머무르면서 중생들을 도우신 거라네." 이 편지는 큰 도움이 되었고, 나는 아직도 이 편지를 간직하고 있다.

한 번은 휴가 때 버스를 타고 타이베이로 남정 스님을 뵈러 갔다. 당신은 선도사善導寺에 주석하고 계셨다. 이곳은 거사가 운영하는 일본식 절이었다. 절 관리자가 스님을 청하여 여기에 사시게 했지만 당신이 주지는 아니었다. 스님은 일주일에 한 번씩 경을 강의했는데, 참석하는 제자는 수십 명밖에 되지 않았다. 당신의 처소는 노후한데다 비좁았다. 당신은 본토에서 아주 유명한 주지이자 스승이었고, 본토에서 건너온 신도들 여러 명이 뒷바라지하고 있었다. 그 중에는 힘 있는 정치인과 장군들도 있었다. 스님은 돈이 좀 있었지만 누구도 당신의 시중을 들게 하지 않았다. 모든 일을 당신이 직접 하셨다. 나에게 편지를 보내려면 문구와 우표를 사러 멀리 나오셔야 했다. 그런데도 공산주의자들을 피해서 건너온 많은 스님들에게는 이 스님의 처지가 부러움의 대상이었다. 살 집이 있고, 먹을 음식이 있고, 후원하는 제자들이 있었기 때문이다. 다른 스님들은 살 집이 없어 전국을 이리저리 떠돌았다.

내가 남정 스님을 찾아뵈었을 때 스님의 방이 너무 좁아 당신 혼자 앉을 공간밖에 없었다. 나는 서 있어야 했다. 스님은 나를 격려해 주셨다. 그리고 내가 떠날 때 5원짜리인가 10원짜리인가 지폐를 하나 주셨는데, 당시 그것은 가난한 군인에게 큰 돈이었다.

나는 다른 스님들도 가까이했다. 타이베이의 십보사十普寺에 계시던 백성 스님도 찾아뵈었다. 스님은 절 일로 아주 바빠서 나와 많은 이야기를 나누지는 못하셨다. 당신은 늘 이렇게 물으셨다. "무슨 문제나 어려움이 있나? 나한테 말해. 내가 해결해 줄 테니." 나는 시골의 작은 방에 살고 계시던 묘연 스님도 찾아갔다. 당신이 직접 식사를 준비하여 내 오셨다. 스님에게 공양을 지어 드릴 사람이 없었기 때문이다. 그래서 누구나 접근하기가 쉬웠다. 이 스님은 카리스마가 있었고, 사람들을 격려해 주었다.

나는 가끔 선도사에 가서 머물렀다. 이 절은 당시 타이베이에서 가장 큰 절이었고, 일본 정토종의 대만 본부였던 곳이다. 큰 법당은 교토의 절들과 비슷했다. 그러나 법당 옆의 요사채는 비좁았다. 일제 강점기 때 죽은 이 절의 일본인 신도들의 유골 단지들을 보관해 둔 방이 하나 있었는데, 나는 그 방에서 잤다.

부대로 돌아와서는 계속 좌절감, 의심 그리고 군을 떠나고 싶은 욕망과 씨름했다. 해가 갈수록 중국에서 모택동(마오쩌둥)의 힘이 더 강해졌다. 우리는 이런 말을 듣기 시작했다. "마오가 기침을 하면 전 세계가 떤다." 대만 인구는 7백만이었고, 본토는 10억에 육박하고 있었다. 우리가 어떻게 이길 수 있을지 상상하기가 어려웠다.

같이 입대했던 예전 급우 스님들은 대부분 도망하여 다시 스님이 되어 있었다. 그러나 아주 행복한 스님들은 아니었다. 왜냐하면 대만 사회가 불안정했기 때문이다. 사람들은 본토에서 온 스님들이 첩자라는 소문을 퍼뜨리고 있었다. 국민당 정부는 그들 중 여러 명을 수감했고, 수감되지 않은 사람들은 속복으로 변장하고 개인들의 집에 은신하고 있었다. 감히 절에서 머무르지 못했다.

나는 여전히 도망갈 배짱이 없었다. 감옥보다는 군대가 나았기 때문이다. 대만에서의 삶은 오웰식*이 되어 가고 있었다. 무슨 이유로든 언제든지 체포될 수 있었다. 영업폐쇄도 자주 있었다. 압수 수색에는

---

* 조지 오웰의 소설 『1984』에서, 빅 브러더가 모든 주민을 감시하고 통제하는 상황을 말한다.

법원의 허가가 필요 없었다. 그래서 나는 과연 다시 스님이 될 수 있을까 고민하고 의심하면서 군대에 머물러 있었다.

그러다가 영원굉묘靈源宏妙(1902~1988) 스님을 만나면서 내 삶이 바뀌어 버렸다.

스님을 처음 뵌 것은 가오슝에 새로 지은 절인 가오슝불교당佛敎堂을 찾아갔을 때였다. 영원 스님은 지룽基隆에서 오셨고, 그 도시에 살고 계셨다(나중에는 대지를 시주받아 그곳에 절을 하나 지으셨다). 승려들이 여행할 때는 여관에 머무를 필요 없이 어느 절에서나 하루 이틀은 머무를 수 있게 해 주는 것이 보통이다.

영원 스님은 나보다 키가 작았고, 큰 배에 둥근 얼굴을 하고 계셨다. 당신이 앉아 계실 때는 깨달은 존자인 아라한처럼 보였다. 매우 천천히 걸으셨고, 말씀을 아주 부드럽게 하셨다. 잘 웃지는 않았지만 자비심을 발산하셨다. 그래서 사람들은 당신을 두려워하지 않았다. 스님은 보통 구멍이 나고 누덕누덕 기운 옷을 입으셨다. 사람들이 당신을 얕보아도 개의치 않으셨다. 뭔가 큰스님 분위기 같은 것은 없었다. 상하이 남쪽의 중국 동부해안 지방인 절강 출신이셨고, 표준 중국어를 많이 알지 못하셨다. 그러나 나는 인접한 강소 출신이었기 때문에 당신과 대화를 나눌 수 있었다.

내가 제복을 입고 있었는데도 스님은 나를 속인처럼 대하지 않으셨다. 그날 저녁은 방이 부족하여 우리가 너른 침상廣單에서 함께 자게 되었다. 재가자는 원래 스님들과 같은 곳에서 잠을 잘 수 없는데도 그랬다. "오늘 저녁은 우리 같이 참선을 하지." 당신이 말씀하셨다.

영원 스님은 어디를 다니실 때 침상이 없어도 개의치 않으셨다. 그저 좌선할 때와 비슷하게 다리를 꼬고 앉을 수 있는 곳만 있으면 되었다. 다만 꼿꼿하게 앉지는 않으셨다. 고개를 앞으로 수그리셨고, 그런 모습으로 잠이 드셨다.

수면 요가를 이야기하는 경전이 두 종 있는데, 그 자세는 수련을 요한다. 그렇지 않으면 잠이 들 때 등이 앞으로 굽어 편안히 잘 수 없을 것이다. 수련을 하면 그 자세로 제대로 앉을 수 있고 정말 잠이 든다. 이 자세에서는 꿈이 없고, 숙면을 취할 수 있다. 그렇게 앉으시자 스님은 아주 안정되어 마치 불상처럼 보였다.

우리는 큰 녹색 모기장 아래 너른 침상에서 좌선 자세로 같이 앉았다. 그러다가 나는 몸이 기울어지며 잠에 빠졌다. 그것은 기분 좋고 편안한, 꿈 없는 잠이었다. 깨어나 보니 영원 스님은 여전히 앉아 계셨다. 그래서 나도 같이 좌선을 했다.

영원 스님은 말을 걸지 않으면 좀처럼 말씀이 없으셨다. "질문을 하나 드려도 되겠습니까?" 마침내 내가 불쑥 말했다.

"좋지." 당신이 대답했다.

나는 한 가지 질문으로 시작했지만, 갑자기 백 가지 질문이 쏟아져 나왔다. 질문을 하나씩 할 때마다 앞서 질문보다 더 당혹스러운 것이었다. 그런 질문들이 내 입에서 의문과 절망의 급류처럼 쏟아져 나왔다. 제가 다시 스님이 될 수 있겠습니까? 어떻게 해야 그럴 수 있습니까? 어느 스승을 찾아가야 합니까? 스님이 되고 나면 무엇을 해야 합니까? 저는 어떤 스님이 되고 싶어하는 것입니까? 어떻게 하면 스님으로서 저 자신은 물론이고 남들에게 이익을 줄 수 있습니까? 불교의 가르침이 바다같이 깊고 넓은데, 어디서 착수해야 합니까? 무수한 수행방법이 있는데 어느 방법을 선택해야 합니까?

이런 식으로 나는 계속 질문을 해댔고, 아주 자유롭고 스스로 편안해 보이는 이 스님이 이런 질문들을 단번에 해결해 주기를 바랐다. 그러나 영원 스님의 반응은 내가 잠시 숨을 돌리려고 멈출 때마다, 더 질문할 것은 없느냐고 묻는 것이 고작이었다.

그렇게 계속하여 내 심중에 있던 것, 나의 억눌린 좌절감과 혼란을 다 쏟아냈다. 마침내 영원 스님은 한숨을 쉬더니, 손을 들었다가 평상을 세게 내리쳤다.

"내려 놔!" 당신이 나에게 호통을 치셨다.

그것은 사람을 화들짝 놀라게 하는 충격적인 명령이었다. 문득 내 마음이 툭 꺾어졌다. 땀이 확 쏟아지면서 큰 짐이 나에게서 걷혀지는 느낌이었다. 일순간에 구름과 안개가 흩어졌다. 나를 에워싸고 있던 고민의 독기가 사라졌다. 그리고 그 자리에 어떤 깊은 행복감이 있었다. 온몸이 서늘하고 굉장히 이완된 느낌이었다. 더 이상의 질문은 불필요해 보였다. 의문과 절망이 있던 자리에는 아무것도 없었고, 세상 어디에도 아무 문제가 없었다. 일체가 사라져 버렸다.

나는 한 마디 말도 하지 않고 그냥 스님과 함께 앉아 있었다. 그렇게 즐거울 수가 없었다. 다음날은 온 세상이 싱그러웠다. 마치 내가 세상을 처음 본 것처럼.

이것이 큰 스승과의 첫 만남이었다. 당신은 나를 제자로 인정하지 않으셨다.

"스님을 따라가야 합니까?" 헤어지기 전에 내가 여쭈었다.

"그건 자네 문제지." 당신이 대답하셨다. 나는 당신에게서 격려나 지침의 어떤 말씀도 받지 못했다. 그러나 그날 밤 이후 내 마음은 가라앉았다.

나는 여전히 욕망, 증오, 공포, 걱정, 허영의 감정을 가진 유혹에 반응했다. 그러나 이러한 마음의 반응들을 즉시 놓아 버릴 수 있었다. 일단 놓아 버리면 아주 편안한 느낌이 들었다. 예컨대 세월이 흘러 정부가 나를 의회의 한 자리에 임명하려 했던 적이 있었다. 이것은 많은 사람들이 탐내던 기회였다. 나는 그것이 하나의 유혹임을 알고 그것을 놓아 버렸다. 나중에 내가 일본에 있을 때는 어떤 사람이 자기 딸을 나에게 주고 어느 절의 주지 자리를 주겠다고 제안했다. 이때는 정국이 몹시 긴장되어 있던 시기여서 내가 대만으로 도로 추방될지도 모를 듯했다. 그러나 그 제안을 거절했다. 영원 스님을 만난 뒤로 나는 내 삶의 목적이 무엇이며, 어떻게 나아가야 할지를 아주 분명하게 알고 있었다. 나는 엄청난 변모를 겪은 것이었다.

영원 스님이 내 삶 속에 다가온 것은 업연이었을까? 실은 그렇지 않다. 나와 영원 스님 간의 만남은 업연이라기보다 이른바 '선근善根'에서 비롯된 것이었다. 업은 불교에서 인과 법칙을 가리킨다. 그래서 우리가 업 때문에 이러이러한 일이 일어나고 있다고 말할 때, 그 말의 의미는 우리가 지금 경험하고 있는 것은 과거 행위의 결과라는 뜻이다. 만일 내가 과거에 이웃들에게 못되게 굴었다면, 어느 추운 날 아침 내 차의 배터리가 나가서 지각하게 생겼을 때 이웃 여자가 점프 케이블로 시동을 걸어주지 않을 것이다. 혹은 내가 과거에 이웃들에게 친절했다면, 그는 내가 뒷마루 놓는 것을 도와줄 좋은 업자를 소개해 줄 것이다. 이것은 업에 대한 하나의 단순한 설명이고, 실제로 업이 어떻게 작동하는지 탐색해 들어가면 그것이 엄청나게 복잡하다는 것을 깨닫게 된다.

업과 관련되기는 하나 그것과 조금 다른 선근은 우리가 전생에 불법을 닦았고, 그래서 금생에 수행에 대하여 관심과 친화성을 느끼게 될 씨앗을 뿌렸다는 것을 말한다. 우리는 좋은 스승을 만나거나, 수행을 잘하거나, 불법을 이해할 수 있는 능력이 우리의 선근 때문이라고 이야기하는 경우가 많다. 그 선근이란 우리가 전생에 수행을 했고, 내생에도 부지런히 수행하겠다는 서원을 세웠다는 것이다.

소위 말하는 우연한 만남들은 우리의 전생에 다른 사람들과 형성했던 긍정적 친화성들이 성숙한 것이다. 누구나 전생에 선행을 했고 긍정적 친화성들을 형성했다. 그러나 우리들 중 어떤 사람들은 그것을 계발하지 않은 탓에 그것이 성숙하거나 나타나지 않는다. 어떤 사람들은 그것을 계발하여 그것이 싹틀 수 있게 한다. 나는 다시 승려가 되겠다고 열심히 노력함으로써 긍정적 친화성들을 계발했던 것이다. 그러나 승단에 다시 들어가는 기회는 나의 선근과 전생의 서원들과 관계될 수밖에 없었다. 내 서원의 힘이 강했기 때문에 전생에 씨앗이 뿌려진 긍정적 친화성들과 행위들이 성숙할 수 있었다. 누구나 그러한 친화성과 행위들을 가지고 있다. 그러나 서원의 힘이 약하면 쉽게 성숙하지 않을 것이다.

영원 스님을 만났을 때 나는 휴가 중이었다. 그래서 친구들을 따라 놀러갈 수도 있었다. 그러나 그렇게 하지 않고 내 수행을 강화하고 불경을 읽기 위해 절을 찾아갔던 것이다. 나는 영원 스님이 전생에도 나와 인연이 있었고, 우리는 좋은 친화성을 가지고 있었다고 믿는다. 그래서 내가 금생에 서원의 힘을 이용하여 다시 출가인이 되려고 애쓸 때 스님이 나타나서 내가 그 길을 갈 수 있도록 도와준 것이다(이 서원이란 우리가 인간으로서 할 수 있는 가장 깊은 약속과 헌신의 형태이다). 요즘도 나는 늘 자유로움을 느낀다. 나를 속박하는 것은 아무것도 없다. 명성도 아니고, 돈도 아니고, 권력도 아니고, 여자도 아니다. 내가 책임지고 있는 일들이 많기는 하나, 나는 그런 것들에 속박된다고 느끼지 않는다.

내 체험을 말하다 보니 이런 이야기가 생각난다. 최근에 내 시자가 나에게 감자 잎을 먹으라고 주었다. 그는 나에게 부드러운 잎을 주었는데, 나는 그 뿌리들을 땅에 심어 보라고 했다. 그는 별 생각 없이 심었고 사흘 뒤 그것들은 죽고 말았다. 그것은 그가 감자를 재배하는 법을 몰랐기 때문이다. 돌이 많은 사질 토양에 구멍을 팠던 것이다. 감자가 자라지 않자 그는 당황했다. 그래서 내가 그에게 감자 재배법을 가르쳐 주었다. 이제 그 감자는 자랄 것이다. 영원 스님이 나에게 해준 것이 그것이다. 그분은 나에게 성장하는 법을 가르쳐 주었고, 그래서 나는 군대 생활이라는 거친 토양에서도 죽지 않을 것이었다.

9 마침내 자유로워지다

그 절에서 휴가를 마치고 돌아오자 나는 자신이 달라졌다는 느낌이 들었고, 새로운 기회들을 맞이할 준비가 되어 있었다. 나는 거의 9년 동안 근무해 온 군대를 떠나기로 마음을 굳혔다.

나는 꽤 한동안 타이베이 근교 베이터우北投의 중화불교문화관에서 간행하는 『인생人生』이라는 불교잡지에 글을 기고하고 있었다. 그 발행인인 동초東初 스님은 내 글을 좋아하셨다. 나는 가끔 당신을 찾아뵈었고 우리 사이는 친근한 관계로 발전했다.

하루는 스님이 난데없이 말씀하셨다. "자네는 한때 스님이었지. 다시 스님이 되고 싶은가?"

"예, 단지 어떻게 해야 할지를 모를 뿐입니다." 내가 대답했다.

당신은 아무 말씀도 하지 않으셨다.

어느 일요일, 내가 당신을 찾아갔을 때 동초 스님은 나를 정鄭 부인이라는 부유한 여성에게 소개했다.

"이 젊은이는 스님입니다." 동초 스님이 말씀하셨다.

정 부인이 나를 훑어보았다. "제복을 입은 장교인데요. 어떻게 스님일 수가 있습니까?"

동초 스님은 여사에게 내가 어릴 때 출가하여 스님이 되었다가 대륙에서 피신하여 군에 입대한 과정을 들려주었다. 이어서 이렇게 말씀하셨다. "그러니 보살님, 그를 위해 뭐 해줄 만한 게 없겠습니까?"

여사가 물었다. "이 사람은 어디서 근무합니까?"

"보살님의 바깥양반 정개민鄭介民 장군의 부하입니다."

정 장군은 당시 국가안전국 국장이었다. 이것은 미 중앙정보국 국장에 해당하는 직위이다. 그는 총통에게 직접 보고했고, 국가 안보를 책임지고 있었다.

"정말입니까? 제 남편의 부하라고요?" 여사가 외쳤다.

나는 사실 간접적인 부하였다. 공식적으로는 국방부 소속이었지만 국가안전국의 감독을 받고 있었으니 말이다. 그들은 내가 중국 본토에서 발신되는 것을 감청하는 무선통신, 전화 대화, 전신, 팩스에 관심이 있었다. 세월이 많이 흘렀지만 당시 내가 하던 일은 몇 가지 점에서 우스운 것이었다. 감청한 그 암호 메시지로는 누가 무슨 말을 하는지 알 도리가 없었다. 나는 국가안전국의 전문가들이 해독할 수 있도록 그것을 충실히 제출했지만, 그 내용에 대해서는 한 번도 들어보지 못했다.

동초 스님은 정 부인에게 내가 아프다고 이야기했다. 나는 지금까지 평생토록 건강이 좋지 않았다. 결핵과 말라리아에 걸렸던 탓에 평생 비장에 문제를 안게 되었을 뿐 아니라, 열 살 때 나무에서 떨어져 꼬리뼈가 골절되었다. 부모님에게는 나무에서 떨어졌다는 말을 결코 하지 않았다. 나무에 올라갔다고 꾸지람 들을 것이 두려웠기 때문이다. 그 후 내 척추는 한 번도 제대로 치유된 적이 없다. 나는 또 체조기구 안마를 뛰어넘다가 거꾸로 떨어져 목에 부상을 입은 뒤로 목에도 문제가 있다.

군에서는 수면 부족에 시달렸다. 자주 야근을 했고, 낮에는 잠자다가도 여럿이 함께 쓰는 내무반에 사람들이 들락거려 잠이 깨곤 했다. 책을 읽고 글을 쓰느라고 잠자기를 포기한 때도 종종 있었다. 처음에는 개인적인 일을 할 수 있는 그런 시간들을 갖는 것이 좋았다. 그러나 첫 해가 지나고 나자 수면 부족의 후유증으로 식욕이 떨어졌고, 바싹 야위어졌다.

정 부인이 남편에게 내 상태를 이야기했다. 부인은 그들의 아파트로 나를 불러 남편을 만나게 했다. 나는 별 효과가 있겠나 싶어서 큰 기대 없이 이 저명하고 막강한 인물을 만나러 갔다.

정 장군은 당당한 인물이었다. 중국인으로서는 큰 키로 180센티미터가 조금 안 되었다. 그는 광동인廣東人이었고 그래서 광동식 표준 중국어를 했는데, 나는 거의 알아듣기가 어려웠다. 그는 충성스럽고 청렴하며 절대 뇌물을 받지 않는 것으로 평판이 나 있었다. 우리가 만나는 동안 그는 몇 가지 질문을 한 것 외에는 별로 말을 하지 않았다. 부인조차도 그를 두려워했다.

면담이 끝나갈 무렵 그가 말했다. "자네는 좋은 사람이군. 이렇게 인력이 절대 부족한 때에 어떻게 우리가 자네를 군에서 놓아줄 수 있겠나?"

"정 장군님, 저는 아픕니다." 내가 말했다.

"어떤 병이지? 정말 아프다면 의사한테 가서 자네 질환을 증명 받아야지."

나는 의사들을 이미 찾아갔지만 그들이 내 질환을 증명해 주지 않았다고 털어놓아야 했다.

장군은 이 말에 침묵했고 면담은 그것으로 끝났다.

그러나 정 부인은 물러서지 않았다. 그녀는 내가 국가안전국에서 검진을 받도록 주선했고, 나는 그곳의 의사에게 내게는 발견하기 어려운 만성 질환이 있다고 말했다. 당시 나는 170센티미터의 키에 체중이 42킬로그램밖에 나가지 않았다. 나는 종종 머리가 어지럽다고 이야기했다. 의사는 무슨 문제가 있는 것이 분명하다고 하면서 혈액 검사를 하더니, 나에게 심각한 빈혈 증세가 있는 것을 발견했다. 나는 허리 아픈 것도 이야기했다. 그는 내 등뼈를 검사하여 척추에 문제가 있는 것을 발견했다. "오래 앉아 있을 때는 통증이 심하겠군요." 그가 말했다. 그는 내 가슴 엑스레이를 찍어 폐에 검은 그림자들이 있는 것을 발견했다. 또한 내 치아와 코에도 문제가 있는 것을 발견한 다음 나를 한 병원으로 보내주었다. 거기서 나는 석 달짜리 병가를 두 번 받으라는 진단서를 받았다. 나는 마침내 엑스레이 필름, 검사 결과, 진단 기록으로 내 병을 인정받게 되어 기뻤다.

나는 막사에서 쉬면서 휴가를 보냈다. 그 기간이 끝나자 내 부대에서 다시 나를 불렀다. 나는 검사를 더 받아 보았지만 내 상태는 더 좋아지지도 않고 나빠지지도 않았다. "그것은 당신이 문제가 없고 업무에 복귀해야 한다는 의미입니다." 의사가 말했다.

나는 정 부인에게 가서 그간의 경과를 이야기했다. 부인은 그 의사들에게 다시 전화를 걸었고 나는 다시 6개월짜리 병가를 얻었다. 누구든 최소한 1년의 병가를 얻은 사람은 제대를 신청할 수 있었다. 그래서 나는 제대 신청을 했다.

상관이 나를 호출했다. "너는 우리 부대가 무슨 일을 하고 있는지 아나?"

"압니다. 우리는 첩보 업무를 하고 있습니다." 내가 말했다.

"그것은 이 부대에서 일하는 사람은 살아도 첩보 부대원이고 죽어도 첩보 부대원이라는 거야."

"그 원칙은 알고 있습니다."

"너는 첩보 업무에 종사하고 있기 때문에 제대할 수가 없어."

나는 다시 정 부인을 찾아갔다. "저는 제대할 자격을 얻어야 다시 출가할 수 있습니다. 그러나 제 상관이 안 된다고 합니다."

"그 사람들 너무 완고하네요." 부인이 말했다. "남편에게 다시 이야기해 볼 게요. 저는 그이에게 도와 달라는 말을 잘 안 해요. 당신을 위해서 또 한 번 청을 드려 보죠. 이제까지 그래 본 적은 없어요. 저는 불자니까, 당신이 장교보다는 스님으로서 더 많이 기여할 거라는 확신이 들어요. 제 남편은 군대가 불교보다 훨씬 더 중요하다고 여기니까 그렇게 생각하지 않겠지만요. 그이가 두렵기는 하지만 당신을 위해 다시 한 번 말씀드려 볼 게요."

사람들은 내가 정 장군을 두 번 만났다는 것을 알자 난감해 했다. 나같이 계급이 낮은 사람이 정 장군 같은 계급의 사람을 만난다는 것은 거의 불가능한 일이었다. 정 장군을 만났을 때 나는 그의 계급과 위엄 있는 거동에 경외심을 느꼈다. 내 눈에는 그가 거대하고 초인같이 보였다. 세월이 지난 뒤 내가 법사(Dharma master)가 되고 박사학위를 받은 뒤 대만으로 돌아왔을 때는 내가 만난 고위 장성들이 더 이상 거대하게 느껴지지 않았다. 그냥 평범하게 보였다. 그들은 더 나이가 들었고 민간인복을 입고 있었다. 다른 사람들과 하등 다를 바가 없었고, 그들 중 몇 사람은 나에게 귀의하여 내 제자가 되었다.

정 부인의 이야기를 들은 장군은 내 상관 앞으로 자신의 공식 문서 용지에 "법의 한도 내에서" 나를 도와줄 것을 부탁하는 메모를 써 주었다. 나는 그 메모가 아마 소용이 없을 거라고 생각했지만, 그것을 상관에게 가져갔다. 그는 그것을 훑어보더니 나에게 다시 집어던지며 말했다. "법의 한도 내에서 너를 도와주라고 하는군. 내가 어떻게 해야 하나?"

한 달 뒤 상관의 비서가 나에게 전화를 걸어 들어오라고 했다. 나는 그가 나를 수감시키려나 보다고 생각했다. "여기 몇 가지 양식이 있어. 그게 너한테 도움이 될지 모르겠지만, 여하튼 장군이 그걸 작성하라고 했어. 장담은 못해. 우리는 그래도 법의 테두리 안에서 일해야 하니까." 그가 말했다.

나는 '뭘 신경 쓰지?' 하고 생각했다. 어쨌든 그 양식을 작성했다. 그런데 뜻밖에도 두 달 후 나는 만성질환을 이유로 전역 조치되었다.

정 장군은 내가 제대하기 전날 세상을 떠났다. 나는 그를 위해 독경을 했다. 그리고 다음날 자유를 얻고 내 삶을 되찾았다.

제대하기 위한 청원 과정은 꼬박 18개월이 걸렸다. 그것은 자신이 온 마음으로 원하는 것을 얻기 위해 기다리는 젊은이에게는 한없이 긴 시간이었다. 돌이켜 보건대, 만일 나에게 다시 출가하겠다는 아주 강한 의지가 없었다면 필시 성공하지 못했을 것이 분명하다. 내가 있던 그 특수 부서에서 빠져나오기란 거의 불가능했다.

1960년 1월 1일, 나는 공식적으로 군을 떠났다. 내가 서른 살일 때였다.

10 단련을 받다

동초 스님을 처음 뵌 것은 스님이 발간하는 『인생』 잡지에 내가 글을 기고하기 오래 전이었다. 스님은 중국 본토의 초산焦山 정혜사定慧寺 방장으로 꽤 유명한 분이셨다. 강소성의 큰 도시인 진강鎭江에 있는 초산 정혜사는 중국에서 아주 유명한 선찰禪刹이다. 194~5년경에 창건되었고, 사명寺名은 몇 번 바뀌었다가 결국 청나라 때 정혜사가 되었다. 이 절은 장강의 한 섬에 있으며, 부옥산浮玉山(높이 71미터)이라는 산의 기슭에 자리 잡고 있다.

내가 정안사 불학원에서 공부하고 있을 때 동초 스님이 그곳에 오신 적이 있었다. 정안사에서 열린 한 회의에 참석하시기 위해서였다. 스님의 예전 제자들 중 어떤 사람들은 당신을 "동대포東大砲"라고 불렀다. 스님의 목소리가 쩌렁쩌렁했기 때문이다. 특히 사람들을 나무랄 때 그랬는데, 당신은 사람들을 종종 나무라셨다. 스님은 진보적인 사상가여서 진부한 사상을 가진 사람들을 공격하곤 하셨다. 학인들은 스님을 너무 두려워한 나머지 당신의 불학원을 떠나 상하이로 전학을 오곤 했다.

　동초 스님에 대한 나의 첫인상은 강렬했다. 당신은 우람한 체구에 각이 지고 위엄 있는 얼굴을 하신 분으로, 40대밖에 되지 않았는데도 행동거지가 마치 조사祖師 같았다. 당신은 지나가는 자리에 바람을 일으키듯 장군처럼 걸으셨지만 대단히 안정되어 있었다. 우리 조무래기들은 누구도 감히 말을 붙일 수 없었다.

　동초 스님은 내가 대만에 오기 전에 이미 와 계셨지만 나는 스님을 찾아뵐 생각을 하지 않았다. 왜냐하면 본토에서 건너오신 스님들 중에 내가 뵙고 싶은 분들이 워낙 많았기 때문이다. 그러다가 상하이 시절의 급우로서 동초 스님의 『인생』 잡지 주간이던 성여性如 스님이 나에게 이 잡지에 글을 기고해 달라고 했다. 작가로서의 내 명성이 알려지고 있었고, 나는 단편소설, 시, 수필들을 성세장군醒世將軍('세상을 일깨우는 장군')이라는 필명으로 출판한 상태였다. 『인생』에 기고하고 받은 인세 수입은 군대 월급보다 몇 배로 많았다. 나는 곧 정기적인 기고자가 되었지만, 동초 스님을 만나 뵌 것은 (1958년) 부처님 오신 날 중화불교연합회에서 주관한 욕불浴佛 행사장에서 성여 스님이 나를 스님께 소개했을 때였다. 이 행사에서 우리는 물대야 안에 모신 작은 동자부처님께 합장배례 하고 부처님 머리 위에 물을 부었다. 이 의식은 우리에게 보리심은 매 순간 생겨난다는 것을 일깨워주고, 우리가 보리심을 새롭게 하여 불도를 닦을 수 있는 계기를 마련해 준다.

　"동초 스님을 만나보겠나? 여기 와 계셔. 내가 자네를 스님께 안내하지." 성여 스님이 말했다.

"나를 보자고 안 하셨는데." 내가 말했다.

"아니, 하셨어. 기회가 오면 만나보고 싶다고 하셨네."

성여 스님이 동초 스님에게 나를 소개하면서 말했다. "이 사람이 성세장군입니다."

"전에 뵌 적은 있습니다만 저를 모르실 겁니다." 내가 말했다.

동초 스님은 나를 만나서 특별히 기쁘신 것 같지는 않았지만 이런 말씀은 하셨다. "시간 나면 나를 찾아오게."

그 다음 주에 나는 중화불교문화관으로 스님을 찾아뵈었다. 이 문화관은 스님이 창건하셨다. 벽이란 벽은 서가가 놓여 책이 가득했다. 나는 그 책들을 한 권 한 권 읽어 볼 기회가 왔으면 했다. 당시 그렇게 많은 불교 서적은 좀처럼 보기 힘들었다. 특히 경經·율律·론論을 갖춘 대장경이 눈길을 끌었다. 서가에는 『이십오사二十五史』도 있었다. 그 밖에 종교, 철학, 서예, 회화에 관한 책들도 있었다.

동초 스님은 다소 초연하기는 해도 자애로우셨다. 나를 잘 먹여 주고 친절하게 맞아 주셨으며, 군대 생활에 대해 이것저것 물어보셨다. 내가 떠날 때는 붉은 봉투에 돈을 넣어 건네 주셨다. 나는 정말 고마웠다. 냉정하게 보이던 당신이 그렇게 많은 돈을 주셨다!

"휴가를 받으면 여기 와도 좋아. 맛난 음식도 없고 재미있는 일도 없지만, 여기는 책이 있고 자네라면 늘 환영이지." 스님이 말씀하셨다.

그래서 나는 동초 스님을 자주 찾아뵈었고, 당신의 잡지를 위해서 에세이들도 썼다. 내 장래에 대해서는 서로 많은 이야기를 하지 않았지만, 나는 당신이 나를 지켜보고 계시다는 느낌을 받았다.

나는 동초 스님께 제대하면 다시 출가하고 싶다고 말씀드렸다.
"그건 좋지." 당신이 말씀하셨다.
"하지만 제가 어디로 가야 합니까?" 내가 여쭈었다.
"글쎄. 자네가 선택하는 거지." 당신이 말씀하셨다.

그 말씀은 당신이 나를 제자로 받기를 원치 않는다는 인상을 주었다. 그래서 나는 큰스님들을 한 분 한 분 찾아갔고, 그분들은 모두 나를 기꺼이 받아주려고 했다. 오직 한 분 남정 스님만 거절했다. 당신은 동초 스님과는 같은 스승을 모신 법형제 사이였다. "나는 손상좌가 하나 있는데 자네보다 나이가 많아. 이 절은 작은 절인데 내가 자네를 제자로 받아들이면, 이미 법사로서 설법을 하는 그가 자네를 어떻게 대해야 하나? 자네가 손위가 될 테니 말이야."

"제가 다시 중이 되려면 어디로 가야 합니까?" 내가 여쭈었다.

"멍청하기는! 동초 스님이 자네를 도와주시지 않나. 고맙게 생각하고 즉시 그 스님을 찾아가서 제자가 되게!"

"그 스님께서 저를 원한다는 말씀을 하지 않았습니다."

"받아 달라고 애걸해야지. 무릎을 꿇고 받아 달라고 간청해!"

베이터우의 동초 스님에게 돌아가면서 나는 자신이 멍청이처럼 느껴졌다. 마치 내가 아직도 들에서 똥이나 줍고 나무에서 떨어지던, 그리고 다섯 살 때까지 말도 잘 못하던 그 외딴 작은 마을의 병약한 아이이기나 한 것처럼 말이다.

동초 스님의 처소에 이르러서는 말을 어떻게 꺼내야 할지 몰랐다. 이때 나는 예전에 집을 떠나 낭산으로 갈 때와 그 뒤 상하이로 가던 외륜선의 이물에서 바람을 맞으며 앞으로 몸을 기울이던 때처럼, 가장자리에서 휘청거리는 그런 느낌이 들었다.

"스님." 나는 몸이 적지 않게 떨리는 상태로 자의식을 느끼며 말을 꺼냈다. "저를 받아 주실 스님을 찾지 못했습니다. 많은 분들이 저를 받아주겠다고 하시지만, 저는 어느 분에게도 정말 가고 싶지는 않습니다. 그리고 제가 정말 가고 싶은 분은 저를 받아주려고 하지 않습니다." 나는 남정 스님을 만난 일을 말씀드렸다.

동초 스님은 그 위엄 있는 풍모와 감정 없는 널찍한 얼굴로 나를 바라보며 아무 말씀 없이 기다리고 계셨다. 그 정도로는 아무 소용이 없었다. 당신의 자비심에 나를 던져야 하는 상황이었다. 당신이 나에게 보여주시던 관심, 나에게 용돈을 주실 때의 관대함을 모두 떠올렸다. 나는 가장자리에서 휘청거리고 있다가 털썩 무릎을 꿇고 당신 앞에 엎드려 절을 하면서, 나를 출가자로 받아달라고 애원했다. 그것은 모양새 없는 감정 표현이기는 했으나, 나는 마치 내 목숨이 걸려 있는 것처럼 느꼈다. 다시 출가인의 삶으로 돌아가기를 열망하며 군에서 보낸 오랜 세월이 내 이마를 바닥으로 밀어 내렸고, 내 입에서 간청과 열망과 필요의 안쓰러운 애원의 말들이 나오지 않을 수 없게 했다.

동초 스님이 나를 질책하셨다. "일어나, 일어나!" 그러나 나를 받아주겠다는 것인지 여부는 말씀하지 않으셨다. 그래서 나는 그대로 무릎을 꿇고 있었다. 그리고 말했다. "스님의 도움 감사합니다. 저는 이곳에서 많은 시간을 보낸 덕분에 정말 스님을 가까이 할 수 있었습니다."

"스님이 되고 나면 어디로 갈 건가? 여기는 너무 작아." 마침내 스님이 물으셨다.

"스님이 되고 나면 아무 데도 갈 데가 없습니다." 내가 말했다.

"이곳이 좁아도 괜찮다면 시험 삼아 여기 있어 봐도 되겠지." 스님이 말씀하셨다. 그러나 스님은 내가 당신 밑으로 출가하여 전통적인 사제관계를 맺게 하실 것인지 여부를 아직 확정적으로 말씀하시지 않고 있다는 것을 나는 알아차렸다.

"저는 정말 가능한 한 빨리 스님이 되고 싶습니다." 내가 당신을 다그치며 말했다. 정말 그 순간에는 달리 갈 데가 아무 데도 없다고 느꼈고, 무릎을 꿇고 애원까지 했으니 돌이킬 수 없는 운명적인 한 발을 이미 내디딘 상태였다.

당신이 고개를 끄덕이셨다. "좋다. 적당한 때를 기해 머리를 깎아 주지."

나는 고마움과 기쁨의 심정으로 일어나 당신께 감사의 절을 했다.

동초 스님은 불칠佛七(7일간의 집중적인 염불 수행)을 주관하고 계셨다. 당신은 타지의 스님들 몇 분을 청하여 법구法具 준비를 도와 달라고 하셨다. 불칠이 끝나기 하루 전날 당신이 나에게 말씀하셨다. "내일 자네 머리를 깎아 주겠다."

"내일 말씀입니까? 저는 아직 승복도 없는데요." 내가 말했다.

"무슨 승복이야? 우리가 중이 될 때는 그냥 남들이 버린 누더기를 주워 입었어."

당신은 다른 스님들에게 내가 입을 만한 헌 승복이 있느냐고 물으셨다. 그 스님들은 나를 성세장군이라는 필명으로 알고 있었다. 그 중의 몇 명은 대륙 시절의 급우들이었다. "저희가 무슨 수를 써서라도 그의 옷을 찾아보겠습니다." 그들이 말했다.

그들은 그날 밤 돌아갔다가 다음날 아침 갖가지 옷들을 가져왔다. 그 중에는 승복과 내의도 있었다. 대개는 너무 크거나 너무 작았다.

"이 옷들은 몸에 맞지 않습니다." 내가 스승님께 말씀드렸다.

"옛날 스님들은 다 남들이 입던 헌옷을 입었어. 고쳐 입을 수 있으면 고쳐서 입었지. 그렇게 할 수 없으면 얻은 대로 그냥 입었어. 석가모니 부처님 때는 묘지에 가서 시체를 쌌던 천들을 주워 와서 빨아 입었어. 지금 자네가 받은 그 옷이면 괜찮은 거야." 당신이 말씀하셨다.

나는 그 뜻을 이해했고 옷을 받았다. 어떤 옷은 너무 짧아 배꼽까지만 오거나 정강이까지만 왔다. 그래도 그 옷들을 입었다.

불칠에 참석했던 신도들은 떠났고 스님들 둘만 남았다.

"이제 자네 머리를 깎아주지." 동초 스님이 말씀하셨다.

"증인이 좀 있어야 합니다. 재가자 몇 명을 삭발식의 증인으로 세워야 하지 않겠습니까?" 내가 이의를 제기했다.

"나는 자네가 아무짝에도 쓸모없다는 것을 알고 있었어!" 동초 스님이 나를 노려보며 매섭게 말씀하셨다. "그렇게 자부심이 강해? 자네는 두 번째로 출가하는데다가 나이가 벌써 서른이야! 나는 서른 살 때 벌써 방장이었어!"

그 말씀에는 내가 별로 할 말이 없었다. 1960년 1월 6일, 동초 스님은 내 머리를 깎아주고 나에게 혜공성엄慧空聖嚴이라는 법명을 내려

주셨다. "성앤(Shengyan)"이 올바른 한어병음漢語並音 철자이지만 나는 지금도 "성옌(Sheng Yen)"을 사용하고 있다. 왜냐하면 사람들이 내 이름을 그렇게 알고 있기 때문이다. 삭발식에는 아주 적은 인원만 모였다. 타지에서 내빈으로 참석한 사람은 연항蓮航 스님뿐이었다.

그리하여 나의 훈련이 시작되었다. 삭발식 이전에는 동초 스님이 한 번도 나를 나무라지 않으셨다. 이제는 나를 다시 승가 대중으로 받아주었으니 당신이 나를 나무라시는 것이 옳았다. 왜냐하면 앞으로 나무랄 일이 더 많을 터였으니 말이다.

나는 불교문화관의 방 세 개 중 가장 작은 방으로 입주했다. 며칠 지난 뒤 내가 자리를 잡아가고 있는데, 스님이 나에게 더 큰 방으로 옮기라고 하셨다. "너는 글을 쓰는 사람이고 독서를 좋아하니까 읽고 쓰려면 공간이 더 넓어야 해." 당신이 말씀하셨다.

나는 기쁘게 큰 방으로 짐을 다 옮겼다. 다음날 스님이 말씀하셨다. "너는 업장이 두터워. 큰 방을 쓸 만큼의 복덕이 없을지도 몰라. 작은 방으로 도로 옮기는 게 좋을 것 같군."

나는 약이 올랐다. 이제 막 이사했는데 말이다. 그러나 스님이 그러라고 하시니 따랐다. 며칠 뒤 당신이 나를 찾아와서 말씀하셨다. "너 근데 말이야, 그 큰 방으로 옮겨야겠어. 네 말이 맞아. 네 책들을 두고 글을 쓰기에 충분한 공간이 정말 필요해."

"스님, 걱정 마십시오. 저는 작은 방에 있어도 됩니다. 굳이 옮길 필요가 없습니다." 내가 말했다.

"내 명령이야. 큰 방으로 옮겨야 해." 당신은 각 진 그 큰 얼굴과 엄중한 태도로 나를 바라보시더니 발길을 돌려 예의 장군 같은 걸음걸이로 바람만 뒤에 남기고 가 버리셨다.

이사를 했다. 그런데 그 방에 머무른 지 반나절도 되지 않아서 스님이 내 방 앞에 나타나셨다. "네 말이 맞다. 너는 그 작은 방에 사는 게 더 좋아. 그리로 짐을 옮길 필요는 없다. 그냥 그 방으로 가서 잠만 자라."

또 한 이틀 지나자 스님은 내 짐을 작은 방으로 모두 옮기라고 하셨다. 옮길 것이 많아서 오랜 시간이 걸렸다. 며칠 후 우리는 손님을 한 사람 맞았다. 그날 밤 늦게 스님이 내 방문을 노크하셨다. "손님이 그 작은 방에서 자는 게 좋겠다. 오늘밤은 큰 방으로 옮겨가서 자는 게 어때?" 당신이 말씀하셨다.

나중에 스님은 작은 방은 객실로 개방하는 게 좋겠다고 하셨다. 그래서 나는 큰 방으로 옮겨야 했다. 이쯤 되자 나도 그만 참지 못하게 되었다. "왜 계속 이 방 저 방 옮기라고 하십니까? 이미 다섯 번을 옮겼습니다! 더 이상은 안 옮기겠습니다!" 내가 투덜거렸다.

"이건 내 명령이야! 내가 옮기라고 했으면 옮겨야지!" 스님이 호통을 치셨다. 당신은 본토에서 가장 유명한 방장의 한 사람이었던 태산 같은 존재였다.

나는 가만히 물러나 다시 짐을 옮기는 힘겨운 과정을 시작했다. 달리 도리가 없었다. 스승–제자 관계라는 것이 이런 것이다. 즉, 제자는 스승이 하라는 대로 해야 하는 것이다.

동초 스님은 계속 이사를 명하셨고, 결국 내 둔한 머리에 그것이 나를 훈련시키는 과정이라는 생각이 스쳐갔다. 그래서 더 이상 항의하지 않고 그냥 옮겼다. 내가 주저 없이, 항의하지 않고 화도 내지 않고 그냥 따르자, 스님은 나를 한 방에 그냥 머무르게 했다.

나는 곧 문화관의 일상적 리듬에 적응했다. 아침저녁으로는 좌선 시간이 있었다. 아침 예불 뒤와 저녁 공양 전에 우리는 채원菜園에서 일을 했다. 동초 스님도 동참하셨다. 비구니 정심錠心 스님과 감심鑑心 스님도 문화관에서 살았다. 우리는 채소 뿌리, 과일 껍질, 낙엽을 퇴비로 만들었는데, 여기에다 벽돌로 지은 뒷간 밑의 구덩이에서 끄집어낸 똥오줌을 섞었다. 요즘 기준으로는 비위생적인 과정이라고 하겠지만, 우리 채소들은 아름다웠고 채원은 우리의 식품을 생산했다. 나중에 타이베이 농선사農禪寺*에 넓은 채원과 과원果園을 만들 때 나는 동초 스님의 이 채원을 염두에 두고 만들었다.

우리의 물질적 생활은 아주 소박했다. 우리가 먹은 최고의 식품은 두부였다. 조반으로는 발효시킨 두부와 쌀죽을 먹었다. 매주 우리는 두부 두 모를 사서 얇게 썰었다. 동초 스님은 우리 각자에게 가로세로 1인치 크기의 두부 한 토막씩 먹게 하고 당신도 같은 양만 드셨다. 그러나 신도들이 가져온 특별한 음식으로 보충을 하셨다. 스님은 소금

---

* 1964년 동초 스님이 구입해 둔 대지에 1971년경부터 2층 건물을 짓기 시작하여 1975년에 문수전을 낙성하고 농선사라고 했다. 동초 스님이 1977년 입적한 뒤 성엄 스님이 이곳에 삼문三門과 큰 법당을 지어 도량을 키웠다. 이후 이곳은 젊은 불교 인재들의 터전이 되어 훗날 법고산을 창건하는 본부 역할을 했다.

을 친 볶은 땅콩을 매 끼니에 열 개씩 드셨다. 땅콩 하나를 드신 뒤에 밥을 한 입씩 드시는 것을 보고 나는 당신의 호사를 부러워했다.

성여 스님이 『인생』 잡지의 주간 소임을 그만둔 뒤로 내가 이어받아 권두언과 수필을 쓰고 독자 편지들을 처리하며, 원고를 받거나 돌려보내고, 교정, 디자인, 장정 등을 했다. 나는 아무것도 모르는 상태에서부터 배웠다. 여러 가지 활자체와 활자 크기 사용법에 대해서는 전혀 아는 것이 없었다. 인쇄공들도 별 도움이 되지 않았다. 그들은 교정을 보지 않았다. 어떤 인쇄공들은 일자무식이었고, 그들이 한 페이지씩 조판할 때마다 내가 세 번씩 교정을 봐야 했다. 그래도 오류가 있었다.

그러나 이 잡지를 내는 과정에서 더 어려운 문제는 정치였다. 우리는 정부나 정부 정책에 대한 어떤 비판도 실을 수 없었다. 또한 "공산당"의 "공"자 하나를 사용하는 데도 무척 조심해야 했다. 인쇄공들이 실수로 그것을 가끔씩 집어넣기는 했지만 말이다. 우리는 정치 문제를 언급하는 수필들에 대해서는 극도로 주의해야 했다.

일단 잡지가 인쇄되면 그것을 구독자들에게 우송하는 것도 내 책임이었다. 구독해야 하는 잡지이기는 했으나, 불교단체들에게는 무상으로 보내줄 때도 많았다. 내 월급은 대만 돈 200원이었는데, 미화로 약 5달러였다. 그것으로 교통비, 여행 경비, 식비, 우편요금 기타 경비로 썼다.

"더 이상 은사 스님을 위해 잡지를 편집하지 마세요. 편집비로 그분이 매달 주시는 돈은 목수나 석공의 하루 일당밖에 안 됩니다." 한

지인이 충고했다. 사람들은 늘 나에게 천도재 독경을 해 주고 돈을 벌라고 했다. 그러면 하루에 200원을 벌 수 있었다. 그러나 내 경험상, 스님들이 수행할 시간은 없고 돈이 많으면 나쁜 습관에 떨어지기 쉬웠다. 사람들은 나의 노력을 비웃었다. "스님은 배운 분이신데도 돈은 없군요. 잡지를 편집하고 한 달에 겨우 200원 버세요. 스님을 위한 일도 아닌데 말입니다." 사람들이 말했다.

나는 동초 스님께 사람들의 이런 비웃음에 대해 말씀드렸다. "출가인이 돈을 생각하면 출가인이 되지 말아야지. 출가인들은 봉사하기 위해 여기 있는 거야." 스님이 말씀하셨다. 나는 무슨 말씀인지 이해했다.

스님은 나에게 경을 읽고, 글을 쓰고, 지역사회 주민들 사이로 들어가라고 권하셨다. "네가 아는 어떤 불법이든지 가르쳐 주어라. 절에만 있으면 사람이 소극적으로 돼." 당신이 말씀하셨다.

절에는 내방객이 아주 적었고, 당시 대만에는 불법을 가르치는 사람들도 매우 적었다. 스님은 내가 경전을 가지고 다니며 버스 정류장에서 기다리는 사람들에게 그 내용을 가르쳐 주기를 원하셨다. 또 내가 『인생』 잡지를 길거리의 사람들에게 나누어주고 공개 강연을 하기를 원하셨다. 기본적으로 당신은 내가 기독교 복음전도사들의 방식을 모방하기를 바라신 것이다. 사실 그들은 아주 성공을 거두고 있었고, 심지어 절에까지 와서 기독교를 전도하곤 했다!

동초 스님은 나를 여러 가지 방식으로 계속 시험하셨는데, 내가 그것을 이해하기까지는 시간이 좀 걸렸다. 쌀이나 기름을 사 오라고 나를 내보내실 때는 교통비 할 돈은 없이 그 물건을 살 정도의 돈만 주셨다. 쌀자루는 내가 메고 오기에 너무 무거웠고, 트럭 운전수들에게 좀 태워달라고 부탁해야 했다. 스님은 이것을 아시고 이렇게 말씀하셨다. "그건 좋아. 너를 돕는 사람들에게 복을 지을 기회를 주는 거니까."

'그들이 무슨 복을 짓는단 말인가? 그들은 이번에 나를 도와준 것뿐이다. 이 이후로는 다시 오지 않을 것이다.' 하고 나는 생각했다. 그러나 나는 스님을 거스르지 않아야 한다는 것을 알고 있었고, 아무 말도 하지 않았다.

스님이 이런 저런 일로 나를 대만 중부처럼 먼 곳으로 보낼 때는 차비의 절반밖에 주시지 않았다.

"이걸로는 부족한데요." 내가 말했다.

"정말 멍청하군! 그 돈이면 절반 거리의 표는 살 수 있잖아. 일단 버스나 기차에 타고 나면 잠자는 척하고 끝까지 가면 되는 거야." 당신이 말씀하셨다.

스님은 돈을 아끼고 싶기도 하셨지만, 내가 그런 상황에 어떻게 대처하는지 보려고 하신 것이다. 한 번은 내가 산 표 이상의 거리를 가다가 버스에서 내쫓기는 수모를 당하기도 했다. 그 이후로는 차비 전액을 지불하기 위해 다른 승객들에게 도와달라고 부탁했는데, 그것은 그리 많은 돈도 아니었다. 스님은 그것을 수긍하면서 이렇게 말씀하셨다. "너는 이 사람들이 불법을 행하도록 하고 있군."

스님은 돈이 많지 않았다. 소수의 신도들이 드리는 적은 보시금과 불경을 영인影印하여 판매한 수익금이 전부였다. 나는 당신이 돈을 적게 주고 나를 내보내시는 것이 당신의 훈련 방식이라는 것을 깨닫게 되었다. 그것은 새를 키우기보다는 벌을 키우는 것에 비유할 수 있다. 애완용 새들은 먹이를 주어야 하고, 그래서 새들은 독립하는 법을 잊어버린다. 벌들은 먹이를 주지 않아도 근처에 꽃들이 있는 곳에 벌통을 놓아두면 자기들이 나가서 꿀을 모은다. 이런 식으로 벌들은 자신들의 음식을 마련할 뿐 아니라, 우리가 판매할 수 있는 꿀까지 생산한다.

하루는 스님이 나에게 부처님 앞에서 절을 하라고 명하셨다. 한 이틀 절을 하고 나니 당신이 말씀하셨다. "여기는 불교문화관인데 너는 아무 기여도 하지 않고 있어. 글을 좀 써라."

당신이 나에게 쓰라고 하신 글들은 모두 사람들을 질책하는 내용이었다. 그래서 내가 말했다. "제가 계속 사람들을 질책하기만 하면 모두 저를 미워할 것입니다."

"필명을 쓰면 되잖아. 너는 갓 출가한 사람이니까 정의를 바로 세우기 위해 발언해야지."

나는 사람들을 질책하는 글들을 썼다. 스님은 그것을 읽고 나서 말씀하셨다. "형편없이 썼군! 사람들을 너무 심하게 나무라고 있어." 당신은 그 글들을 하나도 출판하지 않으셨다.

"너는 너무 많은 사람들을 나무라는 구업을 지었으니 가서 절을 하고 참회해." 당신이 말씀하셨다.

나는 다시 절을 했다. 하루는 스님이 나에게 호통을 치셨다. "무슨 목불상에다 절을 하느라고 시간을 낭비하고 있는 거야! 그런 거 쓸데없다. 가서 진짜 불경이나 좀 읽어라."

당신은 나에게 작은 경전은 읽지 말고 큰 경전들을 읽으라고 했다. 『화엄경』은 80권, 『열반경』은 40권, 『대품반야경大品般若經』은 무려 6백권이다.* 나는 『대품반야경』부터 시작했다.

며칠 후 스님이 몇 권을 읽었느냐고 물으셨다. 30권을 읽었다고 말씀드렸다. 나는 책을 읽는 속도가 느렸다.

"느려 터졌어! 업장이 너무 두텁군. 벌레 기어가듯 읽어 봐야 소용없어. 지혜가 생기려면 가서 부처님께 절을 해!" 스님이 호통을 치셨다.

그래서 절을 했다. 며칠이 지나자 스님이 다시 나를 나무라셨다. "성엄! 네 꼴을 좀 봐라. 네가 하고 있는 일은 아무짝에도 쓸모가 없다. 사람이 좀 쓸모가 있으려면 뭔가 구체적인 걸 해야지. 네가 하는 절은 개가 똥을 집어먹는 거나 마찬가지야."

"제가 무엇을 해야 합니까?" 내가 여쭈었다.

스님은 한 무더기의 벽돌을 가리키셨다. 그 벽돌들은 모두 모르타르로 한데 붙어 있던 것들이었다. "저 벽을 쌓았던 벽돌 하나하나가 우리 신도들이 시주한 거야. 저기 저렇게 놀려 두는 건 낭비지. 네가 가서 벽돌을 다시 정리해."

나는 그 벽돌들을 조심스럽게 분리하여 가지런히 쌓아 스님이 생각

---

* 불경의 '권卷'은 옛날 책들의 구분 단위이며, 책의 낱권을 말하는 것이 아니다.

하시는 어떤 용도에도 사용할 수 있도록 했다. 나는 이런 식으로 며칠을 일했고, 잘 되고 있다고 뿌듯해하고 있었다. 그러나 스님은 내가 한 일을 보더니 나를 꾸짖으셨다. "벽돌을 정리하라고 했더니 너는 제대로 할 줄 아는 게 없군! 저 벽돌들은 원래 모양이 괜찮았는데 네가 잘게 부숴버렸어! 그걸 다시 붙여야 해."

나는 벽돌들을 부숴서 쌓아놓은 것을 바라보다가 이런 생각을 했다. '이건 너무 끔찍하고, 너무 쓸데없고, 너무 지겹다.' 그 벽돌들을 원래대로 다시 붙일 방법이 없었다. "어떻게 해야 될지 모르겠는데요. 다시 붙이기가 불가능합니다." 내가 항의했다.

"넌 쓸모가 없어!" 스님은 큰 체구 위로 두 팔을 교차한 채 그 물러서지 않는 엄격한 얼굴로 나를 바라보며 냉엄한 어조로 말씀하셨다. "건초 더미에서 바늘 찾기란 말 들어보았나? 그거야 불가능하지. 그러나 벽돌들을 도로 맞추어 좋은 용도에 쓸 수 있게 하는 게 왜 불가능하단 말이야?"

그때부터 스님은 나에게 절을 하라거나 글을 쓰라거나 경을 읽으라는 말씀은 하지 않았다. 나는 그 벽돌 조각들을 도로 붙여야만 했다. 그것이 정말 시간 낭비라고 느낀 나는 용기를 냈다. "이 벽돌들을 붙여놓는 게 과연 그런 시간을 들일 만큼 가치 있는 일입니까?" 마침내 내가 스님께 여쭈었다.

"네 시간은 얼마나 가치가 있나? 너는 여기서 공짜로 먹고 공짜로 살고 있잖아? 뭐가 문제야? 가서 벽돌을 다시 정리해. 물건을 낭비하지 말아야지." 당신이 대답하셨다.

스님의 명령인지라 나는 벽돌 일을 계속했다. 처음에는 도무지 어떻게 해야 될지 몰랐다. 그러다가 기적같이 그 일이 쉬워졌다. 벽돌들이 어떻게 들어맞는지 알 수 있었다. 하루에 벽돌 세 덩어리를 맞추어낼 수 있었다. 다 하는 데는 15일이 걸렸다. 일이 끝나면 당신이 그 벽돌을 가지고 무엇을 하실지는 몰랐고, 그냥 그 일을 했다.

그것을 다 하고 나자 스님이 말씀하셨다. "이제 그 벽돌을 쌓아."

"어떻게요?" 내가 여쭈었다. "부서졌던 벽돌들이라 쌓아도 무너질 겁니다." 그러나 당신은 쌓으라고 고집하셨다. 난감해진 나는 한숨 돌리기 위해 밖으로 나갔다. 주위를 걷다가 한 가지 아이디어가 떠올랐다. 야생 토란의 넓은 잎들이 보였다. 나는 벽돌 몇 조각을 한 장의 잎에 올려놓았다. 그런 다음 또 토란잎을 한 장 놓고 벽돌들을 올려놓았다. 이제 무너뜨리지 않고 그 벽돌들을 계속 쌓아나갈 수 있었다. 그 일을 다 해내는 데 몇 달이 걸렸고, 매일 나는 도망가고 싶은 심정이었다. 그토록 지겹고 우스꽝스러운 일이었다.

벽돌 쌓기가 끝나자 스님은 모처럼 웃음으로 나를 대해 주셨다. "너는 속았어! 허, 허, 허." 당신의 큰 배가 불룩거렸다. 당신은 정말 재미있어 하셨다. "이 벽돌들은 아무 쓸데없어! 너는 이 일로 분명히 나에게 화가 났겠지." 당신이 말씀하셨다.

"조금 화가 났습니다." 내가 못마땅해 하며 시인했다.

"그러나 너는 그렇게 나쁘지 않아. 정말 꽤 인내심이 있어." 당신이 말씀하셨다.

내가 인내심을 발휘했기 때문인지, 스님은 몇 달 동안 나를 평화롭게 내버려두셨다. 그러더니 어느 날 타일들이 떨어져 내린 주방 안의 한 지점을 가리키면서, "성엄, 네가 이걸 고쳐야 해." 하고 명령하셨다. "건축자재 회사에 가서 똑같은 타일을 사다가 떨어진 데를 교체해."

'뭐 이 정도야.' 그것은 별로 어려운 일 같지 않아 보였다. 나는 늘 이런 식의 사소한 심부름을 다니고 있었다. 어떤 시련이 나를 기다리고 있을지는 몰랐다.

나는 시내에 들어가 같은 타일이라고 생각되는 것을 사 왔다. 내가 돌아오자 스님이 말씀하셨다. "이거 봐. 똑같지는 않잖아. 이건 반환하고 똑같은 것으로 사 와라."

나는 타일을 자세히 살펴보았다. 사실 새로 사 온 것은 먼저 것과 모습이 아주 흡사했지만 똑같지는 않았다. 그러나 아주 자세히 살펴봐야만 그 차이를 알 수 있었다. 그 정도로 무슨 차이가 나겠는가? 나는 항의하려다가 스님의 얼굴을 보는 순간 입을 닫았다. 다시 타일 가게로 갔다. 그들은 나를 별로 반기지 않았다. 고작 타일 석 장을 사 갔다가 그것을 반환하니 말이다! 그들은 맞는 타일을 찾아주려고 하지 않았다. 이것은 좋은 결과가 아니라는 것을 알았지만, 난들 어떻게 하겠는가? 스님께로 돌아가 말씀드렸다. "스님, 똑같은 타일을 찾을 수가 없습니다."

"왜 못 찾아?" 당신이 물으셨다.

"타일 가게 사람들이 고작 세 장은 찾아주려고 하지 않습니다."

"그래서 포기하겠다는 거야? 천치 같으니. 어느 가마에서 그 타일을 구웠는지 알아 봐." 나는 희미하고 전혀 특색이 없는 이 석 장의 타일을 들고 온 시내의 건축자재 회사들을 찾아다니며 어느 가마가 이것을 만들었느냐는 우스운 질문을 했다. 아무도 그에 관심이 없었다. 역시나 아무 소득이 없자 나는 좌절감을 느끼기 시작했다. 약이 바짝 올랐고, 자신이 한없이 가엾게 여겨졌다. 마침내 운이 좋게도 한 가마 일꾼을 만났다. 그는 자신이 일하는 가마에서 내가 가진 타일을 만들었는지 확신하지는 못했지만, 가마 위치를 알려주었다.

그 가마를 찾아갔다. 벽에 타일들이 줄지어 쌓여 있었으나 딱 맞는 타일은 찾을 수 없었다. 나는 가마 서기에게 나를 위해 타일을 만들어 줄 수 있느냐고 물었다. 얼마나 많이 필요하냐고 해서 석 장이라고 말했다.

"우리는 도매입니다. 석 장만 팔지는 않습니다." 그가 말했다.

"제발 좀 도와주십시오. 우리 스님이 우리 주방에 붙어 있는 것과 똑같은 것 석 장을 구해 오라고 해서요." 내가 사정을 했다.

"한 차례 구워낼 때마다 타일 색깔이 약간씩 다릅니다. 똑같은 색깔의 타일 석 장을 얻을 방법은 없습니다." 그가 설명했다. 그 서기는 멀리 있는 다른 가마에 대해 이야기해 주었다.

"거기서는 같은 타일을 찾을 수 있을까요?" 내가 물었다.

"제가 어떻게 알겠습니까?"

나는 아예 희망이 없다고 느꼈다. 스님께 돌아가 이 일은 불가능하다고 말씀드렸다.

"한 차례 구워낼 때마다 색깔이 약간씩 다르다고 합니다." 내가 설명했지만, 그런다고 이 일이 끝나리라는 희망은 없었다.

"그 타일이 어디서 왔는지 어제 알아냈어." 당신이 말씀하셨다.

"거기는 어떻게 갑니까?"

"정말 천치로군! 그 가게로 가는 길에 방향을 물어보면 되잖아."

그곳은 아주 외지고 상당히 먼 곳이었다. 버스비를 구걸하고 이리저리 헤매며 걸어 다니다가 거의 한나절이 걸려 마침내 찾아냈다. 그 타일에 대해 물어 보자 담당자가 말했다. "우리는 타일을 많이 만듭니다. 우리가 이런 타일을 만들었는지 어떻게 안단 말입니까? 얼마나 많이 필요하신데요?"

"석 장요." 내가 말했다.

그들은 마치 내가 정신이 이상한 사람인 양 바라보았다. "타일 석 장을 사러 그 먼 길을 오셨다고요? 우리는 타일 석 장 팔기에는 너무 바쁩니다. 건축자재 회사를 찾아가 보세요."

나는 타일 한 장도 못 구하고 떠났다. '그들은 내가 미쳤다고 생각하겠지. 정말 미친 사람은 그런 터무니없는 요구를 한 우리 스님인데 말이야.' 절집으로 돌아오며 그런 생각을 했다.

"타일 석 장은 팔지 않는다는군요." 내가 스님에게 말했다.

"멍청하기는! 어느 건축자재 회사가 그들 제품을 사는지 물어서 그 회사에서 사면 되잖아. 거기 있을 때 물어서 가서 샀으면 됐지. 그러면 쉽지 않아? 우리가 이런 이야기 안 해도 되고 말이야."

"고작 타일 몇 개잖아요." 나는 너무 지치고 답답해서 더 이상 감정을 억누르지 못하고 투덜댔다. 나는 서른 살짜리 아이 같은 느낌이 들었다. 군 장교였고 작가였던 내가 맙소사, 여기서는 타일을 찾아 대만을 뒤집고 다니고 있었다. "그냥 색깔이 비슷한 거 석 장을 사면 안 됩니까? 기껏 주방 타일일 뿐인데요."

"미안하지만, 내가 네 얼굴에 반창고 두 개를 붙여 놓고 언제까지나 내버려둬도 괜찮겠냐?" 당신이 말씀하셨다.

나는 당신을 노려보며 아무 말도 하지 않았다. 스님은 나에게 나가서 타일을 찾아보라고 하셨다. 나는 돌아다녔지만, 어디도 특별히 가지 않고 스님의 말도 안 되는 요구에 대해 생각해 보았다. 그리고 절을 떠나기로 결심했다.

돌아와서 내 방으로 직행했다. 나는 좌절감에 몸이 마비될 지경이었다. 스님이 갑자기 얼굴을 내미셨다. "하루 종일 어디 있었어?" 당신이 물으셨다. 나는 말을 하지 않았다.

스님은 내 방을 떠나시더니 타일 석 장을 가지고 돌아오셨다. "천만다행이지 뭐야!" 당신이 외치셨다. "지난번에 주방을 고칠 때 남은 타일 석 장을 발견했어. 벽의 한 틈에 끼워져 있더군." 당신은 나를 바라보며 웃으셨다. "허, 허, 허." 모골이 송연한 웃음소리였다. "너 또 속았어!" 당신이 말씀하셨다. "너는 스님이야. 어떻게 화를 낼 수 있지? 나한테 또 당했어. 너무 재미있군. 허, 허, 허." 그리고 스님은 방을 떠나셨다.

나는 분개할 만도 했지만 이상하게도 좌절감이 해소되었다. 스님이 떠난 뒤 나는 텅 비워진 상태로 평화롭게 방 안에 앉아 있었다. 그리고 내가 스님을 떠나고 싶은 마음이 없다는 것을 깨달았다. 타일 찾기도 훈련의 한 과정이었던 것이다.

스님은 책을 보듯이 나를 읽으셨다. 당신은 내 내면의 변화에 반응하셨고, 다음날은 정말 잘 대해 주셨다. 어떤 내방객들이 필리핀산 직물을 가져왔다.

"성엄, 네가 출가한 지도 꽤 되었는데 내가 너한테 별로 준 게 없었어. 여기 천 선물은 네 장삼을 만들기 위한 거다." 당신은 내방객들 중 한 사람에게 내 몸의 치수를 재게 했다. 나는 당신의 따뜻한 사랑을 깊이 느꼈다. '내가 어떻게 떠날 생각을 할 수 있었던가? 왜 그렇게 좌절감을 느끼고 약 올라 했던가?' 45년이 지난 지금도 나는 이 옷을 가지고 있다.

내가 동초 스님 밑에서 훈련 받을 때는 당신이 이중인격을 가지고 있다고 생각했다. 그러다가 스님이 제자들을 다루는 방법에 자못 일관성이 있다는 것을 깨달았다. 스님은 초산에서 제자들을 다루실 때도 나에게 하신 것처럼 하셨다. 그래서 그들은 스님을 두려워했다. 스님은 출가인이라면 압박에 대처할 줄 알아야 한다고 믿으셨다. 그것이 당신의 스승에게서 훈련받은 방식이었다. 중국인들은 '매 아래서 효자 난다棒下出孝子'는 것과 '향판 아래서 조사 난다香板下出祖師'는 것을 믿는다. 그 훈련은 우리의 에고와 자부심을 쥐어짜서 그것들이 어디도 갈 데가 없게 만든다. 그러면 그것들이 사라진다.

옛날에 중국의 모든 스승들은 이런 식으로 제자들을 훈련했다. 잠재력이 크지 않은 제자들에게는 더 편하게 대해 주었다. 예수님이 말했듯이, 길 잃은 양들은 우리에 가두어 보살필 필요가 있다. 마찬가지로 일본에서는 종업원들이 '지옥훈련'을 받고 나서 훌륭한 종업원이 된다.

동초 스님이 나를 괴롭히시기는 했지만 하루 종일 악마 같지는 않으셨다. 스님은 농담 하시기를 좋아했다. 당신 앞에 내가 앉을 때는 일정한 방식으로 앉되 두 손을 합장한 채 등허리를 똑바로 하거나, 아니면 두 손을 합장하고 머리를 숙인 자세로 서 있으라고 명령하셨다. 나는 그 명령이 근본적으로 우스운 장난이었는지 끝내 알지 못했다. 나는 감히 스님을 거스르지 못했지만, 스님은 나에게 당신 주변에 있을 때도 당신을 무서워하지 말라고 부단히 주의를 주셨다. 이제 나도 제자들에게 그렇게 가르친다. 나는 그들이 내가 주위에 없을 때는 함부로 굴다가, 내 앞에서는 그냥 두려워서 합장하는 것을 원치 않는다.

나는 동초 스님의 훈련을 통해 나 자신에 대해 많은 것을 배웠다. 나는 부당하다고 생각되는 것에 저항하고, 내가 보기에 불합리한 것들에 대해서는 화가 나는 경향이 있었다. 그런 습들을 없앨 수 있었다. 스님에게서 훈련 받고 난 뒤에는 덜 자아중심적인 관점에서 삶을 보게 되었다. 나는 일들이 왜 어떤 방식으로 일어나는지 이해하려고 노력했다. 그러나 거기에 너무 신경 쓰지는 않았다. 나는 또 많이 창피해하지도 않게 되었다. 처음에 버스에서 쫓겨났을 때는 정말 창피하고 당혹스러웠다. 그러나 훈련을 받고 난 뒤로는 그런 상황을 수행의 한 기회로 여겼다.

스님 곁에서 2년을 보낸 뒤 나는 산중에서 폐관閉關 수행을 하기로 결정했다. 폐관을 하면 내가 불교를 위해 뭔가 할 수 있을 것이라고 스스로 다짐했다. 나는 나 자신만의 해탈을 위해 수행하는 이기적인 사람이 되지 않겠다는 서원을 세웠다. 대신 나는 "자신은 제도되지 못했어도 남들을 제도하려는 것이 바로 보살의 초발심"*이라는 대승의 가르침을 따를 작정이었다. 나는 스님께, 불법을 실망시키지 않도록 열심히 수행하겠다고 말씀드렸다.

"중요한 것은 너 자신을 실망시키지 않는 거지!" 당신이 말씀하셨다.

나는 그것이 무슨 뜻인지 알 수 없었다. 오랫동안 이 말씀을 궁구한 끝에, 내가 아직은 이기적이라는 것을 스님께서 간파하셨다는 것을 깨달았다. 나는 남들을 위해 서원을 세웠다고 생각했지만 말이다. 당신은 나의 출가와 중생을 제도하겠다는 서원이 빈말에 지나지 않을 수 있음을 보셨다. 그래서 내가 나 자신을 책임지도록, 출가인의 책임을 이해하도록 등을 떠미신 것이다. 만일 내가 책임을 다하지 못하고 내가 해야 할 일을 하지 않는다면, 나 자신을 실망시키게 될 것이었다. 그것이 당신이 말씀하신 뜻이었다.

스님은 내가 진정한 출가인의 삶을 살기를 원하셨다. 계율을 지키고, 선정을 닦고, 지혜를 일으키고, 자비심을 유지하며, 어려움을 극복하는 것이 그것이었다. 당신은 내가 공허한 서원을 세우기보다는

---

* '自己未度先度人, 正是菩薩初發心.' 「능엄경」, 제6권에서 "자기는 제도되지 못했으나 먼저 남을 제도하려는 것은 보살의 발심이요, 자신의 깨달음이 이미 원만하여 남들을 깨우치는 것은 여래가 세상에 응현함이다(自未得度, 先度人者, 菩薩發心. 自覺己圓, 能覺他者, 如來應世)"라고 했다.

원래의 서원, 즉 내가 애초에 출가인이 되려고 한 이유를 알기를 바라셨다.

중국 선종의 전통에 이런 말이 있다. "발뒤꿈치가 땅에 닿지 않을 정도로 사방을 돌아다니는 것은 위험한 일이다."

내 스승님의 충고는 옳았다. 그래서 나는 제자들을 훈련시킬 때 그들에게 대선사, 유명한 법사 혹은 성취한 출가인이 되라고 요구하지 않는다. 나는 그들이 세 가지를 열심히 하기를 원한다. 첫째는 출가인으로서의 올바른 태도를 배양하는 것이다. 둘째는 출가인에게 어울리는 위의威儀를 지니는 것이다. 출가인들은 속인들과 다른 자세, 표정, 동작을 지닌다. 세 번째는 말을 여법如法하게 하라는 것이다. 출가인들은 욕설, 속어, 시정잡배들의 말을 쓰지 않는다. 우리는 경박하게 말하거나 쓸데없는 잡담을 하지 않는다.

출가인으로서의 올바른 행동—이것이 내 스승님이 나 자신을 실망시키지 말라고 말씀하신 뜻이었다. 올바른 태도를 배양하는 데만도 10년이 걸릴 수 있다. 이전 세대의 노스님들은 출가한 지 10년 동안은 꿈속에서 자신이 속인인지 출가인인지조차 모른다고 곧잘 말씀하셨다. 꿈속에서는 여전히 속인들이 하는 일을 할 수도 있다. 10년이 지나면 꿈속에서조차 자신이 출가인이라는 것을 잊지 않을 것이다.

출가하고 싶어한 여제자 한 명이 있었다. 뉴욕에 동초선사東初禪寺(Chan Meditation Center)가 처음 창건되었을 때 그곳에 1년 이상 산 사람이었다. 하루는 그가 나를 찾아와 자신은 출가인의 길을 계속 갈 수가 없다고 말했다.

"왜?" 내가 물었다.

"창피해서 말씀을 못 드릴 것 같습니다." 그가 말했다.

"왜? 무슨 나쁜 짓을 했는데?"

"꿈속에서 제 남자친구와 함께 있었는데 서로 끌어안고 섹스를 했습니다. 이런 제가 어떻게 출가인이 될 수 있겠습니까?"

"생시에 남자와 섹스를 하지 않는 한 그건 상관없다. 왜냐하면 생시에는 너 자신을 통제할 수 있으니까. 너는 아직 훈련을 오래 받지 않았기 때문에 꿈속에서 자신을 통제하지 못하는 것이다." 내가 말했다.

나는 그에게 그래도 출가하고 싶으냐고 물었다. "해 보겠습니다." 그가 대답했다.

며칠 뒤 그는 나에게 자신이 똑같은 꿈을 또 꾸었다고 말했다.

내가 말했다. "시간이 좀 지나야 그런 마음의 습과 태도를 제거할 수 있을 것이다. 그런 것은 출가인이 되고 난 뒤에도 한동안 지속될 수도 있다."

이것이 내가 가르치는 태도이다. 쉬운 것은 아니다. 수행을 통해서만 자신이 출가인이라는 것을 마음속에 확고히 배양할 수 있다. 그렇지 않으면 꿈속에서는 여전히 속인일 것이고, 설사 절에서 백 년을 살며 불법을 공부해도 마찬가지일 것이다.

11 산중 폐관

내가 폐관 수행에 들어간 조원사朝元寺는 대만의 남단, 피라미드처럼 생긴 첨산尖山 기슭에 자리 잡고 있었다. 주위에는 야생초, 덩굴, 비비 꼬인 나무들, 빽빽한 숲, 정글이 에워싸고 있어 정말이지 이 섬의 남쪽 특징을 보여주고 있었다. 기후는 덥고 습해서 마치 필리핀이나 남태평양의 섬에 와 있는 것 같았다.

동초 스님은 내가 그렇게 빨리 떠나리라고는 예상하지 못하셨다. 나는 당신과 불과 2년 정도 함께 있었다. 스님 곁에는 내가 하던 잡무나 『인생』 잡지 운영을 대신 맡아줄 사람이 없었다. 그러나 나는 참회하고 독서하면서 아무 신경 쓸 일 없이 불교 전적들에 몰입해 보고 싶은 깊은 열망이 있었다. 나는 불교 경론을 제대로 이해하는 것이 수행에 필수적이라고 느꼈다. 일반적인 견해는 좌선 수행인들은 불교 이론을 알 필요가 없다는 것이었다. 내 생각은 전혀 그렇지 않았다. 나는 수행자들이 이론적 기초가 있어야 한다고 느꼈고, 폐관 중에 시간을 할애하여 방대한 불교 경론과 원리들을 사람들이 쉽게 접할 수 있도록 정리해 보고 싶었다.

내가 폐관에 들어가게 된 경위는 이렇다. 1961년 초 나는 도원道源 스님이 그해 하반기에 삼단대계三壇大戒 수계식*을 거행할 계획이라는 것을 알았다. 나는 동초 스님께 여기에 참석하게 해 달라고 청했다. 왜냐하면 스님이 내 머리를 깎아 주시기는 했지만 나는 정식으로 구족계具足戒를 받은 비구가 아니었기 때문이다. 그리고 수계식이 끝나면 폐관 수행에 들어갈 계획이라고 말씀드렸다. 스님은 반대하셨다. 나는 수계식에 참석하고 폐관에 들어가기 위해 매일 관음보살께 절하고 내 업장을 참회했다.**

내가 폐관 수행에 들어가는 것을 반대한 분은 동초 스님만이 아니었다. 내가 군에 있을 때 많은 도움을 주셨던 남정 스님도 내가 동초 스님을 떠나서는 안 된다고 여기셨다. 뿐만 아니라 스님은 내가 폐관에 들어가는 데 필요한 재정적 후원을 얻기가 불가능할 거라고 생각하셨다. 당시 지광智光 스님***이 1년에 천 원씩 나를 지원해 주겠다고 하셨다. 나는 군에서 받은 월급과 원고료 등을 합쳐 만 원이 약간 넘는 돈을 가지고 있었고, 그 돈이면 3, 4년의 경비로 충분할 거라고 생각했다. 그래서 지광 스님의 제안은 사양했다.

---

* 사미(니)계, 비구(니)계, 보살계를 함께 주는 수계식. 지룽基隆의 해회사海會寺에서 열렸고, 이때 성엄 스님은 수계식의 일체 과정을 기록하는 서기 임무를 맡았다.
** 스님은 1961년 9월 12일부터 한 달간 수계 교육을 받고 구족계를 받은 다음, 일주일 뒤 보살계를 받았다. 사미계는 1960년 음력 6월에 수지受持했다.
*** 동초 스님의 법 스승이자 남정 스님의 은사 스님(1899~1963). 초산 정혜사 방장 겸 초산불학원 초대 원장이었고, 1949년 남정 스님과 함께 대만으로 건너갔다.

그 다음 몇 달간 나는 문화관을 떠나야 할 것인지를 놓고 고민했다. 동초 스님에 대한 의무감을 느끼기는 했지만, 출가란 우리를 속박하는 세간적 집착, 정서적 인연을 뒤로 하는 것이라는 생각도 했다. 스님이 나의 출가를 도와주신 데 대해서는 고마움을 느꼈다. 당신의 도움은 내가 강을 건널 수 있게 해 준 다리와 같았다. 그러나 만일 그런 감정 때문에 그 다리에 집착한다면, 내 목표를 추구하는 데 써야 할 시간을 낭비하게 될 것이었다.

마음이 이미 정해졌는데도 여전히 괴로웠다. 나는 스님의 하나뿐인 제자였다. 배은망덕한 사람이 되는 것 같았다. 그러나 가야 했다.

1961년 11월 11일, 나는 동초 스님께 작별을 고했다. 놀랍게도 스님은 즐거워하면서 돈까지 얼마 주시려고 했다. 나는 그것을 받기가 부끄러웠다. 스님은 아무 말 없이 문까지 바래다주셨다. 나는 몇 번이나 돌아보았는데, 마치 꼬리를 내린 개의 심정이었다. 스님은 문가에 말없이 서서 내가 가는 것을 지켜보셨다.

알고 보니 내가 군에서 모아 폐관 때 쓸려고 했던 그 돈을 상하이 시절의 급우였던 어떤 사람이 빌려간 상태였다. 그가 사라져 버렸다. 그래서 나는 폐관 수행을 위해 여기저기서 지원을 받아 대만 남부의 멀리 떨어진 곳으로 갔다. 그곳에서 읽고 쓰고 수행하면서, 그동안 내가 잃어버린 그 세월을 메우기 위해서 말이다.

첨산(일명 대웅산大雄山)의 가파른 경사면으로 개울 하나가 굽이굽이 흘러내려 조원사와 사람들이 사는 평야 사이를 지나갔다. 이 평야는 대만해협 쪽을 향해 펼쳐져 있었다. 개울은 하나의 장애물이어서 우기에는 이 절을 바깥세상과 여지없이 차단시켰다. 장마가 들면 개울은 산을 타고 내려오는 물로 가득 차 허리 깊이로 넘실대는 급류가 되었다. 노장 스님들은 휩쓸려 갈까봐 이 개울을 건너지 않으려고 했다. 젊은 스님들만 용감하게 개울을 건너가 일용품과 바깥세상의 소식을 가지고 돌아왔다.

이 개울은 절이 외부인들의 방해를 받지 않도록 보호해 주고, 이 도량을 수행하기 아주 좋은 장소로 만들어 주었다. 관광객도 없고 참배객도 없고, 향을 사르러 오는 사람도 없었다. 외지고 세상과 동떨어진 내밀한 장소였다.

절에는 비탈을 따라 세 줄로 지어진 건물들이 있었다. 내가 처음 왔을 때는 혼자서 폐관할 나만의 거주 공간이 없었다. 그래서 이 절의 객사客舍 다락에서 살았다.

객사 뒤쪽 산기슭에는 여지荔枝 나무와 대나무가 가득했다. 스님들은 여지를 수확하여 내다 팔아 찬거리와 일용품을 샀다. 일종의 가시 있는 대나무도 재배했는데, 여기서 맛있는 죽순이 자라 지름이 서너 치 크기가 되면 수확하여 간을 하고 말려서 팔았다. 절의 채원에서는 무, 당근, 배추, 시금치, 양배추, 쑥갓, 야생감자(얌) 잎, 그리고 나이 드신 분들이 종종 씹는 빈랑檳榔을 재배했다. 생활은 아주 단순했고, 스님들은 손수 재배한 과일, 죽순, 채소를 먹고 살았다.

절 주변 나무들에 꽃이 만개하면 대기는 향기로 가득 찼다. 우리 절에는 무척 향기로운 꽃인 옥란화玉蘭花가 아주 많아서 그것을 읍내에 내다 팔았다. 또 그 꽃들을 찧어 튀김으로 해 먹기도 했다. 나는 옥란화를 하도 많이 먹어 몸에서 옥란화 향기가 풍겨 나왔다!

또 선인장 종류인 열대식물도 하나 있었다. 그 줄기에서 꽃이 피면 우리는 그것을 국에 넣어 먹었다. 그것은 마치 끈적끈적한 오크라(okra) 맛이 났다. 키가 3미터쯤 되는 나무 위에서 자라는 맛있는 콩류가 있었고, 나는 산에 들어갈 때마다 그것을 따오곤 했다.

처음 반년은 폐관의 초기 단계로, 산중 생활에 적응하는 시기였다. 나는 매일 해가 뜰 때 일어났다. 이 절에는 시계가 하나도 없었고, 우리는 해를 따라 움직였다. 산비탈 아래 개울 건너 마을에서 수탉들이 울면 우리가 깨어났다. 이 닭들은 하루에 세 번 울었다. 해가 뜰 때 처음 울고, 해가 동쪽 하늘에서 빛나는 오전 9시경에 두 번째로 울고, 세 번째로 해가 서쪽으로 기우는 오후 4시경에 울었다.

일어날 시간이 되면 스님들이 북을 쳤다. 점심을 먹기 전에는 운판雲版(구름 모양의 금속판)과 목어木魚(물고기 모양의 목제 법구)를 두드렸다. 취침 전에는 종과 북을 두드렸다. 그래서 나는 시계가 필요 없었다. 이런 소리들만 귀담아 들으면 어느 때인지, 그리고 내가 무엇을 해야 하는지 알 수 있었다.

마침내 내가 폐관에 들어갈 오두막이 절 옆에 지어졌다.* 여기서는 매일 아침 수탉이 울면 일어나 세수하고 물을 한 잔 마신 다음, 약 10분 동안 불전에 예배하고 나서 한 시간씩 좌선을 했다. 그런 다음 아

---

* '영락관방瓔珞關房'이라는 이름의 이 오두막은 1963년 9월 하순에 완공되었다. 9월 30일, 스님은 정식으로 폐관식을 갖고 이 관방에 들어갔다.

침 예불로 독경을 했는데 약 한 시간이 걸렸다. 그리고 두 시간 반 동안 참회절을 했다. 점심을 먹고 잠시 쉰 뒤에는 또 두 시간 반의 참회절을 했다. 이어서 저녁 예불을 하고 저녁을 먹었다. 저녁을 먹고 나서 샤워를 하고 좌선을 했다. 종과 북이 울리면 쉴 시간이라는 것을 알았다.

이 절 건물들은 1911년 스님들이 산에서 수집한 점토와 풀로 흙벽돌을 찍어서 지은 것이었다. 그 벽돌은 가마에서 구운 것이 아니었다. 벽은 벽돌 두 장 두께였다. 외벽은 벽돌을 수평으로 쌓고 내벽은 수직으로 쌓아 절연 효과가 좋았기 때문에 여름에는 서늘하고 겨울에는 따뜻했다. 건물의 큰 기둥들은 나무줄기로 만들었고 작은 기둥들은 대나무줄기로 만들었는데, 산에서 벌목한 것이었다. 이층 건물들을 이런 식으로 지었기 때문에 천장은 비교적 낮았다.

지붕의 들보와 도리는 나무줄기였다. 서까래는 균일한 간격으로 배치한 대나무였고 그 사이사이에는 틈을 두었다. 대나무 서까래 위에는 기와를 두 겹으로 얹었는데, 한 겹은 위쪽 방향으로 또 한 겹은 아래쪽 방향으로 놓았다. 그래서 빗물이 스며들지 않았다.

건물들의 구조는 실용적이었고 많은 점에서 안락했지만, 여기저기 갈라지거나 틈이 많이 생겼고, 구석과 틈새에는 많은 중생들이 살았다. 나무로 만든 창에는 망網이 없어 문을 열어 두면—거의 언제나 열어 두었다—별의별 곤충들이 다 들어 왔다. 첨산은 식물들이 다양한 만큼이나 곤충들도 다양했다. 박쥐가 머리 위로 날아다니는가 하면, 작은 도마뱀들이 벽과 천장을 쏜살같이 기어 다니며 모기나 다른 날벌레들을 잡았다.

한 번은 내 팔뚝보다 굵은 뱀 한 마리가 방의 들보 위에 나타났다. 머리를 아래로 늘어뜨린 채 반나절 동안 움직이지 않고 그곳에 있었다. 처음에는 혀를 날름거리더니 나중에는 그것마저도 그쳤다. 그 뱀은 어디가 아픈 것 같았다. 우리는 마을에서 땅꾼을 급히 데려왔다. 그는 뱀이 덩치가 큰 것을 보고 멋진 저녁거리가 되겠다고 생각하고 좋아했다.

"제발 이 뱀을 죽이지는 마세요. 내 방에서 앓고 있었습니다." 내가 사정했다.

절의 대중들이 돈을 모아 땅꾼에게 주고 그 뱀은 살려주게 했다.

쥐들도 있었다. 내 방에는 쥐가 먹을 게 아무것도 없었지만 그래도 쥐들은 나를 찾아와, 지붕 들보 위를 쫓아다니면서 나를 바라보곤 했다. 참회절을 할 때는 그들을 위해서도 기도했다. 왜냐하면 그들도 중생이었으니까. 나는 그들이 사람으로 태어나 수행을 할 수 있기를 기원했다.

참회절이 내 수행의 주된 부분이었다. 업장이 두텁거나 마음이 안정되어 있지 않을 때는 절을 하는 것이 도움이 된다. 나는 군대에 10년이나 있었기 때문에 과거의 업장이 아주 두텁다고 믿었다. 그래서 관세음보살님께 절을 하면서 참회했다. 내가 군에서 나쁜 짓을 해서가 아니라, 내가 만난 사람들, 내가 들은 말들, 내가 한 일들이 출가인의 삶과 부합하지 않았기 때문이다.

찬에서 고기를 골라내려고 내가 얼마나 조심했는지를 이야기했지만, 실은 군에서는 채소가 전혀 들지 않은 고기도 배식되었다. 그럴 때는 이따금 고기를 먹기도 했다. 왜냐하면 음식을 안 먹고 살 수는 없었기 때문이다. 그러나 뭔가 건전하지 못한 일을 했다고 믿었기 때문에 기분은 썩 좋지 않았다.

군에서는 나 역시 속인들의 삶에 노출되어 있었다. 그들이 말하는 것을 들었고, 그들이 하는 일을 보았다. 내가 그들과 같이 행동하지는 않았지만 워낙 많은 것을 보고 듣다 보니 그들의 행동이 이상하게 보이지 않았다. 동료 군인들은 여자, 술, 도박에 대해 늘 잡담을 했다. 그들은 애인을 자주 바꾸었고, 사소한 꼬투리에도 주먹다짐을 벌였다. 군에서 몇 년 지내고 나니 밤에 꿈을 꾸면 내가 스님이 아니라 군인이었다. 그것은 습관과 환경의 훈습薰習에 따른 자연적인 결과였다.

나는 절을 할 때 주로 대비참大悲懺을 했다. 이것은 송나라 때의 천태종 스님(지례知禮 화상)이 만든 것이다. 절을 한 번 할 때마다 다른 부처나 보살의 명호를 부르지만, 그 중심은 관세음보살이었다. 처음에는 약 열두 번쯤 절을 했는데 한 번 할 때마다 한 부처나 보살의 명호를 불렀다. 그런 다음 무릎을 꿇은 채 경문 한 구절을 독송하고 나서 절을 하고 관세음보살의 공덕을 칭송했다. 그리고 합장을 하고 방의 가장자리를 천천히 돌면서 대비주大悲呪(82행)를 21번 지송持誦했다. 대비주가 끝난 뒤에는 무릎을 꿇고 그 진언의 힘과 영험을 칭송했다. 그리고 시방불十方佛, 시방법十方法, 시방승十方僧, 석가모니불, 아미타불, 관세음보살, 대세지보살大勢至菩薩, 다라니왕陀羅尼王을 각기 세 번씩 부른 다음 삼귀의三歸依를 했다. 이 창송은 한 시간 반 동안 계속되었다. 그럴 때 나는 매 구절을 천천히 관상觀想했다. 예를 들어 관세음보살의 공덕을 칭송할 때는 그러한 공덕을 관상하고, 진언의 영험을 칭송할 때는 그러한 영험을 관상했다.

나는 불교의 기초에 대한 확고한 이해를 얻고 싶었기 때문에, 초기 불교 경전인 『니까야』와 나중에 대승불교에서 한역된 『아함경』을 읽었다.* 또한 석가모니 부처님이 제자들에게 설하신 행위 규범인 율장律藏을 읽었다. 율장을 먼저 보았다. 율장은 450권으로 권당 만 자여서 도합 450만 자였다. 그 다음 『아함경』을 읽었는데, 이는 3백 권으로 도합 3백만 자였다. 이들은 고문古文이어서 문단 구분이나 구두점이 없다. 그래서 읽기가 아주 힘들었다. 이 750만 자를 읽어 내는 데 1년 반이 걸렸다. 시간이 많이 걸린 것은 내가 좌선에도 많은 시간을 쏟고 있었기 때문이다.

이 불경들을 끝낸 뒤 나는 중국 선종의 방대한 문헌들을 읽었다. 선종과 중국불교 8대 종파의 문헌들은 도합 750만 자였다. 선종 문헌을 읽은 뒤에는 불교사와 전기傳記들을 읽었는데, 도합 6백 권으로 6백만 자였다.**

내가 이 경들을 읽은 것은 내 내심의 체험들을 점검하는 것 외에 달

---

* 니까야는 『디가 니까야』, 『맛지마 니까야』, 『상윳따 니까야』, 『앙굿따라 니까야』, 『쿳다까 니까야』의 5부이다. 처음 4부는 각기 한역 아함경의 『장아함경』, 『중아함경』, 『잡아함경』, 『증일아함경』에 대응한다.
** 스님이 조원사에 거주한 지 얼마 후 타이베이에서 보낸 스님의 책 수십 상자가 도착했다. 그 중에는 『대장경』도 있었다.

리 특정한 개인적 이익을 얻기 위해서는 아니었다. 또 나는 불교의 가르침들을 정리해 내어 예전보다 사람들이 더 접근하기 쉽게 만들고 싶었다. 나는 옛사람이 불교 문헌들을 체계적으로 정리한 지가 너무 오래 되었다고 믿었다. 불교는 역사가 오래되고 종파가 많아 그 문헌들이 일반인들이 이해하기에는 너무 복잡했다. 나는 학술적 책과 대중적 책을 다 저술했는데, 그것은 불교에 종파가 많기는 해도 이는 같은 불법에 대한 서로 다른 관점들에 지나지 않는다는 것을 사람들이 이해하기를 바라는 마음에서였다. 이 종파들은 모두 같은 목표와 토대를 공유하고 있다. 나는 불법을 정리하여 접근하기 쉽게 만듦으로써 더 많은 사람들이 그것을 이해하고 그것을 자신의 삶에 적용할 수 있도록 하고 싶었다.

좌선 수행도 6년간의 폐관 수행* 중 큰 부분을 차지했다. 그러나 좌선 중에 일어나는 일들은 논의하면 안 된다. 나는 사람들을 가르칠 때도 이것은 논의조차 하지 않는다. 나는 사람들에게 좌선하는 법만 가르칠 뿐이다. 무엇을 말로 표현하면 그것은 이미 그 체험 자체와는 다른 것이다. 어떤 사람들은 특이한 소리를 듣거나 환영을 보기도 한다. 이런 것들은 경전에서 무수히 이야기하듯이 모두 환幻으로 간주된다.

---

* 스님이 조원사에 도착하여 처음 폐관에 들어간 것은 1961년 11월 14일, 출관한 것은 1968년 2월 22일로 도합 6년 3개월여이다. 다만 1966년 8월 7일, 눈병 치료차 가오슝으로 나오면서 부득이 임시 출관했고, 이후 10개월 간 조원사와 가오슝을 오가며 가오슝 수산사壽山寺에서 '비교종교학' 과 '인도불교사' 강의를 했다. 그러다가 1967년 6월 10일 두 번째 폐관에 들어갔고, 이듬해 2월 완전히 출관했다.

좌선 수행에서 이런 것이 나타나는 것은 정상이다.

수행의 진정한 원리 혹은 목표는 집착과 번뇌를 줄이고, 세계를 긍정적으로 보면서 모순과 갈등에 집중하지 않는 것이다. 모순이나 갈등과 대면할 때는 그것들을 적극적으로 활용한다. 예를 들어 내가 폐관하고 있던 작은 방에는 해충이 많이 있었지만 나는 그들을 귀찮은 존재로 여기지 않았다. 내 마음이 확장되어 있어 물리적 환경에 제약받지 않는 것처럼 느껴졌다.

동물들이 내 방에서 먹을 것을 찾는 것을 볼 때, 나는 강한 동물이 약한 동물을 잡아먹는 것을 관찰하고 그것이 자연의 섭리임을 이해했다. 나는 한 개구리가 혀를 잽싸게 내밀어 파리와 곤충들을 잡아먹는 것을 보았다. 나는 이것이 동물계의 방식이며, 중생들은 무지하여 강한 것이 약한 것을 잡아먹고, 아마 인간들 사이에서도 비슷한 상황이 존재할 것이라고 생각했다. 석가모니 부처님이 보신 것도 바로 그것이다.

독수리가 뱀을 잡아먹을 때 인간이 독수리를 쏘는가? 그것은 무지한 짓일 것이다. 자비는 중생들에게 해를 끼치지 않는 것이 주안점이다. 중생들이 서로를 해치는 것을 우리는 막을 수 없다. 왜냐하면 무지가 우리들의 성품이기 때문이다.

이 6년간의 폐관 생활은 아주 평화로웠다. 나는 몇 가지 특별한 체험도 했다. 개미들이 내는 소리를 들었고, 내 몸이 좌복에서 떠오른다는 느낌도 있었다. 폐관하는 동안 내 마음은 아주 평화로웠다. 정서적으로 안정되어 있어, 내 정서 상태에 거의 동요가 없다고 느꼈다.

나는 좌선 수행이 나의 종교적 믿음과 별개라는 것을 안다. 믿음은 내 삶의 중요한 부분이었고 앞으로도 그럴 것이다. 나는 어려움에 봉착하여 관세음보살의 성호를 지송했을 때, 믿음에 기초한 종교적 체험들을 했다. 군에서는 늘 관음 성호를 지송했다. 장교가 되는 자격을 얻기 위한 시험에 응시하려고 할 때, 나는 초등학교 4년의 학력밖에 없었다. 다른 응시자들은 모두 대학을 다닌 사람들이었다. 그러나 나는 내가 신앙하는 관세음보살께 기도했고, 보살님은 나를 도와주셨다. 시험 문제들이 바로 내가 공부한 것이었다. 나는 그 시험에 응시할 자격도 없었지만 시험을 치를 수 있었고, 합격했다. 그래서 나는 관세음보살님이 나를 도와주셨다고 믿는다.

나는 첩보 부서에서 근무했고 비밀과 기밀 정보에 관여하는 것으로 여겨졌기 때문에 제대가 불가능해 보였다. 그러나 나는 관세음보살의 성호를 지송했고, 결국 자유를 얻었다. 내가 폐관에 들어가고 싶어했을 때 많은 노스님들은 이제 갓 제대한 사람이 그런 장소를 찾기는 불가능할 것이라고 말했다. 그러나 나는 관세음보살님을 믿었고, 내가 갈 만한 곳 두세 군데를 찾아냈다. 나는 이런 유의 종교적 체험을 많이 했다.

지금도 나는 관음 성호를 지송하는 한 나의 어떤 문제도 해결될 것이라고 느낀다. 그래서 전혀 걱정하지 않는다. 강한 종교적 믿음을 가진 사람들은 이러한 안전감과 의지력, 그리고 주어진 어떤 상황에서 행동할 수 있는 용기와 확신을 갖는 경우가 많다.

믿음에 기초한 이러한 체험과는 별개로 나의 좌선 수행은 내 마음과 인격을 안정시키는 데 도움이 되었다. 깊은 좌선 상태에서는 내가 우주와 하나라는 것을 느꼈다. 이것이 선에서 말하는 '통일심'이다. 자아중심은 사라지지만 여전히 어떤 우주적 대아大我의 관념이 존재한다. 이때 우리의 마음 범위는 광대하다. 자아의식이 있는 한, 우주와 하나라고 느끼는 것이 좌선에서 성취할 수 있는 최고 수준이다. 자신이 신과 하나임을 느끼는 것이다. 보통 우리가 도달할 수 있는 최대한은 우리 주위의 것들과의 통일이다. 나는 주위 환경과의 통일을 많이 체험해 보았다. 한번은 내가 한 무리의 사람들과 함께 방콕을 여행하고 있었다. 다들 커피를 마시고 있을 때 나는 강물 속의 물고기들을 바라보고 있었다. 모두 내가 물고기에 그렇게 관심 있어 하는 것을 이상하게 생각했다. 그러나 나는 환경과 통일된 좌선 상태에 들어 있었다. 내가 그 물고기들을 보자 마치 내가 그 물 속에 있으면서 그들과 함께 헤엄치고 있는 듯이 느껴졌다. 좌선 중에는 환상적인 경계들이 나타날 수도 있지만 거기에 너무 주의를 기울이지 않는 것이 최선이다. 폐관 중이던 어느 날 저녁, 나는 좌선을 하고 있었다. 하늘은 쾌청하고 보름달이 떠 있었다. 그러나 심한 폭우와 울부짖는 바람 소리가 들렸다. 나는 밖으로 나가 하늘을 살펴보았지만 하늘은 맑았다. 또 한번은 내가 조용히 좌선하고 있는데 마치 내 오두막 뒤의 나무가 땅바닥으로 쾅 쓰러지는 듯한 소리가 났다. 그 소리에 마음이 움직여 밖으로 나가서 살펴보았다. 물론 그 나무는 그대로 있었다. 그러나 다시 돌아와 좌선할 때는 주의가 분산되어 마음이 안정되지 않았다.

또 한 번은 좌선을 하고 있는데 내 몸이 좌복 위로 떠올랐다. 그것은 환상이 아니라 실제로 일어난 일이었다. 나는 너무 놀라 내가 왜 떠오르고 있을까 하고 의아해 했다. 일단 마음이 움직이자 나는 다시 천천히 좌복으로 도로 내려왔다. 이런 일들은 내가 폐관 중에 좌선할 때 일어난 것이다.

그러나 그런 좌선 체험들은 가장 찬란하고 신비롭고 심오한 경우라 해도 그것이 깨달음은 아니다. '견성見性', 곧 깨달음의 체험은 전혀 다른 것이다. 좌선을 한다고 해서 우리가 자신의 참된 성품을 보게 되는 것은 아니다. 종교적 체험들은 깨달음이 아니다. 자신의 성품을 본다는 것은 마음을 놓아 버리는 것이다. 그것이 통일심이든 아니든 관계가 없다. 이때는 어떤 집착도 전혀 없다. 많은 사람들은 신비적인 체험이 깨달음과 같다고 생각한다. 그런 체험들은 좌선이나 종교적 체험에서 올 수도 있지만, 그것은 깨달음이 아니다.

폐관 중에는 아침에 일어나면 눈 깜짝할 사이에 저녁이었다. 동초 스님을 위시한 몇 분이 나를 찾아왔다. 나는 폐관 중에 불교사, 비교종교, 그리고 불교와 선禪에 관한 책을 몇 권 썼다. 계속 세상에 기여하고 싶었기 때문이다. 이때는 마침 사람들이 나를 방해할 수 없는 때였고, 나는 읽고 쓰고 수행할 시간을 가졌다.

내가 폐관 중에 쓴 『계율학강요綱要』와 『인도불교사』는 본토에서 문화혁명이 끝난 뒤 교재로 사용되었다. 대만의 대학들은 『비교종교학』을 참고서로 사용했다. 『바른 믿음의 불교正信的佛教』는 재가자들 사이에서 인기 있는 책이며, 세계적으로 3백만 부 이상 팔렸다.

내가 폐관에 들어갔을 때 중국 본토와 대만에서 불교는 쇠퇴하고 있었다. 일상 속에서 수행하는 사람은 거의 없었다. 지식인들은 불교를 교육받지 못한 사람들이나 믿는 미신으로 간주했다. 기독교는 아주 인기가 있었다. 대만의 고위 정부 관리들은 거의 기독교인들이었다. 몰래 불교를 신행하는 관리들이 몇몇 있기는 했지만 말이다.

나는 불교가 오늘날의 사회에서 갖는 문제점들을 지적하며 비판적으로 글을 썼다. 나는 자신의 경험에 비추어, 사찰들은 불법의 가르침과 무관한 세 가지 수입으로 먹고산다는 것을 너무나 잘 알고 있었다. 즉, 영가들을 위해 의식을 거행하고 독경하는 것, 관광객들의 시주금을 받는 것, 산간에서 농사를 짓는 것이 그것이었다(스님들은 본질적으로 농부였고, 농사는 언제나 그들이 가장 잘하는 생계수단이었다). 아무도 불법을 가르치거나 공부하지 않았다. 대다수 스님들은 일자무식이었다. 내 글들은 이런 현상을 비판했다.

일본 유학을 다녀왔고 내 책과 글들을 읽어 본 양백의楊白衣라는 거사가 있었는데, 폐관 후반기에 타이베이에서 오토바이를 타고 나를 찾아오곤 했다. 편도 약 600킬로미터의 비포장도로를 달렸으니 여간 먼 거리를 오가는 것이 아니었다. 양백의는 대단한 사나이였다. 올 때마다 사람들이 내다버린 책 더미에서 건졌다는 책들을 열 몇 권씩 가져왔다. 그 중 많은 책이 일본불교에 관한 것이었다.

나는 폐관 중에 일본어를 독학하여 그 일어 책들을 읽어 보았다. 이 책들을 읽고 나서는 비판적인 글쓰기를 중단했다. 남정 스님이 나에게 방향을 바꾸도록 영감을 주셨다. 편지에서 스님이 이렇게 쓰셨다. "사람들을 질책해 봐야 소용없고, 자기 자신이 일어서는 것만이 쓸모가 있다." 동초 스님도 편지를 보내어 이렇게 말씀하셨다. "네가 지금 사람들을 질책하면 나중에 과보를 받게 될 것이다."

또한 나는 양백의가 가져온 일본 책들을 읽고 나서 희망에 부풀었다. 일본에는 불교학이 활발히 살아 있음이 분명했다. 나는 일본에 불교를 연구하는 박사과정 학생이 5백 명이 넘는다는 것을 알게 되었다. 중국에서는 상상도 할 수 없는 일이었다.

메이지明治 시대(1868~1912)에 일본 정부는 1950년대의 중국과 같이 불교 파괴에 나섰다. 메이지 천황은 승려들에게 고기를 먹고, 결혼을 하고, 신도神道 사원에서 살도록 강요했다. 신도 신자들이 불교 사원으로 옮겨왔다. 그 결과 불교와 신도가 구분할 수 없게 되었다. 메이지 시대 말기에 불교가 되살아나 많은 전직 승려들이 사찰로 돌아갔다. 그러나 그들은 계속 부인을 데리고 살았고 육식을 했다. 그래서 육식을 하고 부인들이 사는 절들이 생겨나게 된 것이다.

이 육식하는 대처승들이 불교학에는 큰 기여를 했다. 그들은 독일과 인도로 사람들을 보내어 산스크리트를 배우고 산스크리트로 연구를 하게 하였다. 그래서 유명한 불교학자들이 많이 등장했다. 만일 일본에서 거의 완전히 소멸되다시피 한 불교가 살아남아서 번성하고 있다면 중국에서도 불교가 되살아날 수 있을 것이라고 나는 생각했다.

폐관 중 나에게서 정말 바뀐 것은 내가 사람들에 대해 생각하는 방식이었다. 나는 인류 일반에 대해, 특히 중국에서 불교가 어떻게 타락했는지에 대해 비판하는 것으로 시작했지만, 폐관이 끝나갈 무렵에는 남들을 비판하는 것을 그만두었다. 다른 사람들에게 변화를 촉구하는 것이 효과가 없다는 것을 깨달은 것이다. 자기 자신을 변화시키는 것이 우리가 의지할 수 있는 유일한 방법인 것이다.

폐관의 마지막 2년 동안 나는 일본에 유학 중이던 전직 승려 장만도 張曼濤 거사와 편지를 주고받았다. "산중 생활이 끝나시면 일본에 와서 이곳 상황을 한 번 살펴보시지요." 그가 편지에서 말했다. 그는 일본의 불교 활동과 그곳의 풍요로운 학술적 분위기를 전했다. "그냥 오셔서 마음에 드는지 한 번 보십시오. 여기서 사실 필요는 없습니다."

장만도는 대단한 친구였다. 직업도 없고 돈도 없었지만 부인은 있었다. 어떻든 용케 자기 학비와 생활비를 마련하고 있었다. 왜냐하면 그는 아주 사교적인 사람이었고 친구 사귀기를 좋아했기 때문이다. 그가 만난 사람들 가운데 그를 기꺼이 먹여주고 재워주려는 사람들이 있었다. 그러나 그는 생활이 불안정했기 때문에 박사학위를 마치지 못했다.

내가 마침내 일본으로 유학을 갔을 때, 장만도는 대만에 돌아와 있었다. 그러나 내가 일본으로 가야겠다고 생각하게 된 것은 그의 격려와 정보 때문이었다.

나에게 일본 유학을 가라고 권한 사람은 장만도뿐만이 아니었다.

동초 스님은 폐관 기간 중간에 이런 편지를 보내셨다. "가능한 한 빨리 출관出關해라. 산중에서만 살지 마라. 요즘 젊은이들은 해외로 나가 일본 유학도 한다. 경비는 내가 대 주마."

나는 동초 스님이 일본 유학비를 대주실 수 있다거나 대주실 의향이 있다고는 믿지 않았다. 그래서 나는 정해진 기간을 다 채울 때까지 폐관하겠다고 고집했다. 내가 당신의 속임수에 넘어가지 않은 것은 잘한 일이었다.

폐관이 끝난 뒤 스님께 가서 이렇게 말했다. "스님, 저는 일본에 가야겠습니다. 부디 지원을 좀 해주십시오."

"네가 일본에 가면 학비와 생활비를 지원할 계획을 세운 적이 있지만, 네가 내 말을 들으려 하지 않았지. 이제 그 약속은 취소되었어." 스님이 대답하셨다.

당시 나는 스님이 나에게 폐관을 일찍 끝내라고 한 것은 내가 불교문화관으로 돌아와 거기 일을 해 주기를 바라서였다고 생각했다. 내 사제師弟는 벌써 떠났고 스님 혼자서 해 나가고 계셨다. 그래서 당시에는 내가 스님의 동기를 그렇게 판단했던 것이다. 그러나 나중에 알고 보니 그렇지 않았다. 당신은 일본 문헌들을 공부하고 계셨고, 나중에는 일본에 가서 자료를 수집해 와 『중일불교교통사中日佛敎交通史』라는 책도 쓰셨다. 스님은 일본을 아주 중요시하셨다. 젊었을 때는 일본에서도 사셨고 일본어도 좀 하셨다. 당신이 나의 일본 유학을 바라신 것은 일리가 있었다.

나중에 정작 내가 일본에 가고 싶어 하자 당신이 말씀하셨다. "내가 일본 가라고 할 때는 안 가더니. 네가 가고 싶어해도 지금은 널 도와줄 수 없어." 이것은 스님이 제자들을 훈련시키는 방식에 부합했다. 즉, 우리에게 자립정신을 고취하는 것이었다. 당신은 내가 일본 가는 것을 지지하지 않는다고 말씀하시지는 않았다. 다만 내가 알아서 길을 찾으라는 것이었다.

12 외로운 비판자

내가 폐관을 시작하기 전에 한 노거사가 나를 찾아와서 말했다. "스님은 어떤 스님이 되고 싶습니까?" 사람들은 내가 폐관하여 부지런히 정진할 것이라고 생각했기 때문에, 나중에 어떤 스님이 되어 나올지 궁금했던 것이다. 그들은 마치 한 점의 도자기가 가마에서 구워진 뒤에 어떻게 되어 나올지 알고 싶어하는 것 같았다.

대다수 아시아인들에게 혼자 산다는 것은 가혹한 일이다. 아시아의 형벌 제도에서 독방 감금은 사형보다도 더한 최악의 형벌이다. 오랜 폐관을 견뎌내는 승려들은 당연히 도를 이룬 사람으로 여겨지고, 비범한 사람으로 존경받고 그렇게 간주된다.

그러나 정말 도를 이루었는지 여부는 그들이 폐관 중에 실제로 무엇을 했느냐에 달려 있다. 어떤 사람들은 자신의 인생을 어떻게 살아야 할지 몰라서 승려가 된다. 그들은 승단에 들어간 뒤에도 여전히 확신이 없고, 그래서 폐관에 들어가기로 결심하고 자신을 뒷바라지해 줄 시주자들을 찾는다. 나는 몇몇 관방關房(폐관하는 방)들의 문에 수백 개의 자물쇠가 달려 있는 것을 본 적이 있다. 이 자물쇠 하나는 한 명의 시주자를 의미했다. 이 승려들은 시주자들의 가족을 위해 독경하면서 하루 종일을 보냈다. 다른 사람들을 위해 3년 동안 독경해 봐야 자신은 별 진보가 없을 것이다. 그것은 가여운 일이다. 3년 동안 혼자서 보낸다는 것도 대단한 일이기는 하지만 말이다.

폐관은 나를 한 점의 도자기처럼 단단히 구워진 확정적인 존재로 만들지 않았다. 나는 자신을 한 사람의 법사法師(교학을 가르치는 스승), 선사禪師 또는 율사律師(계율을 가르치는 스승)로 규정하지 않았고, 네 분의 중국 큰스님 중 어느 한 스님처럼 되려고 하지도 않았다. 내가 승려들의 자질 향상과 사찰의 재산소유 변경을 주장한 개혁가였던 태허太虛 스님처럼 될 것인가? 유교적 사상가였고 재가자들의 수행을 권장했던 인광仁光 스님(1861~1940) 같은 사람이 되려고 노력할 것인가? 아니면 전직 예술가였고 나중에는 계율을 엄수하고 자신의 가르침을 아름다운 서체로 써낸 홍일弘一 스님(1880~1942)처럼 되려고 애쓸 것인가? 나는 또한 허운虛雲 스님(1840~1959)과 같이 되려고 노력할 수도 있었다. 허운 스님은 열 몇 군데의 사찰을 재건하는 데 전념했고, 공산주의자들로부터 전복분자顚覆分子로 의심 받아 학대를 당했다. 몇 차례나 구타당해 돌아가실 뻔하기도 했지만 이에 굴하지 않고 기적적으로 소생하셨다.

이 큰스님들은 내가 폐관하기 전에 모두 돌아가셨고, 내가 그분들을 본받기는 불가능하다고 느꼈다. 대신 나는 석가모니 부처님을 본받기 위해 최선을 다하기로 했다. 폐관 중에 나는, 부처님과 매일 살아 있는 관계를 경험하는 것이 어떤 것인지 알게 되었다. 나는 자신이 부처님에게서 계속 배우고 싶어한다는 것을 알았지만, 내가 어느 방향으로 가게 될지는 몰랐다. 내가 어떤 사람이 되고 어떤 일을 하게 되느냐는 미래에 성숙할 인연들에 달려 있었다. 많은 사람들은 얼마만큼의 돈을 벌겠다든가 몇 권의 책을 쓰겠다는 등의 목표를 스스로 설정하려고 애쓴다. 이런 유의 목표들은 신뢰할 수 없다. 장래에 우리의 건강과 우리가 사는 환경이 우리가 실제로 성취할 수 있는 것에 영향을 줄 것이다.

내가 알던 한 젊은 스님은 훌륭한 작가였고 아주 똑똑했다. 그는 소설을 출간하여 상도 받았고 정치 평론도 썼다. 많은 사람들은 그가 큰 명성을 얻을 것이라고 생각했다. 그러나 그의 걸망 속에는 여자들의 사진이 가득했다.

"왜 그렇게 많은 여자 사진을 가지고 있습니까?" 내가 물었다.

"이 여자들이 계속 자기들 사진을 주지 뭡니까. 매정하게 거절할 수 없었고, 그래서 가지고 있습니다." 그가 말했다.

이 스님은 태허 스님의 업적을 능가하겠다고 스스로 다짐한 사람이었다. 그렇지만 결국 자신의 서원을 포기하고 환속했다. 왜냐하면 너무 많은 여자가 그에게 끌렸기 때문이다. 내가 생각하기에 이 사례의 교훈은, 우리가 장차 무엇이 되겠다고 떠벌려서는 안 된다는 것이다. 그보다는 바로 지금 우리가 누구인지를 분명히 알아야 한다.

내가 출관했을 때 대만은 문화적 · 지적으로 사막이나 다름없었다.

섬 전체에 신문이라고는 두 가지뿐인데 둘 다 정부가 통제하고 있었고, 문학잡지는 몇 개밖에 되지 않았다. 서점도 드물었다. 출판도 아주 적게 이루어져 작가들은 생계를 유지하기가 어려웠다. 학교에서 예술을 가르치기는 했지만, 예술을 감상할 시간이 있고 거기에 돈을 쓸 수 있는 사람은 아주 적었다. 직업적인 미술가, 음악가, 무용가는 거의 없었다. 남은 거라고는 라디오에서 흘러나오는 스포츠뿐이었다. 그 스포츠 팀들은 민간인 팀이 아니라 군인 팀이었다. 왜냐하면 민간인들은 먹고살기에도 빠듯했기 때문이다. 그러니 그들이 어떻게 스포츠 경기를 벌일 수 있겠는가? 문화생활이 조금이라도 이루어지는 곳은 군대였다. 지루해진 군인들이 연극을 공연하곤 했다. 홍콩에서 영화배우 두 명이 대만을 방문했을 때는 섬 전체가 열광했다.

또한 승려들에 대한 상당한 차별이 있었다. 나는 책도 꽤 많이 읽었고 인기 있는 잡지와 신문에 글도 여러 편 실은 사람이었지만 대학에 들어갈 수가 없었다. 사람들은 스님들이 고등교육을 받을 만큼 무엇을 많이 알지 못한다고 믿었다. 대만의 지식인, 교육자, 정부 고위 관리들은 누구나 불교가 배우지 못한 이들, 사회의 하위계층 사람들이나 신봉하는 것이라고 보았다. 그래서 불교도들은 통상 민속신앙의 관습도 따랐고, 여러 신과 민속 영웅들을 숭배했다. 영험 있는 신령들을 모시기 위해 사원을 짓기도 했고, 이런 사원들에는 불상과 도교의 상들이 같이 모셔졌다. 중국인들, 특히 상류계층 사람들은 별로 종교적이지 않다. 서양에서 교육받은 부자들은 더러 개신교도이거나 가톨릭 신자였다. 그들은 소수이기는 했지만 정부 고위 관리들이나 기타

지식인들과 연줄이 있어 상당히 영향력이 있었다. 불교도들은 그런 연줄이 전혀 없었다.

사실 지적인 불교도들도 많이 있었다. 일본에서 교육받고 불자가 된 토착 대만인들은 고위직에 진출하는 데 어려움을 겪었다. 왜냐하면 그들은 주로 일본어를 했고, 대만의 고위 관리 대다수는 중국 본토에서 건너온 국민당원들로서 표준 중국어를 썼기 때문이다.

나는 여기저기 다니며 가르쳤다. 어디든 그렇게 할 수 있는 곳이면 수업도 하고 강연도 했다. 나는 가오슝과 타이베이의 불교학원에서 가르쳤다. 「인도불교사」, 「비교종교학」, 「계율학강요」 같은 내 책들은 사실 이런 학원들을 위해서 쓴 것이었다. 수업을 할 때는 강의 자료를 저술하거나 편찬했고, 나중에 그것을 책으로 엮었다. 당시 교과서를 저술하는 사람은 많지 않았다. 이 책들은 매우 인기가 있었다. 나는 계속하여 다른 책도 많이 저술했는데, 역시 교실 강의를 토대로 한 것들이었다. 결국 나는 평생에 걸쳐 중국어와 영어로 된 책을 백 권 이상 출판하기에 이르렀다.

나는 이런 학원들에서 가르치다가 또 다른 곳에도 가서 가르쳤다. 그리고 학생들과 격식 없는 대화를 나누었다. 그들에게 좌선도 가르치고, 만나서 차도 마셨다. 선배 교수들은 그런 스스럼없는 어울림을 좋게 보지 않았다. 그들은 학생들과 격의 없이 이야기하는 것이 예법이 아니라고 생각했다. 내가 불학원 학인일 때 우리 선생님들은 우리와 먼 거리를 유지하셨다. 우리는 정말 무서워서 그분들께 말을 걸지 못했고, 상당한 이유 없이는 그분들께 다가가지 않았다.

나는 다른 면에서도 입에 오르내리는 인물이었다. 나는 군에 있을 때부터 글을 써서 발표했기 때문에 대만의 좁은 불교권에서는 잘 알려진 사람이었다. 그리고 남들을 비판하는 사람으로 이름나 있었다. 내가 예측 불가능한 사람이었기에 사람들은 나를 두려워했다. 다음에는 내가 무엇을 써 낼지 아무도 몰랐기 때문이다. 그들이 내가 그들보다 더 강해질 것을 두려워한 것은 아니었다. 내가 사람들을 글로써 질책한다는 평판이 나 있었기 때문에 두려워한 것이다. 그러나 나는 악의로 비판하지 않았다. 새로운 관념을 이해시키고 싶어서였다.

나는 불교를 현대화하여, 불법이 일상생활에서 유용한 것이 되게 해야 한다고 주장했다. 나를 비판하는 사람들은 내가 현대적 용어를 사용하여 불법을 설명하는 것을 싫어했다. 예를 들어, 나는 출가인이 중매쟁이가 되어서는 안 되지만 불법을 활용하여 신혼부부를 축복해 주어야 한다고 주장했다. 나는 젊은이들이 절에서 결혼식 올리는 것을 허용하여 그들이 가정생활에서 불법을 활용하는 법을 배울 수 있게 해야 한다고 생각했다. 많은 사람들이 나를 나무랐다. 그들은 이렇게 말했다. "사찰은 청정한 곳이다. 그런 데에 여자들을 들이면 안 된다. 어떻게 절에서 사람들을 결혼시킬 수 있는가?" 요즘도 많은 사람들은 여전히 그렇게 생각한다. 내가 남들을 하도 비판했기 때문에, 나는 남들이 나를 비판하는 것도 온당하다고 느꼈다. '이것은 정당한 과보다.' 사람들이 나에 대해 무슨 말을 한다는 것을 알게 될 때마다 나는 이렇게 생각했다. 사람들은 교실에서나 출판된 글에서 나를 비판했지만, 면전에서 나를 비판한 사람은 없었다.

사람들이 나를 지목한 또 하나의 이유는 내가 어느 특정한 불교 종파를 따르지 않았기 때문이다. 당시 대만 불교권은 아주 작아서 약 백 명 정도의 사람들로 이루어져 있었고, 단체들은 뚜렷이 구분되거나 조직화되어 있지 않았다. 그들은 사교 집단의 색채가 강했고, 구성원들이 본토 출신이냐 토착 대만인이냐에 따라 조직된 경우가 많았다. 나도 그 그룹들에 끼어들고 그들의 행사에 참석하곤 했지만 그들과 교제하지는 않았고, 어느 한 그룹을 더 선호하지도 않았다. 심지어 내 스승님의 그룹에도 가담하지 않았다. 나는 사교하는 것을 좋아하지 않았기 때문이다. 나는 외톨이였다. 사교 모임에 초청받으면 나는 늘 이렇게 말하곤 했다. "저는 그럴 시간이 없습니다."

그런 데 참석하지 않은 이유는 시간뿐만이 아니었다. 폐관 수행으로 나는 좀 달라져 있었다. 내게는 사교 모임보다도 내 수행과 부처님과의 관계가 더 중요했다. 나는 또 내 주위의 대상들에 대한 감지도가 더 발달해 있다는 것을 알았다. 직관력이 강해진 것이다. 어떤 사람이 나에 대해 이야기할 때는 내가 그것을 감지했던 것 같다. 또 사전 약속이 없었어도 누가 나를 찾아오고 있을 때 그것을 알았다. 그 사람이 오고 있다는 것을 감지하거나, 아니면 그 사람에 대해 두세 번 생각하는 것이었다. 그러면 그 사람이 나타나곤 했다. 왜 왔느냐고 물으면 이렇게 말하는 것이었다. "글쎄요, 그냥 찾아뵙고 싶었습니다." 혹은 "꿈에서 스님을 뵈었습니다. 그래서 뵈러 오고 싶었습니다." 나는 동초 스님이 내가 폐관을 끝내고 나오기를 바라실 때 그것을 감지했는데, 이틀 뒤 이제 그만 나올 때가 되었다는 당신의 편지를 받았다. 훗날 당신이 돌아가시던 순간도 감지했다. 내가 수천 킬로미터 떨어진 미국에 살고 있을 때였는데도 그랬다.

이런 수준의 직관력을 가진 사람은 나뿐만이 아니다. 아이들도 때로는 엄마가 자기를 생각하고 있다고 느끼면 집에 전화를 한다. 하지만 수행자들은 이런 수준의 직관력을 계발할 가능성이 더 크다. 나는 신통력을 이야기하는 것이 아니다. 신통력을 가진 사람들은 자신이 보거나 듣고 싶은 것을 뭐든지 보고 들을 수 있다. 선종의 전통은 신통력을 추구하지 않는다. 수행 과정에서 신통력을 얻은 선사들은 그에 대해 말하지 않고, 남들에게 그런 능력을 닦으라고 권하지도 않는다. 신통력은 유용하게 보일지 모르지만, 설사 우리가 남이 모르는 것을 안다 한들 그들의 삶을 실제로 향상시켜 줄 수 있겠는가?

우주의 균형을 유지하기 위하여 많은 요인들이 작용한다. 설사 신통력을 이용하여 어떤 좋지 않은 일이 일어나는 것을 막는다 해도, 그것은 일어날 수밖에 없는 일을 좀 늦추는 것에 불과하다. 그 인因과 연緣이 결국은 다른 어떤 형태로 일어나게 될 것이다.

불교의 원칙은 아주 엄격하여, 출가인들이 신통력을 드러내거나 사용하는 것을 금한다. 나 자신도 그러한 능력을 원치 않으며, 그런 능력을 느껴도 거기에 전혀 주의를 기울이지 않는다. 예를 들어 가끔 어떤 곳에 토지신이 있다거나, 큰 나무 밑이나 묘지 혹은 그늘진 어두운 곳에 귀신들이 살고 있다는 것을 느끼기도 하지만, 나는 그들에 대해 걱정하지 않는다. 만일 내가 그들에 대해 생각한다면 불필요한 번

거로움을 자초하는 셈이 될 것이다. 사람들은 집안이 편치 않으면 내가 '퇴마사'가 되어 자기네 집에 귀신이 살고 있는지 살펴봐 주기를 기대할지 모르나, 나는 그런 역할에 아무 관심이 없다.

13 일본에서 공부하다

1969년, 마흔 되던 해에 나는 일본으로 건너가 릿쇼대학立正大學에서 불교문헌학 박사과정을 밟았다. 대학에서는 불교 심포지엄과 회의에도 참석했는데, 그 중의 어떤 것은 국제적인 성격의 것이었다. 나는 세계 각지에서 온 유명한 불교학자들의 이야기를 경청했다.

대학 바깥에도 활발한 지적 분위기가 있었다. 일본인들은 일반적으로 다른 종교들에 대해 관심도 있었고 많이 알았다. 신문 잡지들은 종교 활동에 대한 기사들을 실었다. 일본의 공영방송 NHK는 종교 단체들의 활동과 종교 심포지엄을 방송하기 위한 시간대를 따로 편성했다. 대만에서는 신자들이라 해도 종교적 문제에 관해서는 아무런 교육도 받지 못했다.

일본은 서양문화를 받아들인 최초의 아시아 국가였다. 유럽에서 새로운 책이 나올 때마다 일본어로 번역되었고, 신기술이 나오면 일본인들은 그것을 재빨리 습득했다. 나는 일본에서 호흡하는 공기가 세계의 공기라고 느꼈다.

일본 사람들은 다른 아시아 나라에서 온 관광객과 유학생들에게 친절했다. 중국인들처럼 외지인을 괴롭히지 않았다. 한 번은 내가 도쿄에서 길을 잃었을 때 길가에 있던 한 건설 노동자에게 방향을 물었다. 그는 내가 자기 말을 알아듣지 못한다고 생각하고 나를 버스 정류소로 데려가서 표를 살 수 있게 도와준 뒤 자기 일터로 돌아갔다. 또 한 번은 어떤 사람이 나를 위해 표까지 사주었다.

일본은 너무나 달랐다. 내가 방문한 가정마다 깔끔하고 깨끗했고, 슈퍼마켓들도 모든 것이 선반에 가지런히 정리되어 있었다. 이에 비하면 대만의 시장들은 더럽고 혼란스러웠다. 일본 요리도 대만 음식보다 기름기가 훨씬 적어 나에게는 더 맞았다.

일본의 문화적 · 지적 삶은 활력이 있었다. 사람들은 지하철과 버스에서 늘 독서를 했다. 공장 근로자나 소상공인과 같은 보통 사람들도 지식이 풍부한 것 같았다. 도서관과 박물관들도 훌륭했다. 박물관에는 본토나 대만에서 더 이상 볼 수 없는 중국 미술품들이 있었다. 중국 미술을 공부하려는 사람들은 일본으로 와야 했다.

일본은 대만에서 상상도 할 수 없을 정도로 민주주의가 살아 있었다. 사람들은 정치 만평에서 정치인과 정부를 비판했는데, 어떤 때는 혹독하게 비판했다. 그러나 결코 천황을 비판하지는 않았다. 또한 일년에 두 번, 봄가을로 학생과 노동자들이 거리에서 시위를 벌이며 교통을 차단하곤 했다. 그들은 이마에 머리띠를 동여맸고, 얼굴은 마스크로 가려 눈만 나오게 하고 있었다. 그것은 시위 참가로 인해 학교나 직장에서 쫓겨날까 두려워 자신의 신원을 보호하기 위해서였다. 노동자들은 소수집단의 권리 보호를 위해서나 정부의 어떤 정책에 반대하기 위해 시위를 벌였다. 이런 시위는 상당히 격렬할 수도 있었고, 경찰의 진압이 더러 폭력으로 이어지기도 했다. 그러나 일본 사회가 이런 시위로 인해 혼란에 빠지지는 않았다. 그런 시위는 살아 있는 민주주의의 일부로서 유용해 보였다.

일본의 전통 종교는 중국에서 들어와 일본문화에 영향을 준 많은 관념과 의식儀式들을 포함하고 있었다. 두 가지 현저한 예는 정토진종淨土眞宗과 일련정종日蓮正宗인데, 둘 다 일본식 불교 종파이다. 이 종파들은 대만에서 보던 불교와는 달랐다. 대만불교는 명·청대에 발전되어 나온 산물이었고, 중국 본토불교는 명나라 이전의 불교에 뿌리를 두고 있었다. 내가 보건대 일본에는 고대 중국에서부터 현대에 이르기까지의 불교 행법이 모두 있었다. 예를 들어 나라와 교토의 사찰들은 당나라 때 확립된 전통을 따르고 있었고, 도쿄에서 가까운 가마쿠라鎌倉의 사찰들은 원나라 때의 전통을 따르고 있었다.

새로운 불교 종파들도 있었다. 창가학회創價學會, 입정교성회立正佼成會, 영우회靈友會 그리고 재가자들이 운영하는 작은 조직들이 많이 있었다. 이런 종파들은 불교의 가르침을 현대사회에 접목시킬 것을 주장했다. 그들은 청년단체, 여성단체 기타 연령별 단체들을 운영했고, 그 회원들을 위해 특별 활동을 벌였다. 전통 불교는 그런 것을 하지 않았다. 이 신흥 종파들은 기독교인들처럼 가가호호 방문하여 사람들을 가입시키려고 애썼다.

나는 일본의 여러 종파와 함께 수행하는 것을 즐겼다. 나는 모든 것에 호기심이 있었다. 선종 사찰에서 하는 '섭심攝心'(일본식 선칠)에도 몇 번 참가했다. 일련종日蓮宗의 수련회에도 참가하여 '나무 묘호렌게쿄南無妙法蓮華經'('묘법연화경에 귀의합니다')를 창송하기도 했다. 티베트불교 수련회에도 참여했고, 다른 신흥 불교단체들의 모임에도 가 보았다. 어디를 가나 사람들은 내가 자기네 단체에 가입해야 한다고 생각했다. 내가 그들의 수행법을 워낙 쉽게 익혔기 때문이다. 그러나 마지막에는 역시 선禪을 택했다. 다른 수행법은 나에게 필요 없었다. 나는 어느 선찰의 주지이셨던 반데츠규伴鐵牛 선사*를 특별한 감사의 마음으로 기억한다. 그분은 엄격한 선 가풍으로 유명했다. 나는 도호쿠東北 지방에서 그분이 이끄는 겨울 안거에 몇 번 참가했다. 겨울의 그 절은 몹시 추웠고, 당신은 나를 특히 힘들게 했다. 스님은 보조자들을 시켜 계속 나를 때리도록 명했다. 그 선 수행에 참가한 사람들 가운데 내가 단연 교육을 가장 많이 받은 사람이었다. "자네 같은 학자들은 이기적인 집착과 번뇌가 많아. 자네는 업장이 두터워." 당신은 곧잘 그렇게 말씀하셨다.

나는 일본에 불교 수행방법이 너무 많은 데 놀랐다. 어떤 곳에서 하는 섭심은 상당히 엄격했다. 그러나 나중에는 그 스승을 제외한 모든 사람이 돈을 갹출하여 술을 사왔다. 힘들게 정진하고 나서 이완하기 위해서였다! 나는 참가자 중 한 명인 어느 스님에게 물었다.

---

* 일본 조동종 선사(1910~1996). 일본의 여러 종파와 수행단체를 섭렵한 성엄 스님은 마지막으로 이 선사 밑에서 수행하고 그의 인가를 받았다.

"섭심을 하고 나서 왜 술을 마십니까?"

"섭심 중에 깨닫지 못해서요. 게다가 이건 술이 아닙니다. 우리는 반야탕般若湯이라고 부릅니다. 이것을 마시고 나면 제가 깨달을지도 모르지요!" 그가 대답했다.

"술을 마시면 실은 우리가 무지해집니다. 그것이 스님을 깨닫게 해 주지는 않을 겁니다." 내가 말했다.

그는 나를 비웃었다. "스님이 어떻게 압니까? 스님은 술도 안 마시면서, 어떻게 남자라고 할 수 있습니까?"

아주 추운 어느 겨울, 릿쇼대학의 한 급우가 일련종의 큰 사찰로 나를 데려가 선 수행에 참가시켰다. 나를 맞이한 사람들은 우리가 무엇을 하게 될지 잘 보라고 말했다. 아침식사가 끝난 뒤 그들은 피부가 빨갛게 될 때까지 타월로 몸을 문질렀다. 그런 다음 우물에서 길은 찬물을 뒤집어썼다. 그들은 숨을 헐떡이며 "어! 어! 어!" 하고 소리를 질러댔다. 그들의 몸에서 수증기가 피어올랐다. 나 자신은 그런 수행을 할 수 없다는 것을 알고 있었다. 나는 속으로 생각했다. '이건 석가모니 부처님이 가르친 방법이 아니다!' 내 건강 상태로는 옷을 벗고 찬물을 뒤집어쓰면 감기에 걸릴 것이 분명했다. 그렇지만 재가자들을 위한 별도의 객실에 머무르며 조석예불에 참여하고 거기서 며칠간 살기는 했다. 내가 수행을 위해 이런 선종 사찰을 방문했을 때 그들은 나를 스님으로 여기지 않았다.

나는 한 티베트불교 단체에서 1주일에 한 번씩 오전 8시부터 오후

5시까지 정진한 적이 있었다. 이때 아주 강렬한 체험을 했다. 이 단체는 아주 열심히 수행했는데, 수행법으로 관상觀想을 강조했다. 내가 깊이 집중하자 자아의식이 사라졌다. 나는 나도 모르는 언어로 말을 하기 시작했다. 참가자들은 내가 산스크리트를 말하고 있다고 했다.

"산스크리트가 이런 겁니까?" 내가 물었다. 왜냐하면 내가 하던 말이 산스크리트처럼 들리지 않는다고 생각했기 때문이다.

"산스크리트 발음에는 여러 가지 방식이 있지요. 당신은 산스크리트 진언을 창송하고 있습니다." 그들이 말했다.

나는 이것이 이상한 체험이라고 생각하지 않기로 했다. 이상하다고 생각하면 내가 그것을 배척하는 것이 된다는 것을 알았기 때문이다. 그래서 그 진언들이 자연스럽게 나오게 내버려두었다. 매번 수행에 참가할 때마다 다른 진언들이 나온다는 것을 알았다. 어떤 때는 우리가 수인手印(mudras)—손으로 일정한 모양을 짓는 것—을 수련했다. 관음보살 수인이나 문수보살 수인 같은 것이었는데, 어떤 때는 진언을 하기도 했다. 그 진언들은 자주 바뀌었다. 왜냐하면 그것이 내 의식이나 의지에서 나오는 것이 아니었기 때문이다. 보통 수인이 먼저 나온 다음 진언이 내 입에서 흘러나왔다.

많은 사람들이 그 단체의 관상법으로 오랫동안 수행했지만 나와 같은 체험을 한 사람은 없었다. 그래서 그 단체 참가자들은 내가 그들의 단체에 가입하여 자기네 종파를 선전해야 한다고 생각했다. 그들의 승려 한 사람이 나를 규슈九州에 있는 자신의 절로 데려갔다. 내가 살던 도쿄에서는 아주 먼 곳이었다. 그곳에서 며칠간 머물렀다. 그의 아버지, 어머니, 여자친구는 모두 나에게 잘해 주었다. 그 승려는 자기 단체의 삶에 대해 많은 이야기를 해 주었다. 그는 내가 그들에게 가담하여 대만에서 그 단체의 가르침을 전파해 주기를 바랐다. 내가 일본을 떠날 때 그는 장삼 가사를 한 벌 주었다. 나는 그의 단체에 가입하는 데는 흥미가 없었지만, 그가 준 장삼 가사는 아직도 소중히 보관하고 있다.

내가 여러 단체에서 수행하고 있다는 말이 대만에까지 전해졌다. 예전 도반들은 내가 어떤 삿된 길을 따르고 있다고 몹시 걱정했다. 그러나 나는 그렇지 않다는 것을 아주 분명하게 인식하고 있었다.

일본에서 6년을 보낸 뒤 나는 박사학위를 마쳤다. 내가 쓴 박사 논문은 16세기 중국의 우익지욱蕅益智旭(1599~1655) 대사에 관한 것이었다. 그는 나에게 큰 영향을 주었다. 그 시대의 선사들은 대개 기변機辯에 능해 많은 공안과 모순적 언사를 구사했다("한 손으로 박수치는 소리는 어떤 것인가?"는 유명한 공안이다). 지욱 스님은 그들이 불법의 수행과 이해가 부족하다고 준엄하게 비판했다. 그는 불교의 교학敎學 연구와 담론을 강조했다. 만일 선사가 교학을 모르면 불법의 가르침을 모르는 것이고, 불법을 남들에게 가르칠 수 없다고 본 것이다. 마찬가지로, 만일 선사들이 계율을 모르고 계율을 지키지 않는다면 진정한 선사가 될 수 없다. 왜냐하면 그들은 수행자답게 살지 않기 때문이다.

지욱 스님은 또한 교학을 하는 사람들은 반드시 선禪 수행을 하고 계율을 지켜야 한다고 생각했다. 수행을 하지 않으면 마음을 조복 받고 번뇌를 해소할 수 없기 때문이다. 나는 그의 영향을 많이 받기는 했으나, 나 자신을 선사나 율사 또는 논사論師로 보지는 않았다. 나는 한 사람의 승려일 뿐이었다. 나는 내 삶의 인연에 따라, 내가 되어야 할 그런 존재가 되었다.

14 서양으로 진출하다

내가 폐관하고 있을 당시 캐나다 토론토의 중국 교민인 첨려오詹勵吾라는 사람이 편지를 보내왔다. 그는 내가 하고 있는 일을 정말 존경한다고 하면서, 나를 찾아와 산중에서 차를 한 잔 마셔도 되겠느냐고 물었다.

나는 그가 어떤 의미로 그런 말을 하는지 몰랐지만 이런 답장을 보냈다. "산에 오시는 것을 환영합니다. 여기 차는 좀 맛이 없을지 모릅니다. 맛이 없어도 괜찮다면 오셔도 좋습니다."

"스님의 차를 이미 마셨습니다. 고맙습니다."라는 답장이 왔다. 그것은 조주趙州 선사의 차 마시기 공안을 이야기한 것이다. 사람들이 법에 대해 묻자 조주 선사는 "차나 마시게"라고 대답했다.

사람들은 이 말씀에 깊은 의미가 있다고 생각했다. 그러나 거기에 신비하거나 오묘한 것은 전혀 없다. 선은 일상생활에 대한 것이며, 매 순간 우리가 필요로 하는 것에 반응한다. 산중에 사람들이 찾아오면 먼 길을 오느라고 목이 마르기 때문에 그 갈증을 덜도록 차를 마시라고 하는 것이다. 그 말씀은 전혀 특별한 것이 없다. 그냥 어떤 필요를 충족시키는 것뿐이다.

나중에 내가 일본에서 박사학위 논문을 출판하기 위해 수정하고 있을 때 첨려오가 다시 편지를 보내왔다. 그는 내가 학위를 마치면 무엇을 할 계획이냐고 물었다. 그리고 캐나다에 한 번 오라고 했다. 그는 내가 나이아가라 폭포 근처 80에이커의 땅에 절을 하나 짓기를 바랐다. 그리고 나를 위해 토론토대학교의 빅토리아 칼리지에 교수 자리를 하나 마련해 놓겠다고 했다. 이것은 엄청난 기회였다. 나는 아주 흥분하여 그의 초청을 받아들였다.

미국불교회美國佛敎會의 공동창립자인 심가정沈家楨 거사가 나의 미국 비자 신청을 도와주었다. 그는 상하이 출신의 은행가로 홍콩에서 무역회사를 경영했다. 1950년대에 미국으로 이주하여 해운업을 시작했고 사업은 아주 번창했다. 그는 홍콩에 있을 때 불교에 관심을 가지기 시작하여 불교학 연구와 여러 프로그램에 큰 후원자가 되었다. 일본에서의 내 학업도 도와주었고,* 당시 우리는 자주 편지를 주고받았다. 그는 내 공부를 지원하는 사람이라고 해서 결코 그것을 이용해 영향력을 행사하지 않았다. 진지한 관심과 자비심을 보일 뿐이었다.

내가 토론토에서 강의를 맡을 계획이라는 것을 심 거사에게 알리자 그는 나에게 미국 비자를 신청하여 미국으로 오라고 했다. 그러면 캐

---

* 스님은 특히 박사과정을 밟을 때 경제적으로 많은 곤란을 겪었는데, 심가정(1914~2007) 거사가 스님을 많이 지원해 주었다.

나다에 입국하기가 쉬울 거라는 것이었다. 그러면서 신청서 양식을 보내주었다. 그 당시 종교인은 비자를 얻기 쉬웠고, 내 신청은 이내 승인되었다. 박사 논문을 출판한 뒤 나는 미국으로 떠났다.

나는 1975년 12월 뉴욕에 도착했고, 이듬해 5월까지는 토론토에 가지 않았다. 첨 거사는 내가 빨리 오지 않는 것을 언짢아했다. 그가 나에게 실망한 첫 번째 경우였다. 그 후 그는 내가 영어가 짧다는 것을 알게 되었다. 박사학위를 가진 사람이라면 영어를 잘할 거라고 생각했던 것이다. 그는 빅토리아 칼리지에서 내 중국어 강의를 영어로 통역할 사람을 구해야 할 거라는 것을 알았다.

나도 실망했다. 나는 그가 편지에서 말했던 80에이커 중 5에이커만 절 부지로 사용할 계획이었다는 것을 알게 되었다. 절을 짓고 난 뒤 나머지 땅은 아파트 부지로 남겨둘 것이었다. 그 절을 주로 하나의 관광지로 만들 생각이었던 것이다.

"그 절을 지을 돈은 어디서 나옵니까?" 내가 물었다.

"스님이 그 돈을 마련하셔야 할 겁니다." 그가 말했다.

"저는 돈도 없고 신도도 없습니다."

"돈도 없고 신도도 없이 어떻게 여기 오실 생각을 하셨습니까!" 그가 대답했다.

나는 그 말에 뭐라고 대답해야 할지 몰랐다. 그는 필시 내가 허운 스님처럼 어디를 가나 후원하는 사람들이 있을 거라고 생각했던 것이다. 나는 그를 실망시킨 셈이어서 부끄러움을 느꼈다. 나중에 나는 한 거사에게 내가 속았다고 말했다.

"스님은 출가인이신데 왜 그걸 놓아버리지 못하십니까?" 그가 말했다.

그 말이 옳았다. 그 거사는 나에게 불법을 가르쳐 준 것이다.

나는 실수를 했지만 후회할 필요는 없었다. 같은 실수를 다시 하지는 말아야 한다는 교훈을 얻었으니 말이다.

빅토리아 칼리지에서 한 나의 첫 강의는 중국불교와 일본불교의 유사점과 차이점에 관한 것이었다. 이 주제는 캐나다 학자들과 학생들의 관심을 끌지 못하는 것 같았다. 아시아 종교를 연구한 단 한 사람이 흥미를 가졌고, 그가 사람들에게 이 강의를 들으라고 권했다.

심 거사가 유엔에서 일하는 중국인 통역사를 물색했다. 그는 영어가 탁월했지만 불교에 대해서는 그다지 아는 것이 없었다. 내가 말하는 중국과 일본의 인명과 지명들이 그에게는 생소했다. 청중은 혼란스러워했다. 그들 대다수는 교수진 아니면 아시아학에 관심이 있는 학생들이었기 때문에, 통역자가 오역한다는 것을 알았다.

"미리 강의록을 저에게 주셨어야지요." 강의가 끝난 뒤에 통역자가 화를 내며 말했다.

"당신은 유엔에서 일하는 동시통역사 아닙니까?" 내가 물었다.

"유엔에서는 저의 전문분야만 동시통역을 합니다. 다른 주제에 관해 통역할 때는 미리 준비할 수 있어야 합니다."

캐나다에서 나는 실패에 실패를 거듭했다. 결국 그 대학에 교수로 머무르기가 불가능하다는 것을 깨달았다. 나는 빅토리아 칼리지에서 한 번 더 강의한 뒤 그곳을 떠났다. 전체 계획이 어그러졌다. 세미나 시리즈도, 첨 씨의 땅에 절을 짓는다는 계획도, 그 프로젝트에 대한 지원을 얻어내려던 그의 모든 노력도 무산되었다. 나는 현실을 직시해야 한다고 느꼈다. 실패는 실패인 것이다. 캐나다까지 오는 데는 나 역시 용기가 필요했지만, 성공을 위한 조건들이 갖추어지지 않았기 때문에 실패했다고 보는 것이 옳았다. 나는 너무 순진했고, 매사를 미리 철저히 생각해 보지 못했다. 배짱만으로 될 일이 아니었다. 그러나 나는 첨 씨가 나에게 기회를 준 데 대해 고맙게 생각한다. 만일 내가 그 초청을 받아들이지 않았다면 심 거사가 나를 미국으로 초청하지 않았을지도 모른다.

나는 심 거사의 초청을 받아들여 뉴욕 브롱크스의 대각사大覺寺에 살기로 했다. 나는 아직 비자가 있었고, 미국에 재입국할 수 있었다. 그렇지 않으면 일본으로 돌아가서 가르쳐야 했다. 대만으로 돌아가고 싶지는 않았다. 대만에서 나는 운수승雲水僧(여기저기 떠도는 승려), 그것도 논란을 일으키는 운수승이라는 평판을 얻고 있었다. 내가 일본으로 유학을 떠나자 대만의 절들은 내가 돌아오는 것을 원치 않았다. 그들은 대만 불교권의 현실에 만족하고 있었다.

나는 뉴욕으로 옮겨갈 계획을 세우면서, 내가 하고 싶은 일은 평생을 바쳐 선불교를 가르치는 일이라는 것을 깨달았다. 이런 결정을 한 이유는, 내가 읽은 것과 미국에 갔다 온 사람들에게서 전해들은 것에 비추어 볼 때 서양의 불교는 일상생활 속에서 활용 가능한 것에 중점을 두고 있다는 것을 알았기 때문이다. 1950년대에 이르러 스즈키 다이세츠鈴木大拙(1870~1966) 박사의 선에 관한 저술과 가르침이 서양에서 큰 영향력이 있었다. 미국인들은 좌선을 지도해 줄 스승들을 원하고 있었지만 불교 법문에는 특별한 관심이 없는 것 같았다. 그래서 나는 선사가 되었다. 왜냐하면 선은 일상생활을 위한 수행을 강조했기 때문이다. 미국에서 내가 쓴 책과 강의한 내용들은 모두 선에 관한 것이었다. 그러나 중국어로 펴낸 책들 속에서는 선이 내가 추구한 많은 주제들 중 하나일 뿐이다. 중국 사회에서는 내가 법사法師, 즉 불교학을 가르치는 스님으로 알려져 있다.

미국에서 선불교를 가르치는 데 전념해야겠다고 결정할 때 나는 고민하지 않았다. 내가 처음 출가한 절도 선종 사찰이었다. 내가 불교 사상의 여러 종파를 연구하기는 했지만, 그것은 늘 선사의 관점에서였다. 그 경론들이 선 수행을 얼마나 도와줄 수 있을지 알고 싶었던 것이다.

선을 모른 채 여러 불교 종파의 이론에 통달한 학자들은 학문적 불교도 이상은 결코 될 수 없고, 영향력도 별로 크지 않다. 왜 그런가? 그들의 마음이 명료하지 않을 것이기 때문이다. 그들은 자아를 놓아 버리지 못할 것이고, 자신의 관점에 계속 집착하게 될 것이다. 그리고 다른 관점을 가진 사람들을 용납할 수 없을 것이다.

선을 아는 이들은 모든 사람을 용납할 수 있다. 그들은 다른 사람들을 볼 때 그들을 자기 자신과 다르지 않은 존재로 본다. 그들은 모두를 받아들일 수 있고, 어떤 환경에도 적응할 수 있다. 그들에게는 선이 무엇이라는 교조적 관념이 없다. 그들은 "이것이 선이다. 저것은 선이 아니다."라고 하면서 돌아다닐 수 없다. 선의 전통에는 선을 다른 어떤 것과 분리시키는 것이 전혀 없다. 어떤 불교도들은 '비불교적인 길'이라는 말을 사용하겠지만, 선에는 정말이지 그런 것이 없다. 모든 경계선과 장애가 초월된다. 나는 다른 종교인들이 나와 조금도 다르다고 보지 않는다. 내가 밥을 먹으면 그들도 먹고, 내가 잠을 자면 그들도 잔다. 아무 차이가 없다.

15 고생을 하다

위대한 선사가 되려면 물질적으로 아주 가난한 상태에서 출발하여 열심히 노력해야 한다. 내가 처음 출가한 낭산은 후원자들이 많은 매우 부유한 절이었다. 그러나 그곳의 사미승들은 3년 동안 살림을 살며 훈련을 받았다. 살림꾼이 해야 하는 모든 일을 우리 사미승들이 해야 했다. 집안 청소를 하고, 채소를 가꾸고, 옷과 신발을 기우고, 밥을 해야 했다. 배우지 않아도 되는 일은 애 낳는 것뿐이었다. 그 목적은 우리가 자만심을 버리고, 막일 하는 사람들을 얕보지 않도록 하기 위해서였다. 승려들은 또한 서양 선교사들이 하듯이 신도가 전혀 없는 곳으로 갈 준비가 되어 있어야 했다. 그런 곳에 가면 모든 집안일을 스스로 해 나가는 법을 알아야 할 터였다. 막일은 또한 학인들이 망념이나 분별심 혹은 자아중심적 생각을 버리고 마음을 가라앉히는 데 도움이 되는 방편이다. 만일 우리가 늘 자신의 손익을 따지고, 자기만을 생각한다면 출가인으로서 살기가 어렵다. 마음을 고요히 하지 못하면 괴로움을 겪게 될 것이다. 그러나 평상심을 가지고 있으면 출가인의 삶은 단순하다.

선어록 중에는 승려들이 '고생을 해야' 했던, 즉 힘든 막일을 견뎌 내야 했던 유명한 이야기들이 많다. 9세기 당나라 때의 한 이야기에서는 조과도림鳥窠道林 선사 밑에서 공부하려고 찾아온 젊은 제자가 나온다. 스승은 나무 위에서 살았고, 이 제자는 지상에 살면서 스승에게 물을 길어오고 이것저것 심부름을 했다. 제자는 스승에게서 선을 배워 깨달음을 얻고자 했다. 그러나 스승은 6년 동안 그에게 어떤 불법도 가르쳐 주지 않고 심부름만 시켰다. 제자는 낙심했고, 어느 날 스승에게 그만 떠나겠다고 말했다.

"왜 떠나려고 하느냐?" 스승이 물었다.

"저는 불법을 배우러 왔습니다. 그런데 심부름만 했습니다. 제가 깨닫는 데 필요한 불법은 하나도 배우지 못했습니다. 그래서 다른 선지식을 찾아가서 제가 알아야 할 것을 배우려고 합니다." 제자가 대답했다.

"아, 불법 말인가. 그런 건 여기도 좀 있지." 스승이 말했다. 그는 자신의 승복에서 느슨한 실 한 오라기를 천천히 뽑아내어 바람 속으로 훅 불어 보냈다. 그 순간 제자는 깨달음을 체험했다.

대각사의 운영위원 스님들은 나를 환영할 준비를 하면서 이 이야기의 교훈을 생각한 모양이다. 그분들은 내가 박사학위를 막 끝냈다는 것을 알고 내가 자만심에 가득 차 있고 거만할지 모른다고 걱정했다. 그들은 내가 '고생을 할' 기회를 확실히 주려고 했다.

나는 그런 것이 필요치 않다고 생각했지만, 어쨌든 어릴 때부터 고생하는 훈련을 받아 왔으니 별 문제는 없었다. 아마 그분들은 이 점을 고려하지 못했을 것이다. 내가 대각사에 도착하자 그분들은 나를 법사로 대우하기보다는 보통의 일개 승려로 대우했다. 그리고 나에게 절을 닦아내고 모든 방을 다시 정돈하게 했다. 지하실을 치웠는데 그곳은 쓰레기로 가득했다. 나는 이곳을 교실 겸 도서실로 바꾸어 놓았다. 뒤뜰은 내가 맨손으로 일구어 멋진 채원으로 만들었다.

나는 조력자가 없어 모든 일을 직접 해야 했다. 같이 사는 다른 스님들은 나보다 나이가 많았다. 그분들은 선배들이어서 나를 도와주려고 하지 않았다. 일본에서 한 트럭분의 책이 도착하자 나는 부두에서 절까지 그것을 싣고 와 지하 도서실에 정리해 두었다. 여러 해 폐관을 해 본 뒤로 혼자 알아서 일하는 데는 익숙해져 있었다.

주변 환경은 열악했다. 당시 브롱크스의 그 지역은 낡은 집들과 비어 있는 셋집들이 그득했다. 동네 사람들은 가난한 라틴계 사람들과 유태인들이 섞여 있는 편이었다. 중국인들은 아주 적었다. 그 지역은 공업과 상업이 주된 산업이었다. 대각사는 우체국 창고를 개조한 것으로 심 거사가 매입한 곳이었다. 내가 왔을 때는 잘 방이 하나도 없어 나는 지하실에서 잠을 잤다. 이곳은 창문이 없는 어둡고 습기 찬 곳이었다. 마치 동굴 속에서 사는 것 같았다. 그래서 벽에 구멍을 내어 빛과 공기가 좀 들어오게 했다.

다른 스님들은 형편이 나았다. 그분들은 근처의 임대 아파트에서 살았다. 절 안에서 사는 사람은 나뿐이었다. 나에게는 법문을 해 달라는 말도 없었다. 나는 결정을 내리거나 사람들을 관리하거나 돈 문제를 처리할 아무 권한이 없었다. 나는 절에 살면서 내방객들을 맞이해야 했다. 따지고 보면 수위인 셈이었다.

대각사의 일과는 친숙한 것이었다. 중국 승려는 어디서 살든 일과가 늘 동일하다. 나는 오전 4시나 5시에 일어나 예불을 하고, 조반을 들고, 청소를 했다. 영어 수업이 있으면 학원에 갔고, 수업이 없으면 지하실을 정돈했다. 내방객이 있으면 그들을 맞았다. 피곤하면 쉬었다. 이 절은 큰 조직이 아니었기에 내 일과는 유동적이었다. 점심을 먹고 나면 쉬거나 건물과 대지를 보살폈다. 혼자 있는 때가 많았고, 낮에 참배하러 오는 사람은 아주 적었다. 시간이 나면 좌선도 했다. 저녁 예불은 일찌감치 오후 5시 경에 하고 나서 저녁을 먹었다. 저녁에는 샤워를 하고, 글을 쓰고, 절을 한 뒤에 좌선을 했다. 토요일 오전에는 서양인과 중국인 이민자 학생들로 이루어진 작은 그룹에게 좌선을 가르쳤다. 토요일 오후에는 일요법회 준비를 했는데, 그 법문은 한 선배 스님이 했다. 나는 경내 안팎을 쓸어야 했다.

절에서 사는 스님은 나뿐이었기에 행정 소임 외의 모든 일을 내가 했다. 행정 소임은 일상日常 스님이 맡고 있었고, 그는 영어를 나보다 잘했다. 나는 살림살이 일을 운동이자 일종의 수행으로 여겼다. 번거로울 것이 없었다.

심 거사 덕에 나는 '고생'을 오래 하지 않아도 되었다. 그가 나를 운영위원의 한 사람이자 미국불교회의 부회장으로 지명한 것이다. 그런 다음 그는 나를 대각사 주지로 만들어 주었다. 내가 대각사에 반년도 머무르지 않았을 때였으므로 이것은 아주 특별한 대우였다. 다른 스님들은 이런 대우를 받지 못했을 것이다.

대각사에서는 내가 영어를 잘 못하는 것이 처음에는 문제가 되지 않았다. 내가 왔을 때 신도들은 대개 중국인이었다. 가끔 호기심 있는 서양인들이 들르기는 했으나 그들은 뭘 어떻게 해야 할지 잘 몰랐다. 우리가 모두 중국어를 하고 있으니 그들은 마치 딴 나라에 온 것같이 느꼈다. 서양인이 온 것을 보면 중국인들은 "외국인이 왔다"고 말하곤 했다. 나는 종종 동료 스님들에게 우리가 외국인이고 그들은 토박이임을 상기시켜 주었다.

나는 내심 서양인들과 접촉하고 싶었다. 나는 일본의 내 스승들 중 한 분이었던 반데츠규 선사의 조언을 회상했다. "선은 말로써 가르치는 것이 아니다." 내가 미국에서 언어 장벽에 직면할 것을 걱정하자 그분은 나에게 이렇게 말씀하셨다.

그 조언은 내게 도움이 되었다. 토론토에서는 내가 영어를 못한 것이 상당히 문제가 되었지만 말이다. 뉴욕에서는 선 수행을 가르쳤고, 학자나 학생들이 나에게 강의까지는 기대하지 않았다. 선의 강조점은 사물의 핵심에 직접 다가가는 것이다. 말로써 그렇게 하는 것은 격화소양隔靴搔癢, 즉 신발 위로 가려운 발을 긁는 격이다. 목표는 배우는 이들이 스스로 선을 깨닫도록 인도하는 것이다. 언어 문자를 떠나서 자신의 참된 마음을 깨닫는 것은 그 사람 자신에게 달려 있다.

선종사의 큰 선사인 대주혜해大珠慧海 스님의 한 제자가 선사에게 물었다. "저에게 수행하는 법을 가르쳐 주실 수 있습니까?"

선사가 대답했다. "나는 배고프면 밥 먹고, 피로하면 잔다. 말은 필요 없다."

우리는 선 수행자들에게 많은 비밀이 있고 그들의 행동이 불가사의하다고 생각하면 안 된다. 그들은 그냥 열심히 자신들의 삶을 살 뿐이다. 복잡할 게 없고, 그에 대해 별로 생각하지도 않는다. 누구나 이렇게 살 수 있다.

나는 보리달마가 중국에 왔을 때 중국어를 몰랐을 상황을 생각했다. 또 조주 선사에게 어떤 스님이 이렇게 말했다는 이야기도 떠올렸다. "저는 도무지 갈피를 못 잡겠습니다. 스님께서 저에게 지도를 좀 해주시겠습니까?"

조주 스님이 말했다. "죽은 먹었나?" 학인은 먹었다고 대답했다.

"그러면 가서 발우나 씻게." 조주 스님이 말했다. 학인은 그 순간 깨달음을 얻었다.

그래서 내가 처음 서양인들과 교류할 때도 비슷한 방법을 썼다. 어떤 제자가 도움을 청하면 나는 되물었다. "저녁은 드셨소?"

먹었다고 하면 내가 말했다. "그러면 가서 설거지나 하시오."

나는 이런 식으로 제자들과 종종 잡담을 했다. 특히 통역이 없을 때 그랬다. 나는 불법을 영어로 잘 표현하지 못했기 때문에 매사를 아주 간단하게 처리했다. 어떤 제자가 "이유가 뭡니까?" 하고 물으면 나는 "이유는 없다"고 말하곤 했다. 그들은 이해하는 것 같았다. 한 번은 엘리베이터 안에서 어떤 사람이 물었다. "스님, 참된 실재가 무엇입니까?" 내가 "그런 것은 없습니다"고 하자, 그는 "좋습니다!" 했다.
 내가 표현할 수 있는 것만으로 많은 질문에 답변하기에 충분한 것 같았다. 그러나 심 거사는 내가 영어가 너무 짧은 것에 대해 걱정을 많이 했다. 그는 내가 미국에 있으면서 영어를 배우지 않으면 많이 불편할 거라고 하면서, 자기 돈으로 영어 독선생을 붙여 주었다. 그러나 나는 근 오십의 나이였고, 영어 공부는 어려웠다. 기억력도 젊을 때같이 예리하지 않았다. 비싼 수업료를 내고 3백 시간 이상 배운 뒤 그만두었다. 나는 점점 바빠지고 있었고 수업료가 너무 비싸다고 느꼈다. 심 거사는 내 결정을 존중하여, 그보다 강도가 덜한 주 1회 수업을 주선해 주었다.

 하루는 프랭클린과 피터라는 두 젊은이가 절에 와서 내가 쿵푸를 아느냐고 물었다.
 "알지." 내가 말했다.
 "어떤 것을 아시는데요?" 그들이 물었다.
 "태극권과 소림권을 안다."
 그런 다음, 나는 영화에 나오는 그런 쿵푸 동작은 가르치지 않는다고 말했다. "나는 마음 쓰는 법을 가르친다. 너희들이 먼저 생각을 훈련하고 마음을 안정시키는 법을 배우면 남들에게 다치지 않는다."
 "그거 아주 멋진데요." 그들이 말했다.
 첫 수업에 그들이 친구 몇 명을 데려왔다. 나는 처음에 그들을 어떻게 가르쳐야 할지 몰랐다. 특히 실제로 영어로 가르칠 수가 없었기 때문에 그랬다. 그들이 흥미를 잃을까 걱정되었지만 어쨌든 수업을 밀고 나갔다. 나는 제자 중 한 명인 왕명이(왕밍이)王明怡에게 통역을 좀 해 달라고 했다. 그는 뉴욕대학교에서 수학을 전공하는 대학원생이었다. 당시 그는 심한 두통을 앓고 있었는데, 나와 함께 선 수행을 한 뒤로 그 두통이 가라앉았다.

우리 좌선반은 토요일 오전에 시작하여 오후 이른 시간까지 했다. 일주일에 한 번, 네 시간씩 하는 것이었다. 처음에는 그 시간을 어떻게 써야 할지 몰랐다. 그래서 일상 스님을 찾아갔다. 그는 심 거사가 뉴욕 주州 로체스터 선 센터의 필립 카플로(Philip Kapleau)* 선사 밑으로 공부하러 보냈던 스님이었다.

"저는 중국과 일본의 여러 절에서 수행했습니다만, 서양에서는 무엇을 가르쳐야 할지 모르겠습니다. 카플로의 선 센터에서는 어떻게 합니까?" 내가 일상 스님에게 물었다.

"그거야 아주 간단하지요. 그들은 수식數息을 가르칩니다. 수련생이 차분한 마음으로 호흡을 잘 셀 수 있게 되면, 그 다음에는 공안을 참구합니다." 그가 말했다.

나는 일상 스님에게 내가 가르치는 것을 도와달라고 했다. 처음에는 그가 내키지 않아 했다. 우리는 카플로에 대해 이야기를 좀 했다. 그는 미국인 선사로 유명해져 있었다. 그의 스승은 야스타니 하쿠운 安谷白雲 선사였다.

---

*일본 선사들에게서 배웠으나 공식 계보 밖에서 독자적으로 선법을 가르친 미국인 선사(1912~2004). 『선의 세 기둥(The Three Pillars of Zen)』 등의 저서가 있다.

"야스타니 하쿠운의 스승은 누구입니까?" 내가 물었다.

"야스타니의 스승은 하라다 소가쿠原田祖岳*지요." 그가 말했다.

나는 그에게 소가쿠는 내 스승인 반데츠규의 스승이기도 하다고 말했다. 이것은 내가 카플로 선사와 법 형제라는 것을 의미했다. 왜냐하면 같은 하라다 밑의 후예였기 때문이다. 그래서 나는 서양인 제자들을 가르치는 법을 조만간 알게 되겠구나 싶었다. 일상 스님은 이것을 알고 아주 기뻐하면서 나를 도와주겠다고 했다.

우리는 먼저 수련생들에게 일상 스님이 말한 대로 수식법數息法을 가르쳤다. 그 나머지 시간도 그저 단순하게 유지했다. 나는 수련생들에게 몇 마디 지시의 말만 해 주었고, 그걸로 내 일은 끝이었다. 나는 어떤 교과과정이나 정해진 학습 계획을 가지고 있지 않았다.

석 달 과정이 끝나갈 무렵에는 몇 명밖에 남지 않았다. 그들은 열심히 하고, 그 수업에서 소개한 개념과 이론에 잘 반응하는 사람들이었다. 그들은 나에게서 스승을 발견했다고 느꼈다.

프랭크는 센트럴파크에서 하는 쿵푸대회에 참석할 계획이라고 했다. "스님, 제가 경기할 때 부디 오셔서 옆에 앉아 주시겠습니까? 모두에게 스님을 저의 스승으로 소개하겠습니다. 사람들은 스승이 제 곁에 있으니, 저는 싸워볼 것도 없이 이길 거라고 생각할 겁니다."

나는 정말 재미있다고 생각했다. "만일 네가 지고 나서 그들이 나하고 붙겠다고 하면 어떻게 할래?" 내가 물었다.

---

* 일본 조동종 선사(1871~1961). 조동종과 임제종 선법을 함께 가르쳤다. 야스타니 하쿠운 (1885~1973)은 이를 바탕으로 두 종의 선법을 융합한 종파인 '삼보교단'을 창설했다.

"스님께는 아무도 감히 도전하지 못할 겁니다." 그가 말했다.

나는 웃으면서 말했다. "최고 수준의 무술은 무기나 동작을 쓰지 않는 것이다. 다른 사람이 공격해 올 때 너는 자아의식을 잃어 버려야 한다. 그러면 상대가 너를 어떻게 공격해야 할지 모를 것이다. 왜냐? 너의 어디를 공격해야 할지 모를 테니까. 이것이 무아·무심의 가르침이다. 너에게 자아가 있으면, 네가 공격하거나 자신을 방어하려고 할 때마다 상대방은 너의 방어에 약점이 있는 것을 간파하고 그것을 이용할 수 있다. 자아가 없으면, 곧 무엇을 방어할 것도 없고 공격을 개시할 곳도 없으면, 상대방이 간파하고 이용할 수 있는 약점도 없는 것이다."

프랭크와 그의 친구들은 열심히 귀를 기울였다. 그들은 그 수준에 도달하기 위해 수행하겠다고 맹세했다.

"이것을 성취하려면 너희들의 선 수행을 먼저 완성해야 한다." 내가 말했다.

초기의 제자들 중 몇 명은 무술의 고수였고, 경찰관이 되기 위해 훈련하고 있었다. 나는 그들이 매우 열심인 것에 고무되었고 어떤 큰 성취감을 느꼈다. 그들은 순진무구한 마음으로 배웠다. 그에 대해 나도 성심껏 가르쳤고, 그들은 모든 것을 흡수했다. 그 결과 그 반은 아주 성과가 있었다.

나는 미국 동부 해안지역에서 선을 가르치는 최초의 중국 선사가 되었다. 서양인들을 가르치는 다른 중국 선사는 캘리포니아에 미국 최초의 중국절 중의 하나인 만불성성萬佛聖城을 창건한 선화상인宣化

上人*뿐이었다. 그는 주로 고행적 수행법을 가르쳤다. 앉은 채로 자는 것과 한 달 내지 석 달 간 단식하는 것 등이 그것이다. 선화상인의 접근 방법은 서양인들에게 아주 인기가 있었고, 그래서 그를 따르는 서양인 제자가 많았다. 이 스님이 가르치는 수행법은 다소 절충식이었기 때문에 처음에는 미국 불교계에서 그를 선사로 여기지 않았다. 오히려 정토종 스님으로 보았다. 그가 염불도 가르쳤기 때문이다.

뉴욕 사람들이 가장 관심을 가진 불교는 일본선과 티베트불교였다. 선종에서는 서부 해안의 스즈키 슌류鈴木俊隆**와 동부 해안의 시마노 에이도嶋野榮道가 잘 알려진 활동적 스승들이었다. 로스앤젤레스에 선 센터를 창건한 마에즈미 하쿠유前角博雄***도 저명한 선사였다. 달라이라마는 티베트 전통을 이야기하면서 미국을 이미 몇 번 다녀갔고, 콜라라도 주 덴버에는 초감 퉁빠(Chogyam Trungpa)의 나로빠 연구소(Naropa Institute)가 문을 열고 있었다. 당시 티베트불교 까규파 지도자였던 제16세 카르마파(Karmapa)도 미국을 다녀갔다. 일본에서 온 정토종 수행자들의 소집단과 한국의 숭산선사崇山禪師 추종자들도 좀 있었다. 나는 이들 그룹의 많은 사람들과 교류했다. 왜냐하면 심거사가 불교의 모든 종파를 후원했고, 여러 종파의 스승들을 대각사로 초빙하여 법문을 하게 했기 때문이다.

---

* 허운화상의 법제자(1918~1995). 법명은 도륜度輪. 홍콩에서 가르치다가 1962년 도미하여 샌프란시스코, 로스앤젤레스, 시애틀 등 서부 해안을 중심으로 법을 폈다.
** 일본 조동종 선사(1904~1971). 「선심초심禪心初心」이라는 법어집이 있다.
*** 일본 선사(1931~1995). 조동종과 임제종 법을 함께 이었고, 미국에서 활동했다.

당시 중국 스님들은 차이나타운에 집중되어 있었고 서양인들을 가르치거나 영어로 말하지 않았다. 그들은 중국 본토, 홍콩, 베트남, 버마 그리고 대만 출신들이었다. 차이나타운에는 십여 개의 절들이 산재해 있었다. 그 스님들은 중국 교민사회를 벗어나려 하지 않았다. 반면에 마에즈미, 스즈키 등 일본 선사들은 모두 영어를 잘했다. 이런 선사들이 오기 전에 스즈키 다이세츠가 미국 내에 일본선의 토대를 확고히 잡아둔 상태였다.

중국선이 세계에서 비교적 고립된 이면에는 오랜 역사가 있다. 송대宋代(960~1279) 이후로 일본은 더 이상 중국으로 승려들을 유학 보내지 않았다. 원元·명대明代에는 중국불교가 쇠퇴하기 시작했고, 이후 청대淸代(1644~1911)에는 황제가 티베트불교를 신봉하는 바람에 중국불교가 더 빨리 쇠퇴했다. 일본 불교학자들은 중국에 더 이상 선사가 없다고 공언했다. 그것은 사실이 아니었다. 중국 선사들에 대해서는 아는 사람이 없었다. 왜냐하면 그들은 밑에 와서 공부할 외국인 제자들을 끌어들이지 못했기 때문이다. 또한 젊은이들에 대한 불교 훈련이 거의 없었다. 제2차 세계대전 동안에는 젊은 승려들에 대한 공식적 교육도 없었다. 그리고 1949년 이후 중국 본토에는 불교가 없었다.* 반면에 일본에서는 아주 훌륭한 선 교육 제도가 있었고 이것은 전쟁으로 중단되지 않았다. 티베트불교도 훌륭한 훈련 제도를 가지고 있었다. 중국불교에는 이 모든 것이 결여되어 있었다. 그래서 결국 내

---

* 1949년 이후에도 본토 불교가 아주 소멸한 것은 아니고 명맥을 유지했지만, 공산정권의 조직적인 불교 파괴와 억압으로 활력을 거의 상실한 상태였다.

가 대만에 불학연구소를 창설하게 된 것이다.

　내가 사람들로부터 가끔 받은 질문은, 중국선은 중국문화에 너무 통합되어 있어 다른 불교 형태에 비해 서양에서 인기가 덜하지 않느냐는 것이다. 나는 그 때문은 아니라고 생각한다. 일본선도 일본문화에 통합되어 있다. 마찬가지로 티베트불교는 티베트문화에 통합되어 있다. 중국선이 그보다 더 널리 퍼지지 않은 것은 서양으로 건너온 스승들이 너무 적었기 때문이다.

　나는 미국에서 가르침을 펴 달라는 초청을 받아 왔다는 사실을 하나의 기회로 활용했다. 1977년에는 『선잡지禪雜誌(Chan Magazine)』를 발행하기 시작했고, 그것은 결국 50개국 이상으로 발송되는 계간지가 되었다. 그러나 나는 자신이 불교를 전파하는 사명을 띠고 있다고 보지는 않았다. 그보다는 세계의 모든 사람들과 선禪을 공유하고 싶었다. 영어권 나라들의 더 많은 사람들이 선의 방법과 개념들을 받아들이면, 그들이 세계 전역의 사람들에게 유익한 영향을 미칠 수 있을 거라고 믿었다. 그들이 반드시 불교도가 될 필요는 없다. 일상생활 속에서 선을 수행하는 한, 그들은 건강 상태나 환경에 관계없이 행복하게 살 수 있게 될 것이다.

16 유랑

알고 보니 동초 스님은 나와의 관계를 아직 끊지 않고 계셨다. 내가 막 대각사 주지로서 새로운 역할을 맡아 확고히 자리를 잡기 시작했을 무렵, 스님이 뉴욕에 오셨다. 그때가 1976년이었는데, 스님은 내가 스무 명의 서양인 제자들을 가르치는 것을 관찰하고는 아주 흡족해 하셨고, 당신이 입적하고 나면 내가 대만의 당신 절인 농선사를 물려받을 최적임자가 될 것이라고 결정하셨다.

"이 절을 물려받는 것은 술을 빚는 것과 같아. 내가 자네에게 주는 것은 발효 과정을 시작할 효모야. 그러니 내 작은 절 농선사가 자네에게 너무 작다고 생각하지 말게. 자네가 잘해서 성공적으로 술을 빚기 시작하면 앞으로 오랫동안 계속 빚을 수 있을 거야." 스님이 말씀하셨다.

중국인들은 술을 빚을 때, 앞서 만든 술에서 발효된 쌀, 밀 혹은 수수를 새 술에 좀 넣어 발효를 촉진한다. 동초 스님은 농선사가 그 발효된 곡식과 같다는 뜻으로 말씀하신 것이다.

"걱정 마십시오. 농선사는 제가 잘 돌보겠습니다." 내가 말했다.

동초 스님은 귀국하시고 얼마 후 입적하셨는데, 사실 너무 빨리 입적하셨다. 내가 대각사 주지를 맡고 6개월밖에 되지 않았을 때였으니 말이다. 나는 브롱크스에서 전도가 유망했으나 동초 스님의 유지를 받들어야 했다. 그것은 나의 상속물이었다. 스승님이 나에게 어떤 사명을 짊어지게 했으니 그 점에서는 달리 선택방안이 없었다. 짐을 싸서 대만으로 가야 했다.

이러한 사명의식은 중국에서 오랜 역사를 가지고 있다. 마조대사馬祖大師(709~788)는 백 명 이상의 제자를 각지로 보내어 불법을 전하게 했다. 그들은 맨손으로 산기슭을 파서 절들을 지었다. 그런 절을 짓는데 수십 년씩 걸리기도 했고, 아주 단순한 건축물인 경우도 많았다. 수행자들이 더 많이 찾아오면서 그 절들도 확장되었다. 절을 지은 목적은 대궐같이 웅장한 건물을 지어 과시하려는 것이 아니라 불법을 후세대에 전하는 책임을 완수하기 위해서였다. 그들이 노력한 결과로 역대 선사들은 자신의 수행 도량을 가지게 되었다.

전법傳法(dharma transmission), 즉 불법을 가르치는 책임을 다음 세대에게 전하는 일은 석가모니 부처님 시대에 시작되었다. 이런 전승은 왕관을 물려주는 것처럼 그렇게 간단하지 않다. 깨달음을 체험한 이들 중에서도 법을 전하는 사람으로 선택되지 않는 사람들도 있을 수 있다. 그들이 충분한 복덕이나 기량을 갖고 있지 못할 수도 있다. 선의 전통은 법맥의 전승을 매우 강조한다. 경덕景德 연간(1004년 경)에 찬술된 『전등록傳燈錄』은 선사들이 법을 보존하고 그것을 후계자들에게 전파해야 할 책임에 대한 고사들을 전하고 있다. 전법이라는 이 과정이 여기서 말하는 '전등傳燈'의 의미이다. 법맥의 전승은 석가모니 부처님 때부터 불교에서 행해져 온 일이다.

그래서 스승님이 나에게 상속물을 주셨을 때 나는 그것을 받아들였다. 만약 거절했다면 나는 더 이상 동초 스님의 제자가 아닌 것이 될 것이고, 당신이 나에게 부촉附囑하셨고 내가 그 일원이기도 한 법맥을 단절시켰을 것이다. 아들은 아버지의 유산을 거절할 수 있으나, 선종에서는 제자가 스승이 부여한 사명을 떠맡지 않겠다고 할 수 없다는 것이 하나의 숭고한 전통이다.

그러나 분명히 밝혀야 할 것은, 동초 스님이 나에게 농선사를 정확히 '주신' 것은 아니었다는 것이다. 이 절의 소유권은 운영위원회가 가지고 있었지 나에게 있지 않았다. 당신이 나에게 주신 것은 농선사의 장래를 감독하면서 법을 전하라는 하나의 사명이었다.

나는 산을 깎아 절을 지을 필요는 없었지만, 농선사가 성장하도록 돕는 과업도 그 정도로 어려울 때가 있었다. 대각사 주지 직을 그만두고 대만으로 돌아가는 것은 강한 위치에서 약한 위치로 옮겨가는 것이었다. 대각사는 심 거사의 막대한 부와 연줄의 지원을 받고 있었고, 거기서는 전혀 돈 걱정을 하지 않아도 되었다. 미국의 서양인 제자들 중에는 내가 타이베이로 돌아가서 농선사를 물려받을 것이라는 것을 알자 이렇게 묻는 사람이 있었다. "왜 대각사같이 불법을 전파할 준비가 다 갖춰진 곳을 두고 대만으로 가서 힘들게 일을 하시려고 합니까?" 그런 일에서 우리 중국인들이 느끼는 절대적 의무감을 그들에게 어떻게 설명할 수 있겠는가? 그 문제에서는 나도 정말 어떻게 할 도리가 없었다.

대만으로 돌아가자 곧바로 어려움이 닥쳐왔다. 가서 보니 동초 스님은 서로 다른 세 가지 유언장을 남겨두신 상태였다. 선사들은 보통 유언장을 남기지 않는다. 그러나 스님은 입적을 앞두고 내가 당신 곁에 없었기 때문에 당신의 뜻을 분명히 피력하실 방법이 필요했다. 만일 내가 있었더라면 나에게 농선사를 맡아주기 바란다는 말씀한 하시면 되었다.

처음 두 장의 유언장에는 내 이름이 올라 있지 않았다. 왜냐하면 내가 대만으로 돌아가지 않겠다고 두 번이나 스님에게 말씀드렸기 때문이다. 한 번은 일본에 유학 중일 때였고, 그 다음은 미국에 막 도착한 직후였다. 그러나 당신이 대각사로 나를 찾아오신 뒤에는 내가 농선사의 운영을 맡기로 우리가 합의했고, 그래서 마지막 유언장에는 내 이름을 추가하셨다.

이 세 장의 유언장이 농선사 운영위원들과 신도들 사이에서 많은 혼란을 야기했다. 그리고 또 한 스님이 있었는데, 농선사와 관계되는 몇몇 영향력 있는 사람들은 그를 후계자로 인식하고 있었다. 그러나 나는 동초 스님이 그에게 사명을 맡기고 싶어하지 않았다는 것을 알고 있었다. 나는 미국에서 확고한 직위를 버리고 대만까지 왔는데, 와 보니 논란과 어지러운 혼란의 와중에 처하게 되었다. 마치 스님이 또 한 번 나에게 모순적인 심부름을 시키신 것 같았다. "허, 허, 허." 이

따금 당신의 그 송연한 웃음소리가 바람결에 들리는 듯했다. 몇 달 뒤 고맙게도 그 다른 스님은 농선사를 떠나게 되었고, 나의 권위에 대해 더 이상의 시비가 없어졌다.

농선사는 경작지와 집 몇 채가 모여 있는 타이베이 외곽의 농촌 지역에 위치하고 있다. 대만 섬의 등줄기를 이루는 산맥이 그 뒤에 솟아 있다. 이 절은 아주 작아서 신도도 적었고 찬거리를 살 돈도 얼마 없었다. 나는 농선사에서 일할 자원봉사자를 찾고 시주금을 모을 방도를 모색해야 했다. 시간과 기력과 돈을 제공할 사람들이 더 나오지 않으면 절이 변변찮은 상태로 계속 운영될 터였다. 그래서는 이 절을 법을 전파하는 확고한 전진기지로 삼고 싶어하신 동초 스님의 뜻이 도저히 실현되지 못할 것이었다.

내가 미국에서 개발한 교수법을 사용하여 좌선반과 선칠을 운영하자 신도들이 모이기 시작했다. 처음에는 주로 대학생들을 가르쳤고, 선칠은 고작 20명 정도의 규모였다. 그러나 그들이 소문을 내면서 더 많은 젊은이들이 모여들었다. 그 초기의 제자들 중 일부는 출가하여 지금 우리 조직의 중요한 직위들을 맡고 있다. 세간에 남은 일부 제자들은 농선사는 물론 내가 미국, 유럽, 대만 등지에 창건한 다른 절과 연구소들의 중요한 시주자가 되었다.

늘어나는 사람들을 농선사에서 수용하기 위해 나는 마조대사의 법제자들이 했던 식으로 해야 했다. 그래서 건물들을 증축하면서 절을 확장했고, 어떤 때는 법규에 어긋나는 창문을 낸 불법 건축물을 짓기도 했다. 타이베이 시정부는 이 절을 철거하려고 했지만, 우리는 대규

모 자선행사들을 개최하여 타이베이의 사회복지에 기여했기 때문에 그러한 사태를 모면했다.

동초 스님은 나에게 이 절에서 선 수행을 보급하는 데서 더 나아가 선 교육을 실시하라고 말씀하셨다. 내가 처음 대만에서 살 때만 해도 젊은이들에게 불교 교육을 시키는 기관이 없었다. 그래서 일본으로 박사학위를 하러 갔던 것이다. 대만에서는 내 학위도 쓸모가 없었다. 대만 불교도들은 불교 문헌학 박사학위를 가진 사람을 어떻게 활용해야 할지 몰랐다. 체제가 일본과 너무 달랐다. 일본 사람들은 인도, 독일, 영국으로 인재들을 유학 보냈다. 각 불교 종파는 이런 학자들이 일본으로 돌아오면 그들이 맡을 자리를 만들어 주었고, 그들은 대학 수준의 교육 프로그램을 발전시켰다.

나는 젊은 사람들을 불교 교육으로 훈련시킬 기관들을 창설하여 대만의 상황을 바꾸어 놓기로 서원을 세웠다. 1978년 나는 중국문화대학中國文化大學의 철학연구소 교수와 불학연구소 소장직을 받아들였다. 또한 동오대학東吳大學에서도 가르쳤다. 내 강좌는 화엄華嚴, 천태天台, 정토淨土, 중관中觀, 유식唯識 그리고 선학禪學이었다. 이런 직위에 임명되자 나는 교육제도 내에서 발판을 마련했고, 대학원 과정인 불학연구소를 시작할 수 있었다. 1985년에는 중국문화대학의 교수직에서 물러나 베이터우의 문화관에 '중화불학연구소'를 창설했다. 지금은 대만에 열두 개 이상의 그러한 기관들이 있다.

나는 스승님의 유지를 받들기 위해 대만에 돌아온 이후에도 심 거사와 긴밀한 접촉을 유지했다. 그가 후원하던 역경원譯經院 원장이 물러난 뒤에는 내가 원장이 되었고, 역경원을 농선사로 옮겨왔다. 심 거사는 내 급료를 지불했다.

그러나 미국의 대각사는 도움이 필요했다. 내가 떠난 뒤 스님들이 점점 적어져 이 절을 맡은 스님이 아무도 없게 되었다. 심 거사는 내가 브롱크스로 돌아와서 다시 주지를 맡아 이 절을 되살려 주기를 고대했다. 나도 그렇게 해야겠다는 어떤 의무감을 느꼈지만, 농선사에서 맡은 책임에서 언제 벗어나게 될지 그에게 말해줄 수가 없었다. 내가 떠나려고 하기에는 이곳이 너무 커져 있었다.

심 거사는 버마를 거쳐 중국 본토를 빠져나와 미국에 온 노老비구니 한 분을 알게 되었다. 이 스님은 자기 절이 없었고, 그래서 심 거사는 그 스님과 그의 일행인 비구니들을 대각사로 초빙했다. 이 무렵 나는 마침내 농선사 주지직을 내놓을 수 있게 되었다.

내가 동초 스님이 맡긴 일들을 드디어 정리하고 나자 심 거사는 나에게 다시 뉴욕에 와서 법을 전파해 달라고 청했다. 나는 미국으로 돌아갔지만 이전의 힘 있는 직위를 되찾지는 못했다. 대각사에는 비구니 스님들이 살고 있어 내가 들어갈 여지가 없었다. 나는 롱아일랜드에 있는 심 거사의 별장인 보리정사菩提精舍에 머무르면서 시내를 오고갔다. 그러나 내 제자들과 너무 멀리 떨어져 있어 다른 데로 옮기고 싶었다. 거사가 말했다. "만일 나가시면 제가 더 이상 잘 보살펴 드릴 수가 없습니다."

"괜찮습니다. 제가 유랑하지요." 내가 말했다.

나는 집세를 낼 돈이 없었다. 그래서 교회 앞이나 공원에서 잤다. 거리에서 살아 본 경험이 있는 제자 세 명에게서 노숙하는 법을 배웠다. 그들은 나에게 편의점과 시장의 뒤꼍에 버려진 과일과 빵을 찾아내는 법을 가르쳐 주었다. 그리고 여기저기서 가게 청소라든가 과자 판매대를 돌봐주는 등의 잡일을 해주고 약간의 돈을 버는 법도 알려 주었다. 그랜드센트럴 터미널(맨해튼의 철도 종착역)의 사물함에 내 물건을 넣어둘 수도 있고, 자가세탁점(Laundromat)에서 세탁을 할 수 있다는 것도 알았다. 제자들은 24시간 문을 여는 패스트푸드점들을 가리켜 주면서 그런 데서 쉬고 커피를 마시면서 밤을 보낼 수 있다고 했다.

나는 헌 승복을 입은 승려로서 뉴욕 시대를 유랑했다. 문간에서 자고, 커피점에서 오갈 데 없는 사람들과 함께 꾸벅꾸벅 졸며, 쓰레기 수납기에서 과일과 채소를 뒤져 가며 말이다. 나는 오십대 초반이었고 풋내기가 아니었지만, 서양에 법을 전해야 한다는 사명감으로 내면은 환히 밝혀져 있었다. 게다가 그게 뭐 문제였겠는가? 동초 스님이 가르쳐 주신 교훈 덕분에, 큰 방에서 자든 작은 방에서 자든 혹은 교회 문간에서 자든, 나는 거기에 무관심할 수 있었.

어떤 사람들은 나에게 연민을 느꼈을지 모르나 나는 자신에 대해 연민을 느끼지 않았다. 내가 불운하다고 생각하지도 않았다. 어떤 사람들은 나를 겁내면서 내가 돈이나 어떤 도움을 청할까 걱정했다. 나는 누구도 찾아가지 않는 것이 최선이라고 판단했다. 몇 번 도움의 제안을 받아들이기는 했지만 말이다. 신도들의 아파트에서 몇 날 밤을 지내기도 했고, 호림浩霖 스님*도 나를 환영하며 차이나타운에 있는 자기 절에 와 있으라고 했다. 그러나 이 절에 너무 오래 있고 싶지는 않았다. 왜냐하면 그의 이런 친절에 내가 과연 보답할 수 있을지 몰랐기 때문이다. 나는 유랑하는 것이 더 좋았다.

어떤 이들은 의아하게 생각할지 모른다. 왜 도반 스님이 내가 그의 절을 떠나 거리에서 살게 내버려 두었느냐고 말이다. 그러나 호림 스님의 절은 아주 작았고 수입도 많지 않았다. 내가 거기 머무르자 그의 부담이 가중되었다. 만일 그가 돈이 많았고 그 절이 더 컸다면, 나도 그의 대접을 받는 데 대해 달리 생각했을 것이다.

거리로 나와서 지낸 것은 좋은 일이었다고 나는 생각한다. 왜냐하면 그 상황에서 나는 누구에게도 의존하지 말 것을 배웠고, 법을 전파할 내 나름의 장소를 찾아 나서게 되었기 때문이다. 보살들은 법을 전파할 때 어려움을 감내한다는 오랜 전통이 있다. 석가모니 부처님은, 우리가 큰 수행자가 되고 보살이 되려면 우리 자신의 행복과 안전을 돌아보지 말아야 한다고 가르쳤다. 보살은 오직 중생들이 괴로움에서 벗어나기를 바랄 뿐이다. 옛날 인도 스님들은 불교가 없는 지역들을 찾아가야 했고, 불가피하게 저항과 맞닥뜨리곤 했다. 그들이 중국에 왔을 때는 유교와 도교가 지배적이었다. 유가들은 불교도, 특히 스님들을 몰아내려고 했다. 석가모니 부처님은 만일 우리가 어려움을 견뎌낼 수 있으면 남들에게도 영감을 줄 수 있고 따라서 그들을 감화시

---

* 1961년 성엄 스님에게 조원사를 소개해 주고, 폐관하러 갈 때 동행한 스님. 1969년 미국으로 건너가 1972년 맨해튼에 동선사東禪寺를 창건하고 그 주지를 오래 했다.

킬 수 있다고 믿었다. 범부들은 삶이 아무 문제 없이 순탄하기만을 바란다. 그러나 불교 수행자들은 그와는 다른 태도를 갖는다. 그들이 다른 사람들을 교화하는 일에 복무할 때는 많은 어려움을 감당할 준비가 되어 있다.

역경을 어떻게 감내하는가? 마조대사는 평상심平常心을 갖는 것이 필요하다고 가르쳤다. 이것은 감정에 지배되지 않는, 늘 고요하고 안정된 마음을 유지하는 것을 뜻한다. 성공을 만나도 '내'가 그것을 이루어냈다고 생각하면 안 된다. 너무 흥분해서도 안 되고 스스로 자부하지도 않아야 한다. 우리의 성공은 어떤 이유가 있어 일어난 것이며, 많은 사람들과 환경 덕분에 그것이 가능했다. 우리가 무엇을 열심히 하다가 가로막는 장애가 너무 많아 그것을 이룰 수 없다는 것을 알면 포기해야 할지 모르지만, 그런 경우에도 기가 죽으면 안 된다. 아직은 조건이 갖추어지지 않은 것이다. 어쩌면 그 조건들은 변할 수도 있고 변하지 않을 수도 있다. 그렇다고 해서 우리가 실패자는 아니다. 속상해 하면 괴로움만 초래할 뿐이다.

그러나 평상심을 유지한다는 것은 가만히 있거나 수동적으로 된다는 의미는 아니다. 우리는 여전히 자신의 책임을 완수해야 한다. 허운스님은 이렇게 말했다. "불법을 전하는 일은 허공의 꽃과 같지만 항상 해야 하고, 수행 도량은 물에 비친 달과 같지만 어디를 가나 건립해야 한다空花佛事 時時要做, 水月道場 處處要建." 이 말씀은, 이런 일들이 환幻이기는 하지만 우리가 그런 일들을 해낼 필요가 있다는 뜻이다. 중생은 환이지만 우리는 그들이 구제되도록 도울 필요가 있다. 수행 도량은 물에 비친 달과 같아서 실재하지 않는다. 그러나 우리는 중생들을 제도하기 위해 절을 짓는다. 이것이 우리의 책임이다. 우리는 이 책임을 완수하도록 최선을 다해야 하며, 성공과 실패에 집착하지 말아야 한다.

   선사들은 평상심을 그들 삶의 모든 면에 적용한다. 그렇게 하지 않는다면 진정한 선사가 아니다. 나는 유랑하던 시절에 평상심을 유지했다. 나에게 집이 없다고 생각하지는 않았다. 나는 천태산天台山에 사셨던 한산대사寒山大師를 생각했다. 그는 하늘을 지붕 삼고 땅을 침상 삼았고, 구름을 이불 삼고 바위를 베개 삼았으며, 시냇물을 욕조로 삼았다. 만일 채소가 있으면 그는 채소를 먹었다. 절에 밥과 채소가 있으면 그것을 먹었고, 아무것도 없으면 나무의 잎이나 뿌리를 먹었다. 그러면서 그는 자유를 느꼈고, 아름다운 시들을 지었다.

'겹바위' 아래 동굴에 홀로 누웠으니	獨臥重岩下
뭉게구름은 낮에도 사라질 줄 모르네.	蒸雲晝不消
바위굴 안은 어렴풋이 어두울지 모르나	室中雖暚黶
마음속에선 시끄러운 소리들 끊어졌네.	心裡絶喧囂
꿈에 금빛 대궐(국청사)에 가서 노닐다가	夢去游金闕
내 영혼이 '석교'를 건너 돌아왔네.	魂歸度石橋
나를 번거롭게 하던 것들 버리고 나니	抛除鬧我者
나무에 걸린 표주박만 또렷하네.	歷歷樹間瓢

아무것도 가지고 있지 않으면 우리는 자유롭다. 뭔가를 소유하면 그 소유물에 의해 속박된다. 나는 아주 행복하다고 느꼈다. 나에게 미래가 없다고 느끼지는 않았다. 사실 나의 미래는 풍성하고 실로 원대할 거라고 느꼈다. 왜냐하면 제자들이 있었기 때문이다. 나는 아직도 완수해야 할 사명이 있었다. 다만 밤에 어디서 자게 될지 몰랐을 뿐이다. 정말 아무것도 가진 것이 없고 미래도 없는 노숙자들보다 나는 훨씬 사정이 나았다. 그리고 내가 언제까지나 유랑하지 않으리라는 것도 알고 있었다.

지금 나의 삶은 그때와는 많이 다르다. 나는 세계의 지도자들도 만났고 유엔총회에서 기조연설도 했다. 내 제자들 중에는 대만의 고위 관리들도 있다. 중국 본토와 태국에서는 카퍼레이드를 하면서 나를 VIP로 맞아주었다. 나는 신도들로부터 존경도 받는다. 사람들은 만약 나를 이렇게 대우하지 않으면 옳지 않다고 느낀다. 그러나 그들이 나를 어떻게 대우하든 나에게는 아무 차이가 없다. 나는 지금 유명한 사람이지만, 내가 지금 하는 일을 더 이상 할 수 없을 때는 잊혀질 것이다. 역사상 얼마나 많은 사람들의 이름이 아직도 기억되고 있는가? 명성은 부나 권력과 같이 허망하다. 그래서 모든 상황에서 평상심이 필요한 것이다.

중국 속담에 이런 말이 있다. "부귀를 경험한 뒤 다시 가난해지면 힘들다." 만일 우리에게 평상심이 없다면 이 말이 맞다. 그러나 평상심을 유지할 수 있으면 어떤 상황에서도 우리는 자유롭다.

17 최초의 불단 佛壇

내가 유랑할 당시 심 거사는 언제든 가능하면 계속 나를 보살펴 주었다. 심 거사는 롱아일랜드 북쪽 해안의 포트제퍼슨에 별장을 소유하고 있었는데, 이름하여 보리정사였다. 그는 이곳에 늘 거주하지는 않았고, 개인적인 선 수행 처소 및 모임과 회의를 여는 장소로 이곳을 사용했다. 그는 너그럽게도 나에게 여기서 제자들을 지도해 보라고 했다. 그러나 보리정사를 관리하고 운영하는 사람들이 내게 아주 냉담했다. 그들은 내가 미국불교회와 대각사를 배신하고 농선사 주지가 되기 위해 대만으로 돌아갔다고 생각했다. 내가 일부러 그런 것이 아니라 스승님이 입적하셔서 어쩔 수 없이 그리 되었다고 어떻게 설명할 수 있겠는가?

내가 보리정사에서 마지막으로 이끈 선 수행 기간에 참가자들 중 한 명이 늦게 와서 제 손으로 대문을 열었다. 관리인이 다음날 대문이 열려 있는 것을 보고 나에게 총을 겨누며 소리쳤다. "당신들은 모두 도둑이야! 또다시 이런 일이 있으면 당신을 쏴 버리겠어."

내가 나중에 심 거사에게 말했다. "우리가 잘못하기는 했지만 우리에게 총을 겨눌 것까지는 없었지요."

"이 사람은 정말 나쁜 업을 짓고 있습니다." 그가 대답했다. 그는 나중에 보리정사를 팔아 버렸다.

사람들의 그와 같은 태도를 접한 다른 경우들도 있었다. 한 번은 내가 대각사에서 좌복을 몇 개 빌리려고 했는데, 그것은 내가 그곳에 살 때 만든 것이었다. 담당 비구니는 나를 만나주지 않으려고 했다. 대신 제자를 한 명 보냈는데 그 제자가 이렇게 말했다. "좌복을 빌려 드리기가 좀 불편합니다."

"스님들이 그 좌복을 사용하고 있는가?" 내가 물었다.

"그건 저희들이 알아서 합니다." 비구니가 말했다. 이번에는 심 거사에게 아무 말도 하지 않았다.

그러면 나는 좌복을 구하기 위해 어떻게 했는가? 내가 아는 한 노숙자는 재봉사인 친구가 있었다. 아주 가난하여 작은 아파트에서 사는 여성이었는데, 재봉틀을 가지고 있었다. 그는 우리가 천과 솜을 가져오면 좌복 몇 개를 거저 만들어 주겠다고 했다.

그 시점까지 나는 늘 이렇게 생각했다. "출가라는 것은 집 없이 사는 것이고 어디든지 집이 될 수 있다. 내 집을 가질 필요는 없다." 그러나 이제 참으로 불법을 펴고 수행자들을 잘 훈련하기 위해서는 내 집이 필요하다는 것을 실감했다. 그래서 결과적으로 그 비구니는 나에게 좌복을 빌려주지 않음으로써 훌륭한 행위를 한 것이었다.

집 없이 여섯 달째 유랑할 때는 겨울이었는데, 나는 내 자유를 엄청 즐겼다. 뉴욕은 바람이 많고 추웠다. 늦은 밤 도시가 고요할 때 나는 승복 자락으로 몸을 단단히 감싸고 거리를 유랑했다. 종종 눈이 내렸다. 나는 스스로를 "풍설風雪 속의 행각승"이라고 불렀다.

나는 중국인과 서양인들 사이에 많은 문화적 차이가 있다는 것을 발견했다. 서구의 관습에 적응하려고 노력했지만 그것이 매양 쉽지는 않았다. 한 서양인의 아파트에 처음 조반을 먹으러 갔던 때가 기억난다. 식탁에는 빵, 우유, 마가린이 있었고 그게 전부였다. 내가 물었다. "왜 먹을 건 하나도 없나?" "이게 아침식사입니다. 왜 먹을 게 하나도 없다고 하십니까?" 제자 한 명이 대답했다. 그 말에 우리는 유쾌하게 웃었다.

내 옷이 찢어지면 내가 손수 기웠다. 제자들도 자기들의 찢어진 옷을 나에게 가져오기 시작했다.

"네 것은 네가 직접 수선할 수 있잖아." 내가 말했다.

"미국인들은 옷을 수선하지 않습니다. 그냥 새 옷을 삽니다." 한 제자가 대답했다.

"너는 이제 스님이야. 자기 옷을 수선하는 법 정도는 배워야지. 특히 승복이라면 말이야. 이건 구하기 어렵잖아." 내가 말했다.

나는 그들에게 옷 기우는 법을 가르쳐 보았지만 그래도 그들은 자신들의 옷을 나에게 가져왔다. "스님은 이런 거 하기 좋아하시는 것 같아요." 그들이 말했다.

결국은 그들도 배웠다. 서양인 제자들을 가르치려면 인내가 좀 필요할 때도 있었다.

나는 미국에서 아주 부자인 사람과 아주 가난한 사람들 모두의 도움을 받는 복을 누렸다. 그러나 정작 내가 속한 승려사회는 늘 도움을 주지는 않았다. 유랑하는 동안 종종 선 센터들을 찾아가 머무를 수 있느냐고 물었지만 그곳의 주지 스님들은 이렇게 말했다. "스님은 대보살이십니다. 제 절은 당신께 너무 작습니다." 내가 그 스님의 침상에서 자면 그는 어디서 자겠는가? 아니면 내가 마루바닥이나 소파나 의자에서 잘 것인가? 만일 그 주지 스님들이 나에게 안락한 숙소를 제공하지 않으면 사람들로부터 비난 받을 위험을 감수해야 할 터였다.

그 주지 스님들이 나를 반기지 않았던 또 다른 이유는 그들이 모두 외국에서 온 사람들이었고, 그들 자신도 살아남으려고 분투하고 있었기 때문이다. 그들은 미국 불교권 내에서 자신들의 지위를 유지하는 것을 걱정했다. 만일 내가 그들의 절에서 지내게 되면 그들의 지위를 위협할 수도 있었다. 가끔 밖에서 들어온 스님들이 어느 절에 한동안 머무른 뒤 자기 신도들을 끌어 모아 반란을 일으켜 원 주지를 쫓아내는 경우도 있었다.

원래의 스승이 새로 온 사람에 비해 별로 훌륭하지 않다는 것을 신도들이 알게 될 때 그런 일이 일어날 수 있다. 어떤 경우에는 원래의 스승에게 아무 문제가 없지만, 신도들이 새로운 스승과 접촉하다 보면 마음이 변해서 원래의 스승을 더 이상 지지하고 싶지 않을 수도 있다. 선의 황금시대인 당나라(618~907) 때 중국의 절들은 규모가 컸고 누가 와도 환영했다. 그 스승들은 자신감이 있었고 입지가 확고하여 새로 온 승려가 그 자리를 뺏는 것을 걱정하지 않았다. 지금은 절들의 규모가 작고 특히 미국의 절들이 그렇다. 개인들이 절을 운영하는데, 그들은 큰 조직의 일원이 아니다. 그래서 스승들이 크게 안심하지 못한다.

이 스님들의 심정에 공감한 나는 그들 곁에 머무르겠다고 고집하지 않았다. 그들은 평범한 스님들이어서 재가자들과 같은 걱정을 안고 있었다. 그들이 그런 심리를 가지고 있는 것은 정상이다. 모든 출가인이 자아중심성에서 벗어나 있지는 않다.

나는 나 자신의 선 센터를 창건해야 할 필요가 있다는 것을 깨닫게 되었다. 나의 승가僧伽,* 곧 제자들의 집단은 내가 집 없이 떠도는 동안 줄곧 나에게 충실했다. 하지만 내가 언제까지나 유랑할 수는 없었다. 우리의 도량이 필요했다.

우리는 퀸스(Queens) 지구의 우드사이드에서 월세 350불의 아파트를 하나 발견했다. 나에게는 700불 밖에 없었는데, 첫 달치 월세와 보증금을 낼 정도는 되었다. 나는 심 거사에게 우리가 계속해서 월세를 낼 돈이 없다고 말했다. 그는 언제나 그랬듯이 선선히 그 문제를 맡아 주었다.

우리가 입주했을 때 아파트는 텅 비어 있었다. 불상도 하나 없었다.

---

* 스님이 유랑할 때, 1978년 스님 밑으로 출가한 미국인 제자 과인果忍(폴 케네디)과 함께 다녔다. 그래서 재가 제자들과 함께 하나의 승가를 이루었다.

호림 스님이 자신이 가지고 있던 여분의 불상 하나를 주었다. 나는 거리에서 판자 세 개를 주워 와 탁자를 만들고 거기에 불단을 조성했다.

우리 자신의 절에서 첫 불상을 위한 첫 번째 불단을 만든 그날은 즐거운 날이었다. 한 교민 식품업자가 꽃과 과일을 주었고, 우리는 그것을 불단에 올렸다. 그런 다음 우리는 거리에서 가구들을 주워 오기 시작했다. 그렇게 주워 온 의자들을 우리 선 센터에서는 아직도 사용한다. 우리는 포크, 스푼 기타 주방용구들을 찾아냈지만 젓가락은 발견하지 못했다.

나는 한 교민 수행자의 집을 찾아가서, 우리가 아파트를 구했는데 가구가 좀 필요하다고 말했다. 그는 탁자를 하나 주었다. 나는 바로 지금 그 탁자에 앉아서 이 책을 쓰는 작업을 하고 있다.

우리는 식품을 살 돈이 없었기 때문에 태국인인 건물 주인이 자기 채원에서 난 채소를 주었다. 우리는 밤이면 시장으로 가서 버려진 채소들을 주웠다. 얌, 토마토, 양배추 따위였는데 보기에는 못생겼지만 그래도 훌륭했다. 우리는 빵집 쓰레기를 뒤져 빵도 그렇게 주워 왔다.

나는 속으로 미국이 정말 대단한 나라라고 생각했다. 어디서든 쓸모 있는 것을 공짜로 주울 수 있으니 말이다! 내 제자들은 대부분 가난한 학생들이었는데, 아주 대단한 친구들이었다. 우리는 거리를 샅샅이 훑기 위해 함께 나갔다. 내 승가가 자리 잡을 장소를 물색하며 전전하던 이 시기에, 많지 않은 이 제자들은 계속 나와 함께 수행했다. 스무 명쯤 되던 우리는 남부맨해튼(lower Manhattan)의 그리니치빌리지에 있는 어느 큰 다락에서 만났다. 그곳은 제자들 중 한 명의 소유였다. 우리는 토요일 오전마다 거기서 모이곤 했다. 그곳에서 좌선을 하고, 주인의 침실에서 내가 법문과 소참을 했다. 이 그룹이 내가 처음 선 센터를 창건하고, 「선통신(Chan Newsletter)」과 「선잡지(Chan Magazine)」를 만들고, 법고출판사(Dharma Drum Publications)를 시작할 때 도운 핵심 인원들이었다.

승가가 커지고 관대한 시주자들의 지원을 얻게 되자 우리는 퀸스 지구 엘름허스트의 코로나 애비뉴(Corona Avenue)에 있는 작은 건물을 구입하고 선금을 치를 수 있었다. 이 건물은 이전에 어떤 공장 건물이었다. 심 거사가 선금의 상당 부분을 내주었다. 그는 그것이 빌려주는 돈이라고 했다. 나중에 내가 그 돈을 갚으려고 하자 그는 마다했다. "빌려드리는 거라고 하지 않으면 안 받으실 것 같아서 그랬지요. 시주금 영수증이나 하나 써 주십시오." 그가 말했다.

나는 심 거사가 나를 후원해 준 것에 대해 늘 감사하고 있다. 불교회 사람들이 모두 나를 피할 때에도 그는 변치 않고 후원해 주었다. 그런 사람은 좀처럼 보기 드물다. 그는 사심이 없었다. 절대적인 충성을 기대하지 않았고, 내가 대각사를 떠난 뒤에도 나를 후원해 주었다. 그는 시종일관 나에게 잘해 주었다.

시간이 가면서 나의 승가는 확대되었다. 내 제자들은 여전히 대부분 서양인들이었지만 점차 중국인들도 많아졌다. 내가 코로나 애비뉴를 고른 이유는 그곳의 집값이 쌌기 때문이다. 초기 서양인 멤버들의 대다수는 대학생들이었지만, 후기의 중국인 제자들은 알고 보니 돈이 있는 사람들이었다.

코로나 애비뉴의 그 건물은 무거운 인쇄기들이 있던 공장이었다. 우리가 입주했을 때는 건물 도처가 엉망이었고, 1층 바닥에는 기계 기름이 온통 널려 있었다. 우리는 전문 청소업자를 부를 돈이 없었기 때문에 승가 대중이 나서서 청소하고, 페인트칠을 하고, 목공일을 했다. 매일—특히 주말에—사람들이 일을 하러 나타났고, 많은 사람들이 페인트, 타일, 간판 등등의 자재를 기부했다. 6주 가까이 합심하여 노력한 끝에 점차 그 건물은 정말로 선 센터가 될 것처럼 보이기 시작했다.

건물 작업을 완성하기 전에 우리는 이미 이 선 센터를 운영할 법인 형태를 만드는 단계에 착수해 있었다. 우리는 동초 스님이 대만에서 만드신 조직인 '중화불교문화관'이라는 이름을 기려 그것을 그대로 따왔다.*

마침내 우리는 새 건물에 자리를 잡았다. 우리 조직은 안정되어 있었고, 나는 정기적인 좌선반과 선칠을 운영할 수 있었다. 또 나는 가르치는 기법을 더 가다듬어 그것을 나 자신의 것으로 만들기 시작했다.

---

* 뉴욕 선 센터는 1979년 우드사이드에서 처음 만들어졌고, 1980년 1월 엘름허스트로 옮겨 왔다. 그러나 건물 정비 작업은 여름부터 이듬해 봄까지 계속되었고, 1981년 5월 10일 중국식 사찰명 '동초선사東初禪寺'로 정식 개원하였다. 그 영문 이름은 'The Institute of Chung-Hwa Buddhist Culture'였다.

선 수행의 가르침은 오랜 역사를 가지고 있다. 중국선의 초기에는 선정을 닦는 것, 즉 마음을 고요하게 하는 것을 강조했다. 수행자들은 세간에서 멀리 떨어져 동굴이나 산중 오두막에 홀로 살았다.

4조 도신道信(580~651)의 시대에 대중수행이 시작되었다. 그래서 큰 선 도량은 대중이 500명에 이르기도 했다. 수행자들은 더 이상 홀로 수행하지 않았다. 6조 혜능慧能(638~713)은 수행방법을 다시 한 번 바꾸었다. 그는 『금강경』의 "머무르는 바 없이 마음을 낸다應無所住而生其心"는 구절을 듣고 깨쳤다. 혜능 이후로 선 수행은 매우 유연해졌다. 그의 방법은 '3무無', 즉 무념無念·무상無相·무주無住였다. 만일 마음이 이 3무를 깨달을 수 있으면 그 수행자는 깨달음을 '얻은' 것이다. 그때부터 선사들은 제자들에게, 늘 3무의 태도로 수행할 수 있으면 복잡한 이론이나 수행법을 배울 필요가 없다고 말했다. 선사들은 제자들에게 졸거나 게으르지 말라고 꾸짖는 것 말고는 아무런 실제적 가르침도 주지 않을 때가 많다. 그들은 제자들을 경책하면서 이렇게 말할 수도 있다. "죽음이 목전에 있다. 목숨이 무상한데 어찌 졸면서 시간을 낭비할 수 있느냐?"

훗날 송나라 때, 임제종 스님이던 대혜종고大慧宗杲(1089~1163) 선사가 화두법을 확립했다. 이것은 수행자들이 일견 불합리해 보이는 물음을 참구參究하는 방법이다. 예컨대 "무엇이 무無인가?", "너의 본래면목本來面目은 무엇인가?" 혹은 단순하게 "무無?" 같은 것이다. 그런 물음에 집중하여 다른 모든 생각을 몰아내면 그 수행자의 마음이 3무를 깨닫기 더 좋은 상태가 된다.

비슷한 시기에 조동종에서는 묵조默照의 방법을 내세웠다. 이것은 우리가 무엇을 하든―일을 하든 길을 걷든―자아중심적 집착 없이 자신이 하고 있는 것을 아주 명료하고 완전하게 자각하는 방법이다. 두 종파 중 임제종이 더 영향력이 있었고, 묵조선은 대혜 선사가 그것을 올바른 선 수행법이 아닌 것으로 보았기 때문에 평판이 나빠졌다. 화두법의 주창자였던 대혜 선사는 굉지정각宏智正覺(1091~1157) 선사의 묵조의 가르침을 진정으로 이해하지는 못했다. 그는 묵조가 마음을 컴컴한 동굴처럼 만드는 것이라고 생각했다. 내가 굉지 선사의 묵조를 되살리려고 노력하고 있는 요즘도 임제종에서는 그것이 잘못된 선이라고 생각하는 사람들이 있다. 사실 묵조는 남방불교의 위빠사나(Vipassana)나 천태종의 지관법止觀法과 아주 비슷한데, 내가 하는 묵조선칠이 인기 있는 이유 중의 하나도 그 때문이다. 그런 전통에 관심이 있는 사람들이 많이 참가하기 때문이다.

나는 화두법과 묵조법 둘 다 가르치며, 임제종과 조동종 두 법맥을 모두 이어받았다. 나는 어느 하나가 다른 것보다 우월하다고 보지 않는다. 사실 나는 굉지 선사가 설해 놓은 원리에 따라 묵조선을 되살리려고 최선을 다해 왔다.

예전 선 수행자들은 몇 년씩 선당에 머무르기도 했다. 어떤 사람은 선사의 한 마디에 자아중심적 집착을 놓아 버렸다. 어떤 사람은 선당에서 깨달음을 얻기도 했다. 그러나 그런 깨달음의 체험들은 대부분 선당 밖에서 일어났다. 그 수행자가 어떤 소리를 듣거나 무엇을 보았을 때, 그것이 아주 강한 반응을 촉발하여 깨달음에 이르게 한 것이다.

나는 서양에서 선을 가르칠 때 좀 다른 방법을 택했다. 내 제자들은 선칠에 들어와 고작 며칠밖에 머무를 수 없는 재가자들이었기 때문에 그들의 생활에 맞추어 준 것이다. 나는 예전 선사들의 가르침에 찬성하지 않았다. 요즘 사람들이 3무無를 바로 성취하는 것은 가능하지 않다고 생각했기 때문이다. 나는 먼저 그들에게 수식數息을 가르쳤다. 이것은 일본의 내 스승들에게서 가져온 방법이다. 남방 상좌부 불교와 중국의 천태종에서도 사용하는 방법이지만, 거기서도 사용하는 사람은 드문 편이다.

미국에서 내가 가르칠 때는 마음을 훈련하여 3무에 이르게 하는 과정을 세 단계로 나누었다. 첫째는 집중심, 그 다음은 통일심, 마지막은 무심이다. 집중심을 성취하려면 마음을 한 점에 고정하면서 선정을 닦아야 한다. 그러나 나는 사람들에게 정말 선정에 들도록 가르치지는 않는다. 그들의 생각이 더 이상 동요하지 않을 때가 되면 집중심을 성취한 것이라고 가르친다.

그 다음 단계인 통일심은 마음과 몸의 통일을 추구한다. 이때는 더 이상 우리의 몸을 하나의 짐으로 느끼지 않는다. 아주 편안하며, 가렵거나 아픈 데도 없다. 우리의 몸이 마치 하나의 솜덩이같이, 공기가 자유롭게 통하는 아무 무게가 없는 덩어리같이 느껴진다. 그럴 때는 마음과 몸과 환경이 통일되기 때문에, 우리의 몸이 존재한다는 것을 전혀 느끼지 못한다. 더 이상 '나'와 주위 환경이라고 하는 주체와 대상의 느낌이 존재하지 않는다. 우리는 우주와 하나가 되며, 시간, 공간 또는 어떤 한계의 느낌이 없다.

마지막 단계인 무심에서는 우리가 더 이상 몸·마음·환경을 자아로 보지 않는다. 여전히 마음·몸·환경을 명료히 자각할 수 있지만, 거기에 자아의 느낌은 없다. 선종의 한 고사에는 어느 제자가 이렇게 질문한 이야기가 나온다. "무심의 상태에서 무수한 현상들이 목전에 나타나면 어떻게 하시겠습니까?" 스승이 대답했다. "붉은 것은 희지 않고 푸른 것은 검지 않지만, 일체가 나와 무관하지." 다시 말해서, 무수한 현상들을 다룰 수 있지만 주관적인 자아가 그런 것들에 대해 주체와 대상으로서 관계하지 않는다는 것이다. 그것이 무주심無住心, 곧 '머무르지 않는 마음'이다. 우리는 해야 할 일을 하지만 자아중심적인 마음이 아니라 자비심과 지혜로써 한다. 이 마지막 단계는 설명하기가 아주 어렵다. 깨달음이 없는 사람들은 무주심을 가지고 활동하는 것이 어떤 것인지 이해하지 못할 것이다.

내 접근 방법은 중국의 선당에서 사용하는 방법과는 다르다. 중국 선당에서는 말없이 가만히 오랜 시간 좌선하고 난 뒤에 그것을 풀어주는 빠른 경행快步經行 외에는 다른 운동이 없다. 나는 이 빠른 경행이라는 중국식 방법에 느린 경행慢步經行이라는 남방불교의 행법을 결합시켰다. 그리고 내 가르침에서는 인도의 요가, 중국의 태극권과 안마(신체 마사지)도 사용한다. 서양인들은 이런 다양성과 정靜과 동動의 배합을 좋아하고, 거기에 잘 반응하는 것 같다.

나는 또 제자들에게 절을 하도록 가르치는데, 이것은 내가 낭산의 초년 시절부터 내 수행의 중심을 이루었던 방법이다. 나는 평생 얼마나 많은 절을 했는가? 이루 말할 수가 없다. 정해진 법식대로 몸을 굽혀 얼굴이 바닥에 닿게 한 다음, 몇 가지 일정한 동작을 하면서 도로 일어나 선 자세로 돌아오기를 반복하는 이 절은 아주 강력한 수행법이다. 다만 서양인들에게는 이것이 어려울 수도 있다. 특히 처음 할 때 그렇다. 내 제자들 중 어떤 사람들은 그것이 자기비하의 형태라거나, 혹은 불상 앞에서 절을 하는 것은 일종의 우상숭배라고 느끼기도 했다.

절을 통해 업장을 해소한다는 개념은 많은 서양인들에게 도무지 불가사의하게 느껴질 수 있다. 그래서 나는 절을 하면 마음이 쉽게 가라앉는다는 실제적인 효용에 초점을 맞춘다. 마음을 가라앉히기 힘든 사람들에게는 천천히 절을 하면서 그 신체 동작을 완전히 자각해 보라고 가르친다. 이런 식으로 절을 하고 나면 그들의 몸이 이완되고 가라앉아, 마음도 그렇게 될 수 있는 여지가 생긴다.

창송唱誦, 즉 기도는 내가 가르치는 선 수행의 또 한 가지 요소이다. 기도의 힘은 심리학이나 과학으로 설명할 수 없다. 기도를 할 때 우리는 힘을 일으킨다. 불교에서는 기도하는 사람과 기도 대상 간의 관계가, 종을 치는 사람과 종, 혹은 거울 앞에 선 사람과 거울의 관계와 같다고 이야기한다. 종을 치는 사람이 없으면 종은 울리지 않을 것이다. 거울도 그 앞에 누가 와서 서지 않으면 비추지 않는다. 기도의 대상인 그 존재는 사람들이 그에 대해 믿음을 가질 때에만 힘을 가질 수 있다. 기독교에서도 마찬가지다. 믿음을 가져야만 구원 받는다. 이 수준에서는 불교의 믿음과 서양 종교의 믿음이 다르지 않다. 기도에 힘을 주는 것은 믿음이다.

또 다른 수준에서 보자면, 선 수행은 마음의 힘을 일으킨다. 예를 들어 엄마가 자식을 늘 생각하면 그 아이는 엄마에게 편지를 쓰거나 전화를 해야겠다는 생각이 들 수 있다. 엄마에게서 직접 말을 듣지 않아도 엄마가 무엇을 원하는지 감지한다. 이런 마음의 힘은 보편적이다. 동양에서도 일어나고 서양에서도 일어난다. 그런데 그것은 한 사람의 힘에 지나지 않는다. 천 명의 사람이 대비주大悲呪를 함께 창송할 때 어떤 일이 일어날 수 있을지 한 번 생각해 보라. 여기서 나오는 힘은 어떤 구체적인 반응을 일으켜 인연을 성숙시킬 수 있고, 결국 어떤 변화가 일어난다.

사람들은 예를 들어 절 지을 땅을 살 돈을 구하기 위해 함께 모여 기도를 할 수 있다. (대만의 우리 절인 법고산法鼓山과 그곳의 승가대학을 지을 땅을 매입할 기금을 모을 때 실제로 그렇게 했다). 관세음보살이 그 사람들에게 그 땅을 살 의지를 심어준 것은 아닐 것이다. 관세음보살에게 하는 기도가 만들어내는 마음의 힘이 그런 결과를 가져오는 것이다. 물론 아무리 많은 사람이 함께 기도한다 하더라도 그 결과가 발생하려면 인연이 성숙해야 하지만 말이다.

선에서는 사람들에게 특정한 결과를 얻기 위해 창송을 하라고 권하지 않는다. 선사들이 무엇을 요구할 때는 그들 자신만을 위해서가 아니라 모두를 위해 그렇게 한다. 예를 들면 극심한 가뭄이 들어 땅이 갈라지고 말라 버리면 지방 관리들이 어떤 스님에게 기우제를 지내 달라고 청할 수도 있다. 선사가 비를 빌면 비가 내렸다는 사례가 많이 있다. 서양인들은 그것이 완전히 미신이라고 생각한다. 나는 그것이 순전한 우연의 일치일 가능성이 있다는 데 동의한다. 비를 내리게 해 달라고 기도했는데 비가 내릴 때, 그 기도를 했든 안 했든 그냥 비가 내릴 때가 되어서 내린 것일 수도 있다는 것이다.

하지만 내가 행하고 가르치는 것들은 본질적으로 심리학이나 과학으로 설명할 수가 없다. 선에서의 깨달음은 실험실에서 만들어낼 수도 없고 어떤 기계로 측정할 수도 없다. 깨달음은 직접적인 체험으로만 알 수 있다. 마치 한 잔의 차가 따뜻한지 여부는 그 차를 마시는 사람만이 알 수 있듯이.

내가 제자들을 지도하는 몇 가지 방식을 설명했지만, 내 가르침의 핵심은 인연관因緣觀이라고 말할 수 있다. 즉, 모든 일이 일어나고 사라질 때는 다 이유가 있다는 것이다. 우리는 그 이유들 중 일부는 알고 나머지는 모른다. 일어나는 모든 일은 이유가 있어서 일어난다. 우리가 그 이유를 모른다면 그것은 우리 자신의 한계 때문이다.

인연법이 불법의 가장 중요한 부분이라는 것을 이해해야 한다. 만일 이것을 이해하면 어떤 일이 어렵다고 포기하지 않을 것이고, 이룰 수 없는 것을 이루겠다고 고집하지도 않을 것이다. 또 남들을 질투하거나 자기 자신에 대해 화를 내지 않게 될 것이다. 우리가 장애를 만날 때는 성공 가능성을 높일 수 있는 조건들을 배양해야 한다. 어떤 사람들은 오랜 시간을 수행하고서도 깨달음을 얻지 못하지만, 그래도 수행이 아주 도움이 된다는 것을 알고 몹시 기뻐한다.

나는 제자들에게 깨달음에 대해서는 걱정하지 말라고 가르친다.

왜냐하면 깨달음을 가져오는 인연법을 완전히 이해하기란 불가능하기 때문이다. 나는 1976년부터 선을 가르쳤다. 어떤 제자들은 나를 만나기 전부터 수행을 해 왔지만 아직도 깨달음을 체험하지 못했다. 그러나 그들은 포기하지 않는다. 그들은 인연법이 불가사의하다는 것을 이해한다. 그들은 실망하거나 지나치게 흥분하지 않으며, 자만하지 않는다.

퀸스 지구에서 사람들을 가르치던 이 시절에 나는 선 수행자에서 선사로 옮겨갔다. 선사들은 훈련으로 양성되지 않으며, 모든 스님들이 선사가 되는 것도 아니다. 선사는 몇 가지 기준을 충족해야 한다. 우선 자신의 참된 불성을 본 사람이어야 한다. 그리고 불법을 잘 알고 있어야 하고, 그것을 명료히 설명할 능력이 있어야 한다. 또한 의사소통을 잘 할 수 있어야 하고, 참으로 남들에게 다가가 그들을 감동시킬 수 있어야 한다. 그리고 가르칠 장소가 있어야 한다.

나는 오십이 되기 전까지는 선사가 되지 않았다. 그 전에는 여전히 모색 중이었다. 내 나름의 가르치는 스타일을 개발하지 못했고, 지도자로서의 정체성을 확립하지 못한 상태였다. 그러나 일단 선사가 되고 나자 권력이라는 짐, 즉 그런 수준의 권위를 갖는다는 것이 무엇을 의미하는지 잘 헤아려서 대처해야 했다. 선의 역사상 선사들은 그 권력이 세간적인 것에 지나지 않으며, 책임 있게 다루어야 한다는 것을 알고 있었다. 어떤 스승들은 수행이 부족했기 때문에 권력에 탐착貪着했고, 자신의 역할과 책임을 망각했다.

그러나 아주 널리 인정받는 선사들은 명성과 권력을 다룰 줄 알았다. 어떤 경우에는 그것을 포기해 버리는 방식도 썼다! 경전에 나오는 송나라 때의 고사에서는, 한 선사가 전성기 때 은퇴했다. 제자인 한 고위 관리가 그를 그리워하여 찾아 나섰다. 그 관리는 아주 좋은 절이라고 소문이 난 어느 절에 가서 선사를 찾았다. 그는 스님들 중 한 명에게 여기 큰 수행자는 없느냐고 물었다.

그 스님이 대답했다. "아닙니다. 여기 우리는 모두 평범한 사람들입니다. 밥 먹을 때는 밥 먹고, 잠잘 때는 잠을 잡니다."

"깨달은 분은 없습니까?" 관리가 물었다.

"자신이 깨달았다고 말하는 사람은 깨닫지 못한 것이 분명합니다. 깨달음은 개인적인 문제이지요." 그 스님이 말했다.

나중에 관리는 식당에서 다른 사람들에게 배식하고 있는 한 스님을 보았는데 낯이 익었다. 관리는 이 스님을 어디서 보았는지 생각이 나지 않았다. 그래서 책임자 스님에게 물었다. "저 스님을 어디서 만나 뵌 것 같은데, 법명이 어떻게 됩니까?"

"저분은 이름이 없습니다. 저 스님은 1년 이상 이곳에 살고 있는데, 주방에서 일을 하고 채원에 거름을 주지요." 행정승이 말했다.

"저분이 큰스님이라고 생각하십니까?" 관리가 물었다.

"무슨 말씀을. 여기는 큰스님이 없습니다." 그 스님이 대답했다.

관리는 식사가 끝난 뒤 안면이 있는 그 배식 담당 스님에게 다가갔다. "제가 어디서 스님을 뵙지 않았습니까?" 관리가 물었다.

그 스님이 대답했다. "나는 거짓말을 할 수도 없지만 사실을 말할 수도 없소. 당신은 그를 알았을지 모르나 나는 그를 알지 못하오." 그러고는 자기 일을 하러 저쪽으로 가 버렸다.

그 스님은 과연 그 관리의 스승이었던 주지 화상이었다. 그는 주지직에서 물러난 뒤에 평범한 소임을 맡고 있었다. 왜 그랬을까? 그는 전임 직위 때 가졌던 권력에 대한 집착이 없었기 때문이다.

18 상강도량 象岡道場

선종에는 안거 수행의 오랜 전통이 있다. 중국 본토에서는 조동종과 임제종 공히 여름 석 달 안거와 겨울 석 달 안거를 하며, 이때는 산문을 닫고 오랜 시간 좌선과 묵언을 한다. 재가자들이 안거에 참여하는 경우는 드물다. 그들에게 안거 수행을 허용하지 않아서가 아니라, 농경사회인 중국에서 그들은 너무 바빠 절에 들어가서 장기간 수행할 시간적·경제적 여유가 없었기 때문이다. 만일 그들이 자신의 수행을 심화시키고 싶으면 승려가 될 수 있었다.

또한 일반적으로 중국의 전통적 선당들은 재가자들을 수용하기에는 너무 작았다. 선당은 수행하는 곳이자 잠자는 곳으로 사용되었다. 앞쪽에는 좌선하는 대臺가 마련되어 있었다. 뒤쪽에는 침구를 두었고, 밤에는 모두 그곳에서 잤다. 법당은 절 생활에서 지켜야 할 청규淸規에 관해 법문을 하거나 열심히 정진하라고 경책하는 곳으로 사용되었다. 실제로 불법에 대해 강의하는 일은 매우 드물었다.

이 모든 것이 변했다. 지금은 재가자들이 선 수행에 아주 열심히 참가한다. 퀸스 지구의 내 승가 대중도 계속 늘어났고, 우리가 운영하는 선칠들은 인원이 넘쳐 대만원을 이루었다. 1990년대 중반이 되자 코로나 애비뉴의 두 번째 선 센터도 늘어나는 인원을 수용하기에는 너무 좁았다. 그래서 우리는 퀸스 지구 외곽에, 이왕이면 농촌 지역에 더 널찍한 수행 센터를 창건하기로 결정했다.

다행히도 이곳의 승가 대중이 증가한 것은 뉴욕 지역의 중국 교민들이 속속 가담한 때문이었고, 그들 중 상당수가 퀸스 선 센터의 발전에 기여했다. 조금 더 나가서 이야기하겠지만, 대만의 우리 조직이 비약적으로 성장하고 있었고, 그래서 미국에서 터와 건물을 매입하는 계획을 추진할 수 있었다.

1995년에 우리는 많은 후보지를 물색한 끝에 뉴욕 주 파인부시(Pine Bush)에서 수행 센터를 지을 멋진 장소를 발견했다. 이곳은 원래 개인 땅이었는데 나중에 YWCA의 여름 캠프가 되었다. 우리가 땅을 보러 갔을 때는 YWCA가 이미 철수한 뒤였고 많은 건물이 황폐해진 상태였다. 그러나 자체 호수와 산책로가 있는 아름다운 곳인데다가 외딴 곳이었다. 무엇보다 좋은 점은 본관 하나와 식당 하나 외에도 작은 언덕 위에 큰 집회당이 있다는 것이었다. 선칠을 개최하기에 완벽한 곳이었다.

뉴욕 시에서는 약 두 시간 거리였다. 샤왕겅크 산맥*의 남쪽 끝이라 구릉들이 솟아 있고, 단풍나무·참나무·자작나무 숲과 물결치는

---

* Shawangunk Ridge. 뉴욕 주 허드슨 강 서쪽의 구릉 산맥.

들판과 작은 연못이 있으며, 새·마멋·사슴·흑곰을 위시한 많은 동물들이 사는 곳이었다. 사랑스럽고 목가적인 곳으로 뉴욕 시에서 금방 갈 수 있는 거리였다. 그러나 문제가 있었다. 파인부시 읍은 우리가 종교단체라 재산세를 내지 않을 것을 우려했다. 그래서 우리는 공무원들에게 읍에 기꺼이 돈을 기부하겠다고 했다. 또 우리의 이웃이 될 사람들이 우리가 중국인이고 불교도인 것을 알게 되자 더 많은 문제가 생겼다. 그들은 우리가 어쩌면 이상한 의식과 사악한 짓을 할 사교邪敎 집단일지 모른다고 생각했다. 우리는 우리의 목적이 평화로운(그리고 조용한!) 성격의 것임을 그들에게 정중하게 교육시켰고, 그들은 마침내 누그러졌다. 일단 그 땅을 매입하고 나자 우리는 뛸 듯이 기뻤다. 비록 건물들의 방한 벽재가 부실하고 난방도 시원찮았으며 쥐들이 들끓기는 했지만 말이다. 그래도 우리는 상관하지 않고, 레크리에이션 강당이던 건물에서 첫 겨울 선칠을 시행했다.

내 제자들은 우리의 새 파인부시 센터에서 한 선칠에서 큰 이익을 얻는 것 같았다. 그러나 일부 제자들에게는 이런 선칠이 힘든 과정이었다. 한 제자는 아주 명민한 친구로 내가 가르친 것을 한 마디 한 마디 다 기억할 정도였는데, 내 강의에 주기적으로 결석을 했다. 나는 그가 자기 처에게 폭력을 휘두르고 마약을 사용한다는 것을 알게 되었다.

그는 이따금 돌아와서 강의나 선칠에 참석하곤 했다. 나는 그에게 왜 사라졌느냐고 물었다.

"저는 당신의 가르침이 너무 유익해서 더 이상 올 필요가 없다고 느꼈습니다." 그가 대답했다.

"그러면 지금은 왜 왔는데?" 내가 물었다.

"저는 자동차와 같습니다. 새 차를 한동안 몰고 나면 수리하기 위해 정비소에 가져가야 합니다." 그가 말했다.

그의 마음은 과연 가라앉았고, 특히 선칠이 끝나면 그랬다. 그래서 마약을 끊어 보기도 했다. 그러다가 다시 사라지고 그 습이 재발하곤 했다. 그의 행동은 나에게 적잖은 슬픔을 안겨주었다. 돌아올 때마다 잘 타일러 보았지만 어떻게 도와주어야 할지 알 수 없었다.

만일 그가 내 곁에 계속 있었다면 그런 문제들이 없었을 것이다. 수행할 때는 좋았지만 수행하지 않을 때는 그렇지 않았다. 수행에서 빠졌다가 돌아오면 선당 안에서 마음 상태가 아주 불안정했고, 많이 힘들어했다. 그래도 수행이 그에게 도움이 되었다. 그러더니 결국은 아예 나타나지 않았다.

어떤 제자들은 자부심과 야망으로 힘들어했다. 한 제자가 언젠가 나에게 물었다. "스님께서 이 세상에서 가장 훌륭한 스승이십니까?"

"나는 아니다." 내가 말했다.

"누굽니까?" 그가 물었다.

"글쎄. 어쩌면 너에게는 내가 최선의 스승일지도 모르지."

"스님께서 가장 훌륭한 스승이라는 확신이 없으시니까, 저는 가장 훌륭한 스승을 찾아보겠습니다." 그가 말했다.

한 이태 뒤 그가 돌아와서 말했다. "이 세상에 최고의 스승 같은 것은 없는 것 같습니다. 사람들이 큰 스승이 있다고 하면 그분이 가르치는 곳에 가 보았는데, 그렇게 훌륭한 것 같지 않았습니다."

또 다른 제자는 내가 그랬듯이 6년간 폐관할 만한 곳을 찾았는데 내가 도와주지 않자 화를 냈다. 나는 그에게 너는 아직 스승의 지도 없이 수행할 준비가 되어 있지 않다고 말했다. 어쨌든 내가 그의 폐관 수행처를 찾아줄 의무는 없었다. 내가 말했다. "아무도 내 수행처를 찾아주지 않았어. 나 스스로 찾았지." 그는 내가 폐관 수행을 권하지도 않고 수행처도 찾아주지 않자 상당히 화를 냈고, 그래서 우리 단체를 떠났다.

다른 불교 종파의 여러 스승 밑에서 공부한 뒤에 내 곁에서 수행하러 온 사람들도 더러 있었다. 그들이 그 스승들을 떠난 이유는 그들이나 그들의 조직이 별로 훌륭하지 않다고 생각했기 때문이다. 이 사람들은 처음에는 아주 충실한 제자들이었다. 비록 예전에 수행하던 곳에서 배운 관념들을 다소 가지고 있기는 했지만 말이다. 그러나 결국 나도 그들의 이상을 충족하지 못했다. 그들은 비판을 하기 시작했고, 나를 변화시키고 싶어했다. 심지어 나에게 어떤 제자들을 쫓아내라고 요구하기까지 했다. 나는 그들의 이상에 맞춰주기 위해 스승인 나 자신을 변화시키거나 우리 조직을 변화시킬 수는 없었다.

이 사람들은 떠났다. 우리는 적이 되지 않았고, 나는 그들이 떠나는 것을 보고도 낙심하지 않았다. 그들은 단순히 자신들의 이상을 충족시키고 싶었던 것이고, 내가 그 요구에 더 이상 부합하지 않자 다른 곳을 찾아보고 싶었던 것이다. 그래도 그들은 나에게서 뭔가를 배웠고 조직에도 일정한 기여를 했다. 그들이 오는 것도 좋은 일이고 떠나는 것도 좋은 일이다. 거기에 대해서 언짢아 할 것이 전혀 없다. 이 세간의 모든 것이 무상하니 말이다.

1980년대에 우리가 알게 된 또 하나의 문제는 미국에 있는 일부 동양종교 단체에서 일어난 재정 및 성 추문들이었다.* 많은 언론이 이 사건들은 보도했다. 내 제자들 대부분은 우리 조직에는 이런 문제가 없다는 것을 굳게 확신하고 있었지만, 다른 조직의 일부 제자들이 우리에게도 그런 문제가 있는지 살펴보러 왔다. 한동안 이 때문에 다소의 의심이 일었지만, 그 누구도 어떤 문제도 발견하지 못했다.

나는 그 문제에 대해서는 아주 평화로움을 느낀다. 성性과 돈은 내 삶에서 두 가지 빨간불이다. 나는 이 두 가지 문제에 대해서만큼은 늘 아주 조심하고 있다. 나는 모든 사람을 감정이 아니라 자비와 지혜로써 대한다.

하지만 서양인들은 아주 열정적이어서, 더러 내가 잘 대해 주면 감정으로써 반응한다. 그러나 나는 절연체이다. 나에게는 전기가 통하지 않는다. 설사 그들이 감정으로써 나를 대한다 하더라도 어떤 연결은 없을 것이다. 서양에서는 악수와 포옹이 아주 보편적이다. 나는 악수를 하는 것이 적절한지 판단하여 때로는 악수를 거절한다. 포옹은 하지 않는다. 한 번은 예외적으로 포옹해 주었는데, 내 제자 한 명이 우리 단체를 떠날 때였다. 미국 여성들은 포옹하기 좋아하지만 나는

---

* 대표적 사례는 1983년 샌프란시스코 선 센터의 리처드 베이커 선사이다. 같은 해 로스앤젤레스 선 센터의 마에즈미 하쿠유 선사도 성 추문이 알려졌다. 뉴욕의 시마노 에이도 선사는 일찍부터 성 문제가 있었고, 1988년에는 프로비던스의 숭산 선사도 거명되었다.

그것을 거절할 필요가 있다는 것을 안다. 한 번은 내가 무방비 상태일 때 한 여성이 나를 포옹하는 데 성공했다. 그 후로 나는 그런 상황에 대비했고, 그녀가 다시는 그러지 못하게 했다.

우리 단체에 인간관계 문제들이 없었던 또 하나의 요인은 내 제자들이 한 공동체 안에서 같이 살지 않는다는 것이다. 선칠이 끝나면 그들은 집으로 돌아간다. 우리가 수행을 위해 한데 모인다는 것은 아주 분명하지만, 그뿐이다. 만일 우리가 하나의 공동체 안에서 늘 함께 산다면 인간관계 문제가 일어날 수도 있을 것이다.

돈에 관해서 보자면 나는 사람들에게 돈을 꾸어주지 않는다. 그것은 주로 내가 어떤 개인 돈도 가지고 있지 않다는 것 때문이다. 다만 선 센터 이름으로 기부할 때는 있다. 나는 또 돈을 꾸지 않는다. 부동산을 사기 위해 돈이 필요하면 우리는 은행에서 대출을 받았다. 그렇지 않으면 시주금으로 자금을 마련한다. 이런 정책 때문에 우리에게는 돈으로 인한 분쟁이 없었다.

나는 또 정치를 둘러싼 분쟁을 피하려고 노력한다. 미국에서는 반정부 시위나 반전 시위가 종종 벌어진다. 나는 1970년대에 베트남 전쟁에 반대하여 시위를 벌인 베트남 불교 단체들을 알고 있다. 그러나 나는, 정치에 주의를 기울이기는 했으나 개입하지는 않은 석가모니 부처님을 신뢰한다. 다만 내 제자들 중 일부는 정치적 문제들에 대해 어떤 입장을 취하라고 나와 내 조직을 압박하기도 했다. 그들은 정치적 견해를 공개적으로 피력하는 가톨릭교회를 들면서, 교황이 정치 문제에서 영향력이 있다는 사실을 지적했다. 그러나 교황은 전쟁이 일어나는 것을 막지 못했고, 세계의 모든 가톨릭 신도들을 동원하여 이런 저런 전쟁에 반대하는 시위를 벌이게 하지도 못했다. 내 입장은, 종교 조직들은 정치에 개입하지 않는 것이 더 낫다는 것이다. 제자들은 처음에는 내 입장을 힘들어했지만 나중에는 그것을 받아들였다.

우리 선 센터에 별 문제가 없었던 이유 중의 하나는 나에게 뛰어난 제자들이 있었다는 것이다. 과원(궈위앤)果元 스님*은 나와 가장 오랜 기간을 함께 했는데, 18년이 넘었다. 우리의 관계는 스승과 제자의 관계이다. 내가 어디를 가든 그가 나와 동행한다. 그는 우리의 선 센터와 상강도량象岡道場(Dharma Drum Retreat Center)**의 주지를 지냈고, 지금은 법고산 선당의 당주堂主이다. 그는 내가 선칠을 주재하는 것을 도와주며, 나와 함께 세계를 여행한다. 나는 우리가 아버지와 아들 같다고 말하고 싶다. 그러나 부자간은 싸움도 하지만 우리는 그러지 않는다.

그는 내 가르침을 고마워하고, 나는 그의 도움을 고마워한다. 이것이 스승과 제자 간의 정상적인 관계이다. 나는 그를 한 사람의 제자, 친구 그리고 선생으로 대우한다.

나는 동초 스님이 스승과 제자 간의 관계에 대해, 그것이 3할은 사제관계이고 7할은 도우道友 관계라고 말씀하신 것을 늘 기억한다. 나

---

* 베트남 화교 출신의 스님(1950~). 뉴욕 동초선사에서 성엄 스님 밑으로 출가했고, 스님의 법을 이었다.
** 샤왕컹크 파인부시의 수행 도량을 말한다. '상강象岡'은 샤왕컹크의 음역이다.

는 제자들을 늘 제자로만 대할 수가 없다. 나도 그들의 사고방식과 경험에서 배운다. 우리는 스승과 제자이고, 또 우리는 좋은 친구들이기도 하다.

나는 동초 스님이 하시던 일을 이어받았다. 언젠가 스님이 나에게 말씀하셨다. "스승과 제자 간의 관계는 아버지와 아들, 선생과 학생의 관계와 같지만, 하나의 도우 관계이기도 하다. 스승은 지도하고 비판하고 바로잡아 줄 수 있겠지만, 제자가 그 자신의 수행을 책임져야 한다. 스승은 제자에 대해 어머니같이 걱정해 줄 수는 없다. 스승은 그냥 제자를 올바른 길로 이끌어 줄 뿐이다. 그 길을 가야 하는 것은 제자 자신이다."

더러 어떤 제자가 스승에게 특별한 대우를 해 달라고 할 때는 문제가 발생한다. 오래 된 제자들은 단지 오래 가까이 있었다는 것 때문에 더 많은 혜택을 얻는 경향이 있다. 나는 모든 제자를 평등하게 대우한다. 내가 나름대로 한 사람의 스승이자 지도자가 되기로 결정한 이후 지난 25년여의 기간에 걸쳐—내 생애의 마지막 3분의 1에 해당한다—제자들의 수가 몇 배로 늘어난 이유 중의 하나는 바로 그것이라고 나는 생각하고 싶다.

내 건강은 늘 좋지 않았지만, 지난 몇 년 동안 활력 있게 내 삶을 살려고 노력해 왔다. 내가 필요할 때는 언제든지 가서 그 프로젝트를 하고, 그런 다음 기진하여 쓰러진다. 다음 프로젝트가 나를 필요로 할 때까지는 쉬어야 한다. 의사는 내가 더 쉬지 않으면 곧 죽을 거라고 말했다. 그러나 일이 있을 때 나는 늘 이렇게 느꼈다. 내게 시간이 많이 남지 않았기 때문에 그 시간을 잘 이용하여 일을 하고 남들을 도와야겠다고. 아직 할 수 있는 동안은 일을 해야 한다.

19 법고산 法鼓山

파인부시의 수행 센터가 자리를 잘 잡고 나자, 내 마음은 대만에 법고산法鼓山을 창건하는 문제로 쏠렸다. 나는 농선사를 돌보기 위해 여러 해 동안 대만을 오가던 터였다. 나는 이 절에 불학연구소를 창건하고 싶었고, 그래서 타이베이에 더 오래 머무르기 시작했다.

처음에는 농선사 인근 주민들 중 일부가 절의 확장에 반대했다. 그러나 우리는 밀고 나갈 수 있었다. 나중에 우리는 법고산 건립을 위한 계획에 착수했는데, 그것은 그 절에 불교대학과 연구 센터를 부속시키는 큰 건축 계획이었다.[*] 그런 규모의 공사를 해낼 만한 경험과 기술이 부족한데도 계약을 따 내려는 현지 업체들이 있었다. 결국 우리는 그 일을 시공업체들에게 맡겼고, 그들은 다시 하청업체들에게 하도급을 주었다. 그래서 우리는 더 이상 그런 문제들과 씨름할 필요가 없게 되었다.

---

[*] 법고산 건립 계획은 1989년 부지를 확정하면서부터 본격화되었다. 법고산은 대만 북부 진산현金山縣에 있으며, 2005년에 정식으로 개산開山하였다.

우리는 대만 각지에 많은 부동산을 소유하고 있고 그 중 일부는 상당히 넓은 땅이기 때문에, 우리 조직이 매우 부유하다는 세간의 인식과 싸워야 한다. 우리에게 돈과 땅을 기부해 달라는 요청이 종종 들어온다. 그럴 때는 우리가 받는 시주금이 우리의 교육 사업에만 쓰도록 되어 있기 때문에, 어떤 가치 있는 대의라 해도 남에게 그 돈을 줄 수는 없다고 설명한다. 지역사회에 대해서는 봉사활동과 각종 과정을 개설하여 보답하는데, 이것은 우리가 현지 주민들의 복지에 기여하는 방식이기도 하다. 이런 대사회적 노력은 법고산과 이 절이 자리 잡은 지역사회 간의 긴장을 해소하는 데 도움이 된다.

나는 우리가 사회의 모든 방면과 관계를 유지해 나가야 할 필요가 있다는 것을 발견했다. 지역사회, 각 정당의 정치인, 업계 지도자들, 예술가들, 농민들이 그들이다. 우리는 이 모든 방면에 신도들이 있다. 물론 우리 신도의 대다수는 보통 사람들이지만 말이다. 우리는 어떤 부류의 사람을 다른 부류보다 편애하거나, 한 정당을 다른 정당보다 더 편들지 않는다. 우리가 이런 접근 방법을 취하는 것은 재정적인 이유에서가 아니다. 수천 명의 대만 엘리트들이 우리의 선칠에 참가하지만 나는 그들에게 시주금을 내라고 하지 않는다. 내 목표는 그들이 선 수행의 방법과 개념을 사용하여 그들의 업무와 조직에서 이익을 얻게 하는 것이다. 그것이 법고산이 사회에 기여하는 방식이다. 그것이 우리의 임무다.

나는 내 제자인 스님들을 훈련할 때, 시주를 받을 때는 여러 사람들로부터 받으라고 한다. 만일 우리가 소수의 사람들에게서만 시주를 받으면 소수의 사람들하고만 관계를 맺게 될 것이다. 그러나 많은 사람들로부터 시주를 받으면 우리는 폭 넓은 선연善緣을 맺게 된다.

우리의 노력으로 법고산은 대만의 4대 불교 조직의 하나가 되었다. 가장 큰 조직은 자제慈濟*이고, 두 번째로 큰 것은 불광산佛光山이다. 그 다음은 우리 법고산, 그리고 중대산中台山**이다. 이 네 조직을 흔히 대만불교의 4대 본산이라고 하지만, 이들은 서로 대립하지 않는다. 오히려 우리는 서로 교류한다. 중대산의 개산조인 유각화상惟覺和尙과 나는 같은 영원 스님을 스승으로 모신다. 불광산의 성운화상星雲和尙은 동초 스님의 제자였으므로*** 나와는 사형제간이고, 또 우리는 오랜 친구이다. 자제의 증엄證嚴 스님은 인순印順 스님의 제자였는데 인순 스님은 태허 스님의 제자였다. 돌아가신 나의 스승 동초 스님이 인순 스님의 사형제였으니 우리는 같은 집안이다.

각 조직마다 그 나름의 특색이 있다. 중대산은 선 수행을 강조하며, 지역사회 봉사를 통해 세간에 불법을 전파한다는 관념은 없다. 불광산은 다섯 대륙에 절들이 있고 도처에 신도들이 있다. 그리고 승가 교육과 자체 출판사 및 TV 채널을 통한 봉사 활동에도 적극적이다. 자제는 승려들은 있으나 절은 없고, 그들의 활동은 재난구호, 의료 봉

---

* 공식 명칭은 '불교자제자선사업기금회.' '자제' 의 두 글자만 내걸고 활동한다. 1966년 증엄 스님이 대만 동부 화롄에서 창설했다.
** 대만 중부 난터우현南投縣 푸리浦里에 있으며, 2001년 유각 스님이 창건했다.
*** 성운 스님은 1945~47년간 초산 불학원에서 동초 스님에게 배웠다.

사, 교육에 집중된다.

법고산도 자선 활동과 재난구호 활동을 많이 해 왔지만, 특히 우리의 대학과 불학연구소를 통한 불교학 연구에 매진함으로써 뚜렷한 특징을 보이고 있다. 우리는 또한 선의 방법과 개념들을 전파하는 데도 전념한다.

우리는 몇 가지 방식으로 이른바 '환경보호環保'를 주창한다. 우리는 건물과 주변 환경을 단순하고 깔끔하게 유지함으로써 일상생활 환경을 보호하며, 법고산과 우리 신도들의 가정에서 실용적이고 청결한 생활을 고취한다. 우리는 올바른 예법을 통해 우리의 사회 환경을 보호한다禮儀環保. 우리 신도들은 옷을 단정하게 입고, 서로 부드럽고 지혜롭고 자비롭게 말하며, 존경과 감사의 마음으로 행동하고, 남들과 싸우지 않는다. 또 우리는 자원을 낭비하지 않음으로써 자연환경을 보호한다自然環保.

마지막으로, 우리는 우리의 영적 환경을 보호한다心靈環保. 우리의 신도들은 번뇌와 동요를 느낄 때 자신의 환경과 대립하기보다는 선의 개념과 방법을 사용하여 스스로를 돕도록 배운다. 선은 우리가 마음을 열고, 모든 상황을 받아들이며, 모두에게 봉사하고, 일어나는 모든 일을 자비와 지혜로써 처리하는 데 도움을 준다.

우리의 희망은 선 수행을 통해 지구상에 하나의 정토를 창조해 내는 것이다. 곧, 번뇌에서 벗어난 곳을 만드는 것이다. 선종의 정토 개념은 일본불교 정토종의 그것과는 좀 다르다. 정토종의 개념은 아미타불의 성호를 지송하여 서방정토, 즉 극락에 왕생하기를 바라는 것이다. 그에 반해 법고산이 추구하는 선종의 정토는 지금 여기서 성취할 수 있는 것, 곧 자기 마음의 정토自心淨土이다.

우리는 선의 개념과 방법을 사용하여 사람들이 일상생활의 질을 높이는 것을 도울 뿐 아니라, 그들이 지혜와 자비의 마음을 얻고 번뇌와 무지를 더는 것을 돕는다. 우리는 여전히 범부중생들의 세계에 살고 있지만, 이런 수행을 하면 환경이나 상황의 영향을 받지 않고, 괴로움, 분노, 질투, 대립, 좌절의 감정에 휘말리지도 않는다. 지진, 전쟁, 홍수 등은 여전히 일어나겠지만 우리는 자비심으로 그 같은 어려운 사태에 대처하게 될 것이다. 나의 많은 제자들은 번뇌가 덜어지고 지혜와 자비가 늘어나는 것을 경험하고 있다. 이것은 그들이 세계를 경험하는 방식의 한 변화이다. 그래서 그들이 계속 나와 함께 공부하는 것이다.

이제 법고산은 5천 명 이상의 자원봉사자와 함께 선을 가르치거나 자선사업을 한다. 스님들도 2백 명이 넘지만, 우리 조직의 규모에 비해서는 적은 숫자이다. 이는 우리가 승려들을 훈련하기 시작한 것이 비교적 최근의 일이기 때문이다. 그들의 수는 매년 늘고 있다.

대만에서 내가 여러 가지 일에 전념하는 바람에 중국선은 미국에서 일본선이나 티베트불교만큼 잘 알려지지 않았다. 내가 늘 대만으로 돌아오곤 했기 때문에 미국의 내 제자들은 나와 강한 유대를 형성하지 못했다. 석 달 동안 한 무리의 제자들을 가르치고 나면 내가 가고 없는 것이다. 내가 떠나고 나면 제자들은 함께 선을 공부할 사람이 없었다. 미국에 있는 다른 중국 스님들은 중국 교민사회 내에 있고 영어를 못하기 때문이다.

내가 반년 뒤에 미국으로 돌아가면 내 영어는 녹슬어 있고, 그래서 새로운 제자들을 끌기가 어려웠다. 가장 헌신적인 서양인 제자들은 내가 미국에 간 처음 2년 동안 나와 함께 공부를 시작한 사람들인데, 이때는 내가 연속적으로 가장 오래 미국에 머무른 시기였다.

내가 오래 자리를 비우지 않고 미국에 머무른다면 아마 더 많은 서양인 제자들이 생겨날 것이다. 나의 좋은 친구 틱낫한 스님은 그렇게 했고, 미국에서 아주 인기가 있다. 그는 1974년 베트남에서 미국으로 왔는데 내가 가기 불과 1년 전이었다. 이 스님도 시집과 기타 저작들을 통해서 자신의 가르침을 펴 왔다. 그의 산문이 내 산문보다 훨씬 더 아름다운데, 이 스님만큼 글을 많이 써내는 선사는 거의 없다.

우리 조직이 성공하면서 책임도 커졌고 남들의 적대감도 커졌다. 중국 속담에 "나무가 크면 바람을 많이 맞는다樹大招風"는 말이 있다. 우리는 질투의 대상인데다가, 규모가 크고 상당한 자원을 움직이다 보니 우리를 이용하려는 사람들도 있다. 그러나 우리는 모든 사람을 자비심으로 대하는 것을 하나의 수행으로 삼고 있다. 우리를 질시하거나 기회주의적인 사람들이라 할지라도 말이다.

20 한 바퀴 돌아오다

나는 내가 세계시민이라고 생각한다. 한 사람의 종교적 스승이자 승려인 나는 어떤 민족이나 국가에 속하지 않는다. 나는 여기 저기 흘러 다니는 구름과 같다. 나는 전 세계를 여행했고, 지구는 나에게 아주 작게 느껴진다. 모든 장소가 다른 곳들과 연결되어 있다.

중국의 옛 속담에 "떨어진 잎은 뿌리로 돌아간다落葉歸根"는 말이 있다. 다시 말해서 사람은 늙으면 고향으로 돌아가고 싶어하는 것이다. 그래서 몇 해 전에 내 고향인 강소에 가 보았다.

부모님은 이미 돌아가셨다. 어머니는 불과 예순 살에 세상을 떠나셨고,[*] 아버지는 팔십대에 돌아가셨는데 만년에는 홀로 사셨다. 당시 중국에서는 누구나 그랬듯이 자식들은 가난 속에서 살려고 발버둥쳤다. 만일 내가 본토에 머물러 있었다면, 작은 고향 마을에서 농사를 지으며 근근이 살아가기보다는 아예 출가하거나 아니면 생계를 위해

---

[*] 스님은 불학원에 다니던 1948년 가을, 어머니의 병환 소식을 가져온 셋째 형과 함께 속가를 찾아 어머니 곁에 반달쯤 머물렀다. 어머니는 두어 달 뒤 세상을 떠났다.

다른 데로 갔어야 했을 것이다. 그리고 설사 외지로 나가거나 출가하지 않았다 하더라도—이것은 그냥 해 보는 상상이지만—만일 내가 나를 키워준 부모님 가까이서 먹고살 방도를 찾았다면 그분들께 큰 도움은 되지 않았을 것이다. 동서양을 막론하고 요즘은 자식들이 부모를 거의 돌보지 않는 것을 많이 보게 된다. 그러나 부모는 늙어서까지 자식들을 보살펴야 할 경우가 많다. 적어도 나는 부모님이 나를 보살펴 줄 필요는 없었다.

나는 강소의 부모님 산소를 찾았다. 형님 말로는, 아버지는 돌아가실 때 내가 어디 있는지 모르셨다고 했다. 내가 본토를 떠난 뒤로 연락할 길이 없었기 때문이다. 아버지는 내가 전쟁의 혼란 통에 죽었을 거라고 생각하셨다. 부모님의 뼈가 묻혀 있는 무덤들을 응시하다가, 막내아들이 살아 있다는 것을 모른 채 눈을 감으신 아버지를 생각하고 울었다. 내 눈물은 아무것도 해 드리지 못한 죄송함과 고마움의 눈물이었다. 당신들이 돌아가실 때 곁에 있어 드리지 못한 것이 죄송했고, 당신들이 나를 위해 해 주신 모든 것이 고마웠다.

부모님의 산소에서 느꼈던 슬픔은 지나갔다. 나는 승려였고, 출가인들은 세간적인 감정을 뒤로 해야 한다. 세간적 감정에는 부모, 친구, 여인들과의 관계가 포함된다. 나는 그런 관계들에 말려들지 않는다. 그랬다가는 피할 수 없이 괴로움을 겪게 된다. 나는 여전히 사람들에게 연민을 느끼는데, 그것은 하나의 감정적 연결이다. 그러나 만일 세간적 관계들을 갖는다면 나는 훌륭한 승려일 수 없을 것이다. 문제가 생기게 되어 있다.

근년에 들어 나는 생활 리듬을 늦추기 시작했다. 나는 여전히 매일 일어나면 좌선하고, 법당에서 아침 예불을 한다. 나중에는 선당에 갈 수도 있다. 아침공양을 하고 나면 신문을 보거나, 아니면 비서가 나를 위해 온라인 뉴스들을 요약해 들려준다. 지금도 강의는 하지만 더 이상 개인적으로 제자들을 훈련하지는 않는다. 경험 많은 제자들이 그들을 훈련한다.

나는 행정 사무에 많은 시간을 쓰지 않는다. 내가 해야 할 일이란 중요한 서류에 서명을 하거나, 일어나는 상황을 어떻게 처리해야 할지에 대해 지침을 내리는 것이다. 제자들에게 어떻게 하면 좋겠는지 물을 때도 많다. 그들 중 많은 사람은 자기 분야의 전문가이며, 문제를 어떻게 처리해야 할지를 안다.

나는 많은 시간을 내방객들을 맞이하는 데 쓴다. 어떤 사람들은 중요한 인물이거나 유명한 사람이고, 어떤 사람들은 그렇지 않다. 나는 그들이 누구이든 관계없이 만난다. 찾아온 사람들은 나에게서 어떤 지도를 구한다. 즉, 몇 마디 법어를 원한다.

이제 나는 늙어서 오후에는 쉴 시간이 필요하다. 더 젊었을 때는 쉬지 않고 하루에 16시간씩 일하기도 했다. 그때는 쉴 시간이 없었다. 조직을 만든 지 얼마 되지 않았고 해야 할 일이 너무 많았다. 나 자신을 몰아댈 수도 있겠지만 이제는 좀 느린 페이스가 필요하다. 시자와 비서를 대동하고 타이베이의 내 처소로 돌아가 쉬어야 할 때도 있다.

나는 새로운 경험과 새로운 사람들에게 늘 열려 있으려고 노력한다. 그래야 계속 배우고 성장할 수 있기 때문이다. 나는 특히 "물이 차

오르면 배도 높이 뜬다水漲船高"는 중국의 옛 속담을 좋아한다.

늙기는 했지만 나에게는 계속 발전하는 것이 중요하다. 대혜大慧 선사의 깨달음에 대한 이야기가 생각난다. 그의 스승인 원오圓悟 선사가 대혜의 깨달음을 시험해 보기 위해 그에게 자신이 쓴 책을 한 권 주었다. 대혜는 그 책을 불태워 버렸다.

"내 책을 왜 불태웠나?" 원오가 물었다.

"사냥꾼이 살찐 돼지를 죽일 기회를 만나기란 쉽지 않습니다." 대혜가 대답했다.

스승은 이 말을 듣고 아주 기뻐하며 말했다. "나는 예전에 그리 뚱뚱하지 않았는데 살이 좀 찐 것 같군."

이 스승이 자기 책이 불태워지는 것을 보고 기뻐한 것은, 이제는 자신이 이미 알고 있고, 친숙하고, 마음 속에서 이미 해결한 것들을 계속 가르칠 필요가 없어졌기 때문이다. 그래서 아주 뛰어난 제자들은 자기 스승들에게 더 배우게 만드는 것이다. 나는 제자들에게서 계속 배우고 있다. 그들은 내 수행이 더 깊어지도록 도와준다.

세월이 너무 빨리 지나갔다. 나는 소년에서 중년으로 다시 노년으로 변해 온 것을 거의 의식하지 못한다. 나의 지금 내면세계는 30년 전과는 다르다고 확신하지만, 그것이 어떻게 다른지는 사실 설명할 수 없다. 내 선 수행의 체험이 깊어져 왔는가? 나는 모른다. 지금과 30년 전을 비교할 때 내가 느낄 수 있는 유일한 차이점은, 내가 한때는 기력이 더 좋았고 몸도 더 건강했다는 것이다.

다른 변화들도 있기는 했으나 그것은 미세한 것들이다. 이제 나이

들고 보니 내가 생각하는 것 중에서 내면에 머무르는 것이 더 많아졌다. 절제를 더 잘하는 것이다. 내가 표현하고 싶은 것들이 늘 밖으로 드러날 필요는 없다. 그것들은 내 마음 속에서 해소된다. 예를 들어, 나는 좌선 중에 게으름을 피우는 사람을 보면 향판으로 때려서 그들의 정진력을 촉발시키곤 했다. 이제는 게으른 사람을 보면 자기 스스로 정진력이 부족함을 깨닫는지 살피면서 그냥 지켜본다. 그러지 못하면 법문을 들려주어 그들에게 무엇이 필요한지를 상기시켜 준다. 이것은 아마 내 몸이 예전같이 강하지 않고 마음의 반응도 그전처럼 강하지 않기 때문일 것이다.

여자, 명성, 돈에 대한 나의 반응도 예전과는 다르다. 젊을 때는 여자들을 보면, 내가 계율을 지키고 그들과 접촉하지 않을 것임을 알면서도 그들이 여자라는 것을 의식했다. 이제는 내게 여자들도 남자들과 다를 것이 없다. 사람은 사람이고, 우리는 다 인간이다. 승려가 지켜야 할 계율에 따라 여자들과 접촉하지 말아야 한다고 다짐할 필요조차 없다. 이제는 내가 여자와 남자들을 대하는 방식에서 아무 차이가 없다.

나는 앞에서 여자와 돈이 내 삶에서 두 가지 빨간불이라고 말했다. 지금은 더 이상 그 두 가지 빨간불이 없다. 왜냐하면 더 이상은 나 자신을 제어하거나 차단할 필요가 없기 때문이다. 전에는 두 가지 빨간불이 필요했다. 왜냐하면 여전히 유혹을 피하기 위해 내 마음을 훈련하고 있었기 때문이다. 그러나 이제는 의도적인 훈련이 더 이상 필요하지 않다. 그것이 내게 자연스러운 것이 되었기 때문이다. 나는 늙었고 거기에 익숙해졌다. 내 마음 속에서는 황금이 먼지와 다르지 않다. 그 둘 다 물질적인 것에 지나지 않는다.

돌이켜 보면, 나는 내 삶을 어떤 식으로 전개하겠다는 계획을 세워 본 적이 없다고 말할 수 있다. 출가하기 전 어렸을 때는 내가 무엇을 원하는지 몰랐다. 출가한 뒤에도 내가 승려 생활을 원하는지, 혹은 그것이 무엇을 의미하는지 몰랐다. 나는 어느 절에서 새로운 사미승들을 찾는다는 말을 들었고, 다른 전망도 없었기 때문에 그 절로 가서 승려가 된 것이다.

만일 그런 일이 없었다면 나는 가난한 우리 마을의 아이로 계속 남아 있었을 것이고, 내 형들이나 내가 함께 어울려 놀던 아이들과 다르지 않았을 것이다. 그러나 낭산에서의 경험이 내 삶의 큰 방향을 정해 주었다. 그것은 불법을 남들과 함께 나누는 삶이었다. 그것은 내 내면에 뿌리를 내리고 있는 그 무엇이었고, 심지어 군대에 있을 때도 그랬다.

내가 다시 승려의 삶으로 돌아왔을 때 국민당 정부의 모든 고위 관리들은 기독교인이었다. 대만 사회에서 불교는 무시되었고, 나는 불교의 위상을 높이고 싶었다. 그것이 내가 폐관 수행에 들어간 이유의 하나였다. 당시에는 어떤 학교에서도 승려를 받아주지 않았지만, 나는 내 수행을 심화하고, 읽고 쓰고, 더 공부하고 싶었다. 그래야 사회에 어떤 영향을 미칠 수 있는 가능성이 생길 터였다. 그래서 일본의 대학도 다닌 것이다. 그럴 수 있는 인연들이 따라주었다. 나는 책도 몇 권 냈고, 릿쇼대학에서 공부한 친구들이 있었다. 그들이 고등학교도 마치지 못한 나의 입학을 도와주었다.

내 삶은 일련의 인연이 또 다른 인연으로 이어지는 과정을 거쳐 왔다. 만일 심 거사가 브롱크스의 대각사로 나를 오라고 초청하지 않았다면, 불교 전통을 서양 제자들에게 맞게 응용한 나의 선 수행 교수법을 개발하지 못했을 것이다. 만약 이런 방법을 개발하지 않았다면 그들에게 선을 가르칠 수 없었을 것이다. 또 그런 점에서 만일 내 스승님이 돌아가시지 않았다면 나는 대만으로 돌아오지 않았을 것이고, 지금처럼 내가 법고산과 그 산하 조직들에서 기울인 노력을 통해 선 수행이 확산되지도 못했을 것이다.

나는 내 인생에 행운이 아주 많이 따랐다고 믿는다. 부단히 유지해 온 한 가지 원칙이 있으니, 그것은 내가 만족감이나 실망감을 경험하는 것을 스스로 결코 용납하지 않았다는 것이다. 일이 잘 풀릴 때는 스스로 만족하지 않도록 경계하고, 장애나 실패를 만날 때도 절망하지 않는다. 계속 전진하는 길을 찾는다. 막다른 길을 만나면 돌아서서 다른 길을 찾아 나아간다. 나는 계속 움직인다. 만일 멈추면 희망이 없다.

계속 움직여 나가는 그 추진력(장애와 어려움이 무엇이든 계속 나아가고 포기하지 않는 것)이 내 삶을 이끄는 힘이 되었다. 이제는 늙어서 죽음이 가까웠지만, 여전히 어떤 길이 내 앞에 있음을 본다. 나는 내가 끝났다고 생각하지 않는다.

나는 내가 과거에 성취한 것들에 집착하지 않는다. 사람들은 나에게 명예를 안겨주지만 명예는 먹을 수가 없다. 태국의 마하쭐라롱꼰 라자비디얄라야 대학에서 나에게 명예학위를 수여할 때, 그 학장이 나에게는 그 명예가 필요 없다고 말했다. 내가 그 학위를 받는 것이 그들에게 명예라는 것이었다. 그러나 나는 부끄러웠다. 도무지 내가 어떤 명예를 받을 만한 자격이 있다고 생각되지 않았다. 나는 자신을 아주 평범한 사람으로 느낀다. 내가 성취한 것들은 내 것이 아니다. 그것은 내가 사람들의 괴로움을 덜어주고 그들을 돕고 싶었기 때문에 피하지 않고 기꺼이 떠맡았던 인연들의 한 결과이다.

내 지위에 대해 개인적인 공을 내세우거나 자기자랑을 하지 않는 태도는 내 제자들에게 때로는 좌절감을 안겨주기도 했다. 예를 들어 몇 해 전에 당시 대만 총통이던 리덩휘 씨가 좌선을 가르쳐 달라면서 나를 자기 집으로 초대했다. 이 사실을 알게 된 대만의 내 제자들은 아주 흥분하여 '성엄 스님은 이제 총통의 스승'이라고 생각했다. 그들은 우리가 그 소식을 전파해야 한다고 생각했지만, 나는 그래서는 안 된다고 했다.

"스님께서는 이제 정점에 오른 한낮의 태양과 같습니다." 그들이 나에게 그 사실을 모두에게 알리라고 권하면서 말했다.

내가 말했다. "여러분은 그렇게 생각하면 안 됩니다. 저는 일개 승려에 불과합니다. 총통은 제가 사람들에게 좌선을 가르칠 수 있고, 좌선이 건강과 마음에 좋다는 이야기를 들었기 때문에 저에게 좌선을 가르쳐 달라고 한 것입니다. 거기에 뭐 특별한 게 있습니까?"

리 총통은 재선에 출마했을 때 불자들의 표를 얻고 싶었다. 그래서 사람들에게 '성엄 스님'이 자기 스승이라고 말했다. 그 이야기를 듣고 내가 말했다. "저는 그를 불과 두 시간 가르쳤을 뿐입니다. 저는 그의 스승이 아닙니다. 총통이 그 말을 한 것은 자신이 좌선에 관심이 있다는 것을 보여주기 위해서입니다."

천수이볜 씨가 타이베이 시장 연임에 실패한 뒤 나를 찾아왔다. 나는 그에게 이런 글귀가 쓰인 족자를 하나 선물했다. "자비에는 적이 없고, 지혜로우면 번뇌가 없다慈悲沒有敵人 智慧不起煩惱." 2년 뒤 그가 총통 선거에서 이겨 총통이 되자 그 족자를 자기 사무실에 걸어 두었다. 사람들은 내가 준 그 선물에 대해 알게 되자 또 매우 흥분했다. 내가 말했다. "그것은 제 말이 아니라 부처님이 말씀하신 가르침입니다. 총통이 그것을 걸어 둔 것은 그에게 지혜가 있기 때문입니다. 그의 행위는 저와 무관합니다."

내 삶에서 후회되는 일은 없느냐는 질문을 더러 받은 적이 있다. 나는 부끄러운 실수를 한 경험들이 있다. 그리고 아직도 부끄러운 실수들을 많이 한다. 그러나 후회하는 일은 없다. 나는 실수를 하면 그것을 참회하고 책임을 받아들인다. 그리고 계속 나아간다.

가장 부끄러웠던 경우는 나의 실패를 받아들이지 못했을 때였다. 중국문화대학 당국자들이 불학연구소를 폐쇄했을 때 나는 아무 말도 하지 말았어야 했다. 그런데 나는 대학총장에게 그 연구소를 계속 열어 둘 것을 청원했고, 총장은 이렇게 말했다. "스님, 스님은 출가인이십니다. 성공과 실패에 집착하시면 안 되지요." 부끄러웠다. 나는 명색이 스님인데 이 거사가 나에게 불법을 가르치는 것이었다! 하지만 그것은 큰 경험이었다. 나는 좋은 교훈을 얻었다.

나는 내 삶을 통해서 사람들을 도울 수 있었고, 불법을 전파할 수 있었다고 믿는다. 나는 여전히 나 자신을 '풍설 속의 행각승'으로 생각한다. 어디든지 내가 필요한 곳이면 간다. 나는 대만은 물론 미국과 유럽에도 선 수행과 불법 공부를 위한 센터들을 세웠고, 법고산은 수천 명의 회원을 거느리고 있다. 내 생애담을 모아서 영어로 기록하는 것은 좋은 일이었다. 나는 그것이 다소 쓸모가 있기를 바란다. 이제는 놓아버릴 때가 되었다.

편집자의 말

이 책은 수년에 걸쳐 여러 사람의 노력이 한데 모여 엮어진 것이다. 나는 조지 크레인과 함께 『스승의 뼈』(Bones of the Master, Bantam, 2000)라는 책의 작업을 하고 나서, 중국 선불교가 서양에서 과소평가되고 있다고 느꼈다. 그래서 아마 서양에서 가장 잘 알려진 중국 선사이실 성엄 스님을 찾아뵙고 공동 작업으로 영어 자서전을 출간해 보시지 않겠느냐고 여쭈었다. 당신은 동의하셨고, 더블데이 출판사의 성엄 스님 책 편집자인 트레이스 머피도 그 계획에 적극 찬성했다.

중국어로는 성엄 스님의 전기 한 권과 자서전 두 권이 이미 나와 있다. 나는 탁월한 번역가이자 저술가인 빌 포터(필명 레드 파인)에게 이 자료들 중 일부를 번역해 달라고 의뢰했다. 이 번역물과 성엄 스님과의 인터뷰를 이용하여 당신 생애의 얼개를 구성했고, 그것이 이 책의 뼈대를 이룬다. 작가들인 폴 스마트, 태드 와이즈, 그리고 내 아내 코린 몰이 이 과정의 초기 단계에서 도움을 주었다.

스님 생애의 기본적 윤곽을 얻고 난 뒤에 나는 당신을 인터뷰하면서 서면 질문서를 당신께 제출했고, 당신은 중국어로 답변해 주셨다.

스님은 내 질문에 답변하면서 많은 시간을 소비하셨다. 그리고 내가 대만의 당신 절에 머무르며 그곳의 조직에 대한 이해를 얻고, 이 책에 나오는 장소들 중 몇 군데를 가 볼 수 있도록 배려해 주셨다.

내 질문에 대한 성엄 스님의 답변들이 글로 옮겨져 번역된 뒤, 내가 그것을 책의 형태로 편집했다. 그것이 지금 여러분이 손에 들고 있는 이 책이다. 그 원고를 책으로 만드는 최종 단계에서는 작가인 리사 필립스가 엄청난 도움을 주었다. 성엄 스님의 오랜 편집자이자 제자인 어니 호는 최종 원고를 아주 꼼꼼히 읽어 주었고, 그의 논평이 이 책을 훨씬 더 낫게 만들어 주었다.

나는 이 『눈 속의 발자국』 작업의 대부분을 맡아 준 사람을 마지막에 언급하기로 했다. 사회학 교수이자 성엄 스님의 제자로서 중국어와 영어에 능통한 레베카 리李世娟는 성엄 스님께 중국어 질문을 드리고 나에게 영문 텍스트를 제공하면서 많은 시간을 보냈다. 그는 또한 스님의 중문판 자료들을 읽고 필요한 곳에 정보를 추가하기도 했다. 그는 선의의 정성과 이 작업이 가치 있다는 믿음으로 이 모든 일을 해냈다. 이 책이 여러분의 마음에 든다면 그것은 그의 공이고, 마음에 들지 않는다면 그것은 내 탓이다.

2008년 4월 1일

케니스 와프너(Kenneth Wapner)

옮긴이의 말

이것은 한 위대한 인간의 기록이다. 이 책에서 우리는 한 스님의 실력이 어떻게 대만불교, 나아가 세계불교의 지형을 바꾸어 놓는지 엿볼 수 있다. 사실 성엄 스님의 생애는 그동안 우리가 잘 몰랐던 중국불교의 잠재력을 보여준 일대 사건이라 할 만하다. 우리는 스님의 증언을 통해서 대륙이 공산화될 무렵 중국불교의 비중 있는 스님들과 젊은 학인들 상당수가 대만으로 옮겨갔고, 대만의 열악한 현실에도 불구하고 이들이 불교 발전을 위해 많은 노력을 기울였음을 알 수 있다. 그로부터 60여 년, 대만은 국민의 7할이 불법을 신앙할 뿐 아니라 불교적 역량이 충천하는 강력한 불교 중흥국이 되었다. 성엄 선사는 이러한 불교 부흥의 한 주역이었고, 동아시아의 대승불교, 특히 선불교가 나아가야 할 방향을 제시한 선구적 지도자였다.

스님은 1960년대에 이미 당시 대만불교의 틀에 안주하지 않고 더 활기찬 불교의 미래를 꿈꾸었다. 그러나 그것은 과거 일본불교처럼 승려의 세속화를 추구한 '비불교적' 불교 현대화가 아니라, 불법의 근본에 입각한 가장 불교적인 이상을 추구하면서도 현실사회와의 유연한 조화를 도모하는 열린 비전이었다. 그의 비전은 오늘의 현실에서 더없이 설득력을 갖는 혜안이었음이 드러나고 있다. 그가 창건한 법고산의 훌륭한 불교 교육 시스템과 그에 기초한 다양한 활동이 이를 증명한다. 이제 법고산, 불광산, 중대산과 자제慈濟의 4대 조직이 주축이 되어 이끄는 대만불교는 모범적인 계율, 체계적인 교학, 치열한 수행과 활발한 사회활동으로 세계불교의 한 중심으로 우뚝 서고 있다. 그 중에서도 법고산은 '한전漢傳 선불교'의 선양을 핵심 종지宗旨로 하고 불학 연구와 교육, 영적 환경 개선 및 사회봉사라는 주요한 측면들을 겸비하여 다방면에서 내실 있는 역량을 발휘하고 있어, 가히 대승불교의 정수를 보여준다고 할 수 있다.

 가난하고 병약했던 시골 아이가 사미승이 되었고, 나라가 공산화되던 혼란기에 승려로서의 기초를 닦았다. 또한 많은 역경에도 굴하지 않고 훌륭한 수행자로 성장하여, 훗날 무수한 사람들을 불법으로 이끈 큰 스승이 되었다. 여기서 우리가 주목하는 것은 스님이 사미승 때부터 계율을 잘 지켰고, 열심히 교학을 공부했으며, 부단히 수행에 힘썼다는 것이다. 그래서 제대하기 어려웠던 군대에서도 기필코 벗어날 수 있었고, 스승의 힘든 시험을 견뎌냈으며, 영원 선사를 만나 언하에 견성하는 기연機緣도 얻을 수 있었다. 그러나 스님은 여기에 그치지 않고 6년간 폐관하여 집중적으로 공부했고, 과감히 일본으로 건너가 학위 공부는 물론 일본 각지의 도량에서 수행하여 자신의 깨달음을 더욱 심화시켰다. 그것은 불법에 대한 확고한 신심과, 불교 발전을 위해 헌신하겠다는 대승적 원력이 있었기에 가능한 일이었다.

스님의 낭산과 상하이 시절은 고난에 찬 중국 현대사를 반영하며, 스님이 군 복무를 한 1950년대의 대만은 반공독재가 지배하던 엄혹한 사회였다. 그런 가운데서도 스님은 굳건한 의지로 수행자의 자세를 견지했다. 스님을 다시 출가시켜 준 스승은 때로 제자의 잠재력을 과소평가한 듯한 인상을 주기도 하나, 그런 스승 밑에서 스님은 더욱 독립정신을 키웠다. 그래서 일본 유학도 경제적인 어려움 속에서 완수해야 했다. 유학을 마친 뒤 미국으로 간 것은 많은 서양인들이 불교를 원하던 시대적 필요에 부응하는 일이었고, 결국 중국불교를 세계에 알리는 성과를 가져왔다. 그 현장에서 스님은 자신의 선법을 확립하는 동시에, 세계적 명망을 갖는 큰 스승이 되었다. 이것은 한 수행자의 바른 생각, 바른 자세, 바른 실천이 얼마나 큰 결실을 거둘 수 있는지를 보여준 좋은 전범典範이라 하겠다.

  한 시대의 불교는 불교도 한 사람 한 사람의 생각과 실천, 특히 전문수행자인 출가인들의 노력에 의해 큰 영향을 받는다. 특히 고승들이 보여주는 삶의 행적은 한 개인의 삶에 그치지 않고 하나의 귀중한 사회적 자산이 된다. 왜냐하면 불법을 깨쳐 그것을 구현하는 수행자들의 생애는 그의 나라나 세계 전체의 정신적·종교적 환경을 개선하면서 많은 사람들의 삶을 고양시킬 수 있기 때문이다. 또한 그들이 추구하고 실천한 것들은 후세대에게 훌륭한 유산으로 남아, 후인들을 격려하고 질책하는 힘이 되며 인류의 영적 발전을 위한 밑거름이 된다. 그러한 의미에서 고승들의 생애는 우리들의 역사의 일부이며, 우리 모두의 가슴을 비추는 등불이기도 하다.

최근 우리 불교계에서도 대만불교에 대한 진지한 관심이 일기 시작했다. 사실 한국불교의 장래를 위해서는 대만불교를 다각도에서 심층적으로 연구할 필요가 있다. 대만불교의 핵심 인물이었던 성엄선사를 통해 접근하는 것이 그 방법 중의 하나일 것이다. 스님은 백여 권의 저술 외에도 많은 강의와 법문으로 불학의 저변을 넓히고 수준을 심화시켰다. 스님의 불교학은 종파와 무관하게 매우 폭이 넓고, 선禪과 교敎를 원융하게 아우르며, 불법을 구체적인 삶 속에 적용하는 응용성이 높다. 그것은 율학과 초기불교에서 시작하여 선에 이르기까지 불교학 전반을 두루 섭렵한 보기 드문 학적 성취의 결과였다. 또한 스님은 수많은 선칠 지도를 통해 좋은 제자들을 길러냈고, 다음 세대로의 전법을 성공적으로 이루어냈다. 이런 점들에 주목해야 한다.

이 『눈 속의 발자국』은 저자의 직접 저술이 아니라 인터뷰를 토대로 구성한 전기물이어서 스님의 생애를 모든 면에서 충분히 조명하지 못한 점이 있다. 또한 사실관계가 정확하지 않은 곳들도 일부 발견되었다(이런 부분은 스님의 다른 전기들과 본서의 중문판 등 관련 자료를 참고하여 바로잡았다). 그러나 이 책은 수행자이자 스승으로서의 스님의 관점과 인간적 면모를 잘 드러내고 있고, 세부 묘사가 생생하고 문학적이어서 특별한 감동과 재미를 안겨준다. 무엇보다 그것은 고결한 영혼의 한 인간이 진실하게 걸어간 삶의 기록이기에, 우리에게도 분명 많은 영감을 줄 것이다.

2011년 4월 옮긴이 씀